青海民族大学博士点建设文库
青海省社会科学规划项目（编号：12020）
青海民族大学“青海省企业管理咨询中心”学术机构建设项目
青海民族大学“藏区特色产业发展研究”科研创新团队建设项目

【经济学学术前沿书系】

青海省城乡居民收入差距问题研究

李　毅　孙爱存◎著

经济日报出版社

图书在版编目（CIP）数据

青海省城乡居民收入差距问题研究 / 李毅，孙爱存著. -- 北京：经济日报出版社，2016.7

ISBN 978 - 7 - 80257 - 975 - 0

Ⅰ. ①青… Ⅱ. ①李… ②孙… Ⅲ. ①居民收入 - 收入差距 - 城乡差别 - 研究 - 青海省 Ⅳ. ①F126.2

中国版本图书馆 CIP 数据核字（2016）第 148086 号

青海省城乡居民收入差距问题研究

作　　者	李　毅　孙爱存
责任编辑	晏杰然　王曼珩
责任校对	薛银涛
出版发行	经济日报出版社
社　　址	北京市西城区白纸坊东街 2 号
邮政编码	100054
电　　话	010 - 63516978（编辑部）　63516959（发行部）
网　　址	www. edpbook. com. cn
E - mail	edpbook@ 126. com
经　　销	全国新华书店
印　　刷	北京九州迅驰传媒文化有限公司
开　　本	710 × 1000 mm　小 16 开
印　　张	12. 75
字　　数	200 千字
版　　次	2016 年 10 月第一版
印　　次	2016 年 10 月第一次印刷
书　　号	ISBN 978 - 7 - 80257 - 975 - 0
定　　价	42. 00 元

序

城乡收入差距问题一直是政界和学界关注的一个热点问题和焦点问题。改革开放前，我国实行高度集权和具有平均主义倾向的计划经济分配制度。因此，城乡居民收入差距在相当一段时期内保持了较低水平。为了解放生产力，发展生产力，我国在 1978 年实行了改革开放战略政策。伴随着中国经济的不断发展，地区发展不平衡、城乡居民收入差距问题日益突出，这一现象已经引起了从普通老百姓到经济学家，甚至党中央的广泛关注和研究。中国作为一个转轨经济国家，如何解决这些问题，尤其是缩小西部民族地区城乡居民收入差距，将对西部民族地区未来的长治久安和经济的持续发展产生重大影响。

消除两极分化，最终实现共同富裕，是社会主义的本质要求，这既体现了最广大人民群众的根本利益，也是中国共产党实施一切决策和举措的中心。为了实现这一目标，党中央在新时期提出了社会主义和谐社会的奋斗目标，大力倡导公平正义，从而建立一个民主法制、公平正义、诚信友爱、充满活力、人和自然和谐相处的社会，这是对以往思想的继承和发展。本书正是在这一背景下，研究青海缩小城乡居民收入差距问题。

当前青海省城乡收入差距问题十分严重，这不仅影响着农牧区经济的发展，在一定程度上也影响了城市经济的发展。城乡收入差距的持续拉大，不仅影响青海的经济发展，也威胁到藏区的社会稳定和民族团结问题。青海省城乡居民收入差距的逐渐扩大，已经成为制约青海省经济可持续发展和社会稳定的重要因素，成为青海省构建和谐社会和进一步发展的重要障碍。因此，在后金融危机时期，研究青海城乡居民收入差距问题，有着重要的理论意义和现实意义。

2015 年 10 月 16 日，习近平主席在“2015 减贫与发展高层论坛”上发表主旨演讲中表示，“尽管中国取得了举世瞩目的发展成就，但中国仍然是世界上最大的发展中国家，缩小城乡和区域发展差距依然是我们面临的重大挑战。全面小康是全体中国人民的小康，不能出现有人掉队。未来 5 年，我们将使中国现有标准下 7000 多万贫困人口全部脱贫。这是中国落实 2015 年后发展议程的重要一步。”在会上习近平主席强调说：“现在，中国在扶贫攻坚工作中采取的重要举措，就是实施精准扶贫方略，找到'贫根'，对症下药，靶向治疗。""我们注重抓六个精准，即扶持对象精准、项目安排精准、资金使用精准、措施到户精准、因村派人精准、脱贫成效精准，确保各项政策好处落到扶贫对象身上。"①

按照习近平主席的要求，下一步，中央会继续加大转移支付力度，用于扶贫、老区建设、边境地区建设、民族地区建设的资金会更多，所占比重会扩大。这更需要各地切实贯彻精准扶贫，并保证扶贫工作的稳定性、连续性、累积性，不能虎头蛇尾、半途而废，要一诺千金，说到做到。由此可见，"十三五"规划必将把扶贫开发工作放在更为突出的位置，坚持实施习近平主席的精准扶贫方略。

如何贯彻习近平主席的精准扶贫思想来解决青海的贫困问题和城乡居民收入差距拉大的问题?《青海省城乡居民收入差距问题研究》一书或许可以为政府部门实施精准扶贫提供决策参考和经验借鉴。

青海脆弱的生态环境、多民族聚居、多宗教并存，多文化、多生态、多资源、多体制共生成为青海显著的人文社会特点，这一特征决定了解决青海城乡居民收入差距问题的复杂性和特殊性。《青海省城乡居民收入差距问题研究》一书，详细阐述了青海城乡居民收入差距问题的解决途径，探索出了一条"以经济发展、生态安全、社会稳定为根本目标"的缩小城乡居民收入差距的现实路径。这一研究，无疑是一重大理论创新，补充了我国民族地区收入分配理论。

作者在总结国际上治理城乡居民收入差距经验的基础上，提出了"在民族区域自治框架下对城乡一体化治理进行先行先试"的观点。认为青海可在民族区域自治的框架内，申请在小范围内先行先试城乡一体化治理模式，实现农村和城市地区在法律地位、居民权利等方面的统一，解除人口双向流动的制度障碍，争取通过城乡一体治理促进城乡关系实现自动均衡。这一观点，对于解决我省城乡居民收入差距问题而言是一个新思路，尤其是在实施精准扶贫方面可以先行先试，具有十分重要的理论意义和现实意义。

是为序。

孙凌宇

2016 年 2 月 23 日

① 腾讯新闻. 习近平精准扶贫方略料进十三五规划［EB/OL］. http：//news. qq. com/a/20151029/028176. htm.

前　言

城乡居民收入差距问题已成为当今中国举国上下普遍关注的热点问题、焦点问题。中央多次召开会专门讨论收入分配问题，显示了政府前所未有的高度重视；大量学者撰写了城乡居民收入问题的论文和著作，充分显示了学者们的集中关注；在一些媒体进行的民意调查中，收入分配和城乡居民收入差距问题也都列示在其中，每年均可以看到城乡居民收入差距的相关报道，而且每一次均受到人们高度关注和热议。甚至在国外，一些学者把中国城乡居民收入的扩大作为“唱衰中国”的重要理由之一。这种国内国外，上上下下的共同关注，只能说明一点：城乡居民收入差距问题对中国，乃至对世界都太重要了，对此作出科学的研究和解释，不仅在理论上而且在实践上都非常重要。①

改革开放30多年来，我国经济和社会发展取得了巨大的成就。随着我国经济的增长和社会结构的变迁，在改革过程中长期积累的各种矛盾也日益显现出来，不断扩大的城乡收入差距就是表现之一，它制约了我国经济社会的发展。如果不能处理好城乡收入差距问题，使广大劳动者公平、公正地享受改革和发展的成果，必然会导致社会矛盾加剧，不仅破坏经济发展的环境，而且不利于我国和谐社会的建立。尤其是青海作为一个多民族的省份，又是藏族的聚居区（第二大藏区），特殊的地缘地位，如果不能很好解决城乡居民收入差距问题，势必影响到青海的稳定和破坏民族团结。

西方经济学者对城乡收入差距已有详细的研究，并且建立了完善的理论体系，用于分析和研究城乡收入差距的理论主要有：二元经济结构理论、倒“U”理论、恩格尔系数等。

我国自20世纪90年代以来，开始大量运用国外关于城乡收入差距的理论研究我国的城乡差距问题，主要集中在城乡收入差距现状分析、原因和对策研究三个方面。（1）对于城乡收入差距现状的分析：认为我国的城乡收入差距过大，不仅高于发达国家而且也高于多数发展中国家。代表人物如蔡防、都阳、王美

① 参考黄泰岩，牛飞亮. 中国城镇居民收入差距［M］. 北京：经济科学出版社，2007：前言。

艳、李实、岳希明等。(2) 关于我国城乡收入差距的原因的分析：首先，从二元结构分析中国的城乡收入差距，如杨宜勇、陈宗盛、郭国锋、刘孟晖等；其次，从金融视角研究城乡收入差距，如章奇、刘明兴、陶然等；第三，从制度角度对城乡收入差距研究，如孙居涛、王海滨等。对于我国城乡收入差距扩大的原因，这是自然、历史、政治、体制等多种因素作用的客观结果，其产生的原因是复杂的。(3) 对于城乡收入差距对策的分析：从完善收入分配的角度，如刘振彪、尹剑锋等；从深化体制改革完善各项制度的角度缩小城乡收入差距，如李炳炎、江皓、王小鲁、樊纲等。

改革开放后，由于实行了先富带动后富的非平衡发展方式，这种非平衡的发展模式在一定时期和程度上带给了我国举世瞩目的成就，但其负面影响也是显而易见的。城乡收入差距的持续扩大就是由此导致的问题之一。日趋扩大的城乡收入差距已成为制约我国经济社会持续健康发展与社会和谐稳定不可忽视的重要因素。

2015 年 1 月 23 日人民日报刊登《一些贫者从暂时贫困走向跨代贫穷》一文，这是党媒罕见地公开承认改革开放造成了严重的贫富差距。其描述的两极分化的情形也足以让人触目惊心：(1) "根据国家统计局公布的数据，我国居民收入的基尼系数 2003 年为 0.479，2008 年达到最高点 0.491，这之后逐年下降，2014 年的基尼系数是 0.469。而在 20 世纪 80 年代初，全国收入差距的基尼系数是 0.3 左右。李实分析说：'接近 0.5 的基尼系数可以说是一个比较高的水平，世界上超过 0.5 的国家只有 10% 左右；主要发达国家的基尼系数一般都在 0.24 到 0.36 之间。'" (2) "在收入差距扩大的同时，我们还面临财产差距扩大的问题，而且这一问题正变得越来越严重。" (3) "贫富差距已具有一定的稳定性，并形成了阶层和代际转移，一些贫者正从暂时贫困走向长期贫困和跨代贫穷……社会阶层流动通道也将被严重堵塞。"① 从这篇报道可以看出：改革之初提出"让少数人先富起来"，"先富带后富"，毫无疑问，"少数人先富起来"的目的早已达到，基尼系数居高不下，绝大部分的财富集中到了极少数人手中就是最好的证明；而"先富带后富"却成了一个虚无缥缈的梦，贫富差距继续拉大，"贫者从暂时贫困走向跨代贫穷"，甚至贫富差距趋向"稳定化和制度化"。这就是残酷的现实，对于大多数人来说，改革带来的实际上是一场梦魇！②

贫富悬殊的直接后果就是严重破坏了社会稳定。富人来钱太容易，于是穷奢

① 冯华. 一些贫者从暂时贫困走向跨代贫穷 [N]. 人民日报，2015-1-23.

② 此评论见凯迪社区《人民日报公开承认改革造成贫富两极分化》，2015-2-20，http://club.kdnet.net/dispbbs.asp?boardid=1&id=10725845

极欲，挥金如土，有些甚至绑架政权，成了境外颠覆中国势力的代言人，多数富人的为富不仁产生了极为恶劣的负面影响。由于失去了公平竞争的机会，一些人便采用非法手段获取财富，偷扒抢劫，勒索诈骗，杀人越货，制毒贩毒，不管白猫黑猫抓到老鼠就好猫，社会治安状况因此每况愈下。更有因拖欠工资、强征强拆等引发的每年数以万计的群体事件，已经导致社会极不稳定，于是维稳费用连年攀升，甚至超过军费。间接的后果就是严重破坏了以为人民服务为宗旨的中国共产党的形象，使得很多人不再相信党和政府。信任危机加剧，党的执政基础动摇，已经严重威胁到党的政权安全。戈尔巴乔夫的私有化改革直接导致了苏联亡党亡国，殷鉴不远。①

国家行政学院公共管理教研部教授竹立家2016年1月也在《对中国社会造成颠覆性影响的五大问题》一文中提到：第一个颠覆性问题是中国面临着贫富差距日益扩大的趋势。这有很多统计数字可以证明，比如2013年社科院发布的一个报告中提到：中国5%的穷人占国民财富的0.1%，中国5%的富人占国民财富的23.4%，相差234倍，这个数字在一些发达国家一般是1-3倍或1-5倍，这说明我国目前的贫富差距相当大。经济发展了，碗里的肉多了，怎么公正分配就成了一个大问题，文明史上的社会动乱均由此而起。资本主义制度没有解决好这一问题，而社会主义国家必须直面这一问题，特别是未来5年（十三五期间）我们要全面建成小康社会所必须直面的问题。因为无论是在理论上还是在实践中，社会主义首先是一个实现了公正合理分配的社会，是一个共享发展成果的社会。②

消除两极分化，最终实现共同富裕，是社会主义的本质要求，这既体现了最广大人民群众的根本利益，也是中国共产党实施一切决策和举措的中心。为了实现这一目标，党中央在新时期提出了社会主义和谐社会的奋斗目标，大力倡导公平正义，从而建立一个民主法制、公平正义、诚信友爱、充满活力、人和自然和谐相处的社会，这是对以往思想的继承和发展。因此，本研究报告正是在这一背景下，研究青海城乡居民收入差距问题。

毋庸置疑，三十多年来这一发展模式取得了令人瞩目的伟大成就，人民生活水平也得到了极大的提高。2010年我国经济总量已经位居世界第二，成为世界第二大经济体，人均GDP达到4277美元，根据世界银行的标准，这标志着我国已进入中上等收入国家的行列。然而，世界各国发展经验表明，进入国际公认的

① 此评论见凯迪社区《人民日报公开承认改革造成贫富两极分化》，2015-2-20，http://club.kdnet.net/dispbbs.asp?boardid=1&id=10725845

② 竹立家．对中国社会造成颠覆性影响的五大问题［EB/OL］．财新网，http://opinion.caixin.com/2016-01-19/100901161.html

“中等收入”发展阶段后，也意味着该国经济社会进入了一个风险高发的非常重要的转折期。这是因为，长期赶超、效率优先、以财富增长为主导的发展模式，严重忽视了财富分配的公平调节，造成居民收入差距过大①，中间阶层“夹心化”，从而抑制了社会平均消费，造成了国内需求增长不振的结果；如果这一时期政府不能采取有效措施来调节收入分配，缩小收入差距，最终会因贫富差距过大引致人民不满，从而激发社会矛盾，阻碍经济发展，陷入“中等收入陷阱”。当前我国学者普遍认同中国发达地区已进入这一重要转型期，面临的挑战之一就是居民收入差距过大。很多学者认为中国收入分配为世界最不均等国家之一，特别是我国城乡居民收入差距是世界上最严重的几个国家之一。② 这一问题已引起了我国政府的高度重视，温家宝总理2010年2月27日与网友在线交流时说：“如果说做大社会财富这个‘蛋糕’是政府的责任，那么，分好社会财富这个‘蛋糕’就是政府的良知。”③

就中国目前的状况来看，无论按照哪一种测算方法、哪一种统计口径的数字都表明，在短短的十几年的时间里，中国已经从一个收入相对平均的国家，转变为贫富差距扩大现象严重、其收入差距超过了国际上中等不平等程度的国家，这样迅速的变化是让人担忧的。较小的贫富差距是不跌落于“中等收入陷阱”中的前提条件。而中国目前的发展状态恰好处于两者之间。从经济发展的质量来说，更接近于日本、韩国、台湾——完备的工业体系和强大的制造能力。但从贫富差距来说更接近于拉美国家和印度尼西亚、菲律宾、泰国等国家。中国的这一现状决定了，如果中国能够在短期能缩小贫富差距，那么中国在经历一番艰苦的跋涉之后，能够勉强绕过“中等收入陷阱”。而一旦中国错过了眼下的时机，任由贫富差距扩大的趋势发展，那么中国必将掉入“中等收入陷阱”。在这个过程

① 关于30年改革开放让哪些人富了起来？有评论说：最初是官倒，相当一部分官家子弟（或者官员本人）在计划经济向市场经济过渡的过程中倒买倒卖率先致富，相信很多人对那个著名的康华公司还会记忆犹新。接下来的国企改革，在数千万下岗职工的哀号中，在无以数计的国有资产流失中，又造就了一大批一夜暴富者。还有那些掌握着土地、矿山等各种资源的人纷纷出租权力，许多人因此赚得盆满钵满……只要不昧着良心，就不难发现，富起来的人尤其是暴富群体主要由掌握权力（尤其是绝对权力）的官员及其亲属和与权力有千丝万缕联系的人组成，真正和权力没有任何瓜葛而致富的少之又少。传说中的27亿暂且不说，一个小科长就能贪腐几个亿，而谷俊山、徐才厚、周永康们贪腐的钱财更要用天文数字来描述。这样的景况，不说绝后，空前是不会有太多疑问吧。详见 http：//mp. weixin. qq. com/s? _ _ biz = MjM5ODcwNzkzMw = = &mid = 205515614&idx = 5&sn = 5137Defedbe3663044912fa9e0b0fee9&scene = 5#rd。

② 参考魏中龙等．北京市城乡居民收入差距问题研究［M］．北京：经济科学出版社，2012：前言。

③ 温家宝总理2010年2月27日与网友在线交流［OL］．中国网网站，http：//www. china. com. cn/zhibn/2010 - 02/27/content_ 19485139. htm.

中如果贫富差距的问题解决不好，改革开放就等于全面失败。①

在2003年之后，中央的政策已经出现了非常明显的缩小贫富差距的走势。一些缩小贫富差距的措施出台，包括农业税的减免、社会保障制度的建立、医改的推进、保障房的大规模建设等等。但突发的金融危机打乱了这一进程。四万亿巨额投资在缺少监管的环境下迅速投放，一方面抑制了经济的下滑，保证了就业。但巨额投资中的贪腐现象和巨大货币发行推高的资产泡沫，导致财富迅速向富人集中。中央几年来缩小贫富差距的努力几近付之东流。而正是由于“刘易斯拐点”的出现，劳动力供求关系出现逆转，才让贫富差距进一步扩大的趋势得以稍稍缓解。②

但是，中国能否避免陷入“中等收入陷阱”？按照国务院发展研究中心副主任刘世锦的判断，就中国的增长形态而言，落入拉美、东欧一些国家那种“中等收入陷阱”的可能性很小，除非出现重大挫折或反复。不过，在中国经济增长“自然回落”以及回落后转入新增长期的过程中，将会面临特殊的矛盾和问题。但在刘弋看来，这个结果有点过于乐观。虽然他基本认同中国所具有的优势，但他认为所有的这些优势在于决策者是否清晰的认识到贫富差距的拉大对中国经济增长的可持续之间的关系。对这一现实的理解决定了下一步改革的方向和步骤。过多的强调先做大蛋糕再说分配蛋糕，有可能错失解决“分蛋糕”问题的最后时机。不解决收入分配问题，就不可能解决下一步中国经济的拉动问题。一旦中国经济遭遇“硬着陆”，中国将不可避免的掉入中等收入陷阱。③

因此，在现阶段解决好收入分配问题是当务之急。收入分配制度在整个经济社会系统中是一个非常重要的子系统，其状况不仅影响生产效率和公众的切身利益，还波及社会的协调与稳定。目前，我国正处于工业化、城镇化快速发展的关键阶段，让城镇和农村居民公平合理地分享经济增长带来的成果，是“十二五”期间及以后较长时期经济和社会发展实现“包容性增长”的内在要求。④

在全国东、中、西部三大区域之中，西部地区经济发展相对落后，人口的民族构成也相对复杂，城乡统筹的难度要比东部和中部地区大得多。青海作为青藏高原少数民族欠发达地区的典型代表，改革开放以来实现了较快的经济增长，但城乡居民收入差距也在逐年拉大，已经引起省内社会各界的高度重视。尽管青海

---

① 刘戈．中等收入陷阱，中国能绕过去吗？［EB/OL］．http：//www.guancha.cn/LiuGe/2015_05_07_318617.shtml.

② 同上。

③ 刘戈．中等收入陷阱，中国能绕过去吗？［EB/OL］．http：//www.guancha.cn/LiuGe/2015_05_07_318617.shtml.

④ 参考黄素心、王春雷．广西城乡收入差距治理方略研究［M］．北京：经济科学出版社，2012：前言。

经济发展较快，但与全国经济发展差距仍然十分明显，尤其是与东部地区经济发展差距愈拉愈大。

2014 年，青海省生产总值（GDP）达到 2301.12 亿元，全省人均 GDP 为 40004.17 元，低于全国平均水平，从各地级市来看，西宁、海西和海东 GDP 总量领先，分别为 1077.14 亿元、560 亿元和 377.70 亿元；从人均 GDP 来看，海西、西宁和海北位列前三，海西州人均 GDP 为 111709.56 元，折合 18185.45 美元，西宁市人均 GDP 为 7732.85 美元，海北州人均 GDP 为 7505.24 美元。玉树州人均 GDP 最低，为 1935.95 美元①，见表 1。

表 1　2014 年青海各市 GDP 和人均 GDP 排名

2014 年 GDP 排名	地级市	2013 年 GDP（亿元）	2014 年 GDP（亿元）	2013 年常住人口（万）	人均 GDP（元）	人均 GDP（美元）	人均 GDP 排名
2	海西	609.7	560	50.13	111709.56	18185.45	1
1	西宁	978.53	1077.14	226.76	47501.32	7732.85	2
5	海北	112.26	126	27.33	46103.18	7505.24	3
4	海南	117.12	130.72	45.43	28773.94	4684.17	4
3	海东	337.00	377.70	143.09	26395.97	4297.06	5
6	黄南	66.47	68.83	26.08	26391.87	4296.39	6
8	果洛	32.08	33.5	18.56	18049.57	2938.33	7
7	玉树	51.9	45	37.84	11892.18	1935.95	8
	全省	2101.05	2301.12	575.22	40004.17	6512.37	

资料来源：根据青海省统计局公布数据整理。

青海脆弱的生态环境、多民族聚居、多宗教并存，多文化、多生态、多资源、多体制共生成为青海显著的人文社会特点，这一特征决定了解决青海城乡居民收入差距问题的复杂性和特殊性。青海城乡居民收入差距问题的解决必须以经济发展、生态安全、社会稳定为根本目标，在这一目标之下探寻青海缩小城乡居民收入差距的实现路径具有重要的理论价值和实践意义。

受青海省哲学社会科学“十二五”规划研究项目的资助，我们自 2012 年 7 月起开始课题研究（课题名称：青海缩小城乡居民收入差距的对策研究；编号：12020）。在研究过程中我们深深感到，青海城乡居民收入差距格局的形成，既与

① 注：常住人口数据采用 2013 年末最新数据，2014 年美元兑人民币平均汇率 6.1428。

全国经济社会改革过程中的制度因素有关，也有其自身的特点。未来青海区域发展战略和政策的制定必须充分考虑这一基本前提，在尊重全国收入分配形势“共性”的同时，认清青海城乡居民收入差距的“个性”。基于为青海经济社会和谐发展特别是城乡统筹工作提供理论参考的初衷，我们撰写了本研究报告。本研究报告运用统计学和计量经济学的研究方法，在清楚认识青海城乡居民收入差距状态和主要体现形式的基础上，分析城乡差距拉大的政策和制度原因、影响因素，综合考虑城乡差距的全国“共性”与青海“个性”，判断“十二五”时期或更长时期内青海城乡居民收入差距方面的基本态势，将治理城乡居民收入差距的国际经验与少数民族地区实际相结合，提出了缩小青海城乡居民收入差距的战略思路和若干政策建议。希望本研究报告能够为相关部门正确判断收入分配形势及科学决策尽一份力量，并以此推动青海城乡协调发展研究的不断深化。

青海城乡居民收入差距问题涉及面广，情况复杂，影响因素也在不断发展变化，因此，对这一问题的研究是一个不断深化的过程，作者也将继续关注并深入研究这一问题。由于作者水平所限，并受时间、资料、研究经费等因素的制约，报告中难免有疏漏、不妥乃至错误之处，敬请广大读者、专家和同行批评指正。

李 毅

2016 年 1 月 27 日修订

内容提要

一、项目研究的目的和意义

青海脆弱的生态环境、多民族聚居、多宗教并存，多文化、多生态、多资源、多体制共生，成为青海显著的人文社会特点，这一特征决定了解决青海城乡居民收入差距问题的复杂性和特殊性。青海城乡居民收入差距问题的解决必须以经济发展、生态安全、社会稳定为根本目标，在这一目标之下探寻青海缩小城乡居民收入差距的实现路径具有重要的理论价值和实践意义。当前青海省城乡收入差距问题十分严重，这不仅影响着农牧区经济的发展，在一定程度上也影响了城市经济的发展。城乡收入差距的持续拉大，不仅影响青海的经济发展，也威胁到青海藏区的社会稳定和民族团结。

因此，在后金融危机时期，分析青海城乡居民收入差距形成的根本原因，并制定相应的措施来避免城乡居民收入差距进一步恶化，促进城乡居民收入分配公平不仅是一个理论性问题，更是一个重要的现实问题。

二、研究成果的主要内容和重要观点或对策建议

课题紧紧围绕城乡居民收入差距的演化过程，本着从现象到本质的研究思路，重点研究了青海城乡居民收入差距的动态演化轨迹和该演化轨迹成因及收入来源在其中的作用机理。首次系统研究了收入来源及其贡献度，并做了城乡收入差距趋势的预测分析，结合国际经验提出了13条可操作性政策建议。

本研究报告内容共九章。

第一章为绪论部分，主要介绍了本报告的研究背景与意义，国内外文献综述、主要研究方法、研究基本结构和主要内容，以及本研究报告的主要创新点和不足。第一章在报告中主要起到理论铺垫作用。首先将国外学者对收入分配及其演化原因的研究脉络，包括经典的Kuznets的“倒U”理论，二元经济结构理论、人力资本的收入分配理论、收入分配差距对经济增长的影响理论。其次，对我国学者关于城乡居民收入差距的演化轨迹、成因、价值判断进行了简要的评述。最

后，重点对基于收入结构角度分析各分项收入对城乡居民收入差距的影响及演化轨迹进行论述。

第二章主要介绍了城乡居民收入差距的相关理论及其测量方法，为下文的分析提供理论基础和理论支持。

第三章主要介绍青海省经济发展状况和城乡居民收入状况。通过分析 GDP 总量和人均 GDP 的增长情况，可以看出改革开放以来青海的经济实现了跨越式发展，除个别年份外，经济增长率平均保持在 10% 以上。但由于城镇居民收入高于农村居民，城乡居民收入差距的绝对数一直保持着不断扩大的态势，从城乡居民收入比来看，也大体经历了“缩小——扩大——缩小”的过程。

第四章利用基尼系数，较为完整地计算了陕西、内蒙古、宁夏、新疆、青海西部五省城镇居民、农村居民、总体居民收入的基尼系数。对 1995 – 2012 年西部五省和全国收入差距进行对比研究发现：陕西、内蒙古、宁夏、青海城乡居民收入差距与全国平均趋势同步，大致经历了 4 个阶段：下降、明显上升、缓慢上升、明显下降；从城镇内部居民收入差距来看，西部五省收入差距处于比较平均和相对合理阶段；从农村内部收入差距来看，青海、宁夏、新疆平均收入差距高于全国，陕西和内蒙古小于全国水平；从全体居民收入差距来看，西部五省全体居民收入差距基本与全国一致，大致经历“缩小——扩大——缩小”的变化过程。

第五章主要从收入来源的角度对青海省城乡居民收入差距进行实证分析。将城乡居民收入来源分为工资性收入、经营性收入、财产性收入和转移性收入 4 个部分，首先研究各项收入分别占城乡居民收入的比重，分析其对城乡居民的重要度和稳定性；其次分析单个收入来源对城乡居民收入的贡献程度，得出工资性收入对城乡居民收入差距贡献率最高，转移性收入和经营性收入次之，财产性收入贡献最小。最后建立数理统计模型，以 4 项收入的差额、CPI 和人均 GDP 为自变量，城乡居民收入比为因变量，通过计量分析得出工资性收入、财产性收入和转移性收入的增大不利于缩小城乡居民收入差距，经营性收入的作用不显著，经济发展水平可以缩小城乡居民收入差距。

第六章分析城乡居民收入差距的内在因素，找出缩小青海城乡居民收入的关键。本章弥补了第五章的不足，通过利用不变价格（剔除价格上涨因素）分析城乡居民收入差距的轨迹和各因素影响程度，得出青海城乡居民收入差距打造经历了五个阶段，大致表现为“下降——急剧下滑——不明显倒 U 变化——明显倒 U 变化——性质不同的下降阶段”五个阶段并分析了相关原因；随后，通过实证分析，财产性收入排第一，接着是人均净收入、转移性收入和工资性收入，并以此提出了相关的切实可行的建议。

第七章对青海省城乡居民收入差距进行了预测和趋势分析，分别采用现行价格和不变价格进行了预测，发现采用现行价预测青海城乡居民收入差距在未来8年呈现先扩大后缩小的趋势，变化速度较快，且城镇居民人均可支配收入大于农村人均纯收入；而采用不变价预测青海城乡居民收入差距在未来8年呈现扩大的趋势，扩大速度缓慢，且农村人均纯收入大于城镇居民人均可支配收入。比较两种预测方法，我们认为采取不变价预测结果更为科学合理。

第八章结合国际治理城乡居民收入差距的经验，站在一个较高的高度，从国际视野来学习治理城乡居民收入差距的国际经验。将青海城乡居民收入差距原因归纳为：自然性因素、政策性因素、制度性因素和其他因素，通过分析我国以往的政策和制度，找出了导致城乡居民收入扩大的关键因素，并结合国际经验提出了13条既符合青海省情和区域特点，又切实可行的政策建议。具体政策建议如下：

（一）继续强调发展经济，做大“蛋糕”。经济发展是一切社会发展的基础，是每一个国家和地区追求的共同目标，只有发展经济，把“蛋糕”做大，才能为增加居民收入、缩小收入差距提供物质基础和经济保障。各地方、各部门应以科学发展观为指导，贯彻落实国家和青海省的发展指导精神，用好、落实国家和青海省出台的各项政策，结合地区实际情况，科学认识优势和不足，以加快旅游业发展为突破口，以绿色食品深加工、清洁能源开发为重点，加大农牧业生产科技投入，转变经济发展方式，提升集约化水平，突出生态效应，更加注重民生，坚定不移的走特色经济发展道路，使广大群众能共享改革开放成果。

（二）调整农（牧）业结构，推进农（牧）业产业化经营。针对青海省的自然环境，农（牧）民的持续增收需要政府积极的促进农牧业发展及加强农牧业基础设施建设，要不断的调整优化农牧业结构，大力发展现代农牧业，对应用新技术、改良土壤、兴修水利设施等农业基础建设给予大量的财政投入和转移性支持。积极落实良种补贴、粮食直补等一系列支农政策。积极推进农牧业产业化经营，以产业化为重要途径，提高农牧产品进入市场的竞争力。

（三）增加农村（牧区）建设资金的投入力度。在现行的财政政策下，财政对农村（牧区）支出的资金主要用于农田水利设施、农村（牧区）交通运输、仓储设施、农牧产品市场及农牧业气象服务设施等。农村（牧区）基础设施的落后：一方面不利于农牧业和农村（牧区）经济的发展，从而不利于农村（牧区）居民收入的增长；另一方面减弱了农村（牧区）居民抵抗自然灾害的能力，加大了灾害对农牧业生产的危害，强化了农村（牧区）居民因灾、因病致贫的现象，并且不利于提高农牧业技术水平，阻碍了农牧业生产效率的提高。青海省农村（牧区）建设资金存在严重的不足，公共基础设施建设还需要投入大量的资金，这就需要充分发挥政府的财政职能，通过适宜的财政支出政策，加快对农村（牧区）的公共财政投入及提供有效的公共产品供给，利用财政调节城乡居民收入差距，切实减轻农（牧）民负担，为农村（牧区）居民提供平等的发展环境，在促进农（牧）民增收的同时，提升农村（牧区）居民的生活水平。

（四）继续推进城市化进程，消除不合理的户籍制度，建立城乡一体化的劳动力市场。目前，青海省在城市化过程中产生的劳动力流动更多地体现为“农村（牧区）精英的城市化”，农村（牧区）精英和少数富裕农（牧）民将已经积累的物质资本和人力资本一并带入城市，使得城乡居民收入差距拉大。造成这种现状的原因主要是制度因素：一是城乡二元户籍制度；二是分割的劳动力市场。只有继续深化改革户籍制度，剥离户口的福利含义，最终把户籍制度变成一种单纯的人口登记制度，并在此基础上建立城乡一体化的劳动力市场，使得农（牧）民有责任在城市平等就业、获得公平福利待遇及获得在城市安家乐业的机会。这样的城市化进程才能促进人口的合理迁移，减少农村（牧区）人口，城市化产生的劳动力流动才有可能通过要素报酬的均等化，实现缩小城乡居民收入差距。

（五）适当调整政府支出结构和方向，增加对农村（牧区）基础设施的投资力度。地方财政支出和固定资产投资严重的城镇倾向已经被证实：这种“劫贫济富”式的政府经济干预，使得原本就脆弱的农村（牧区）经济越发难以跟上城镇快速增长的脚步。为缩小城乡差距，一方面要适时调整政府支出的结构和方向，将财政支出更多地转移支付到农村（牧区），利用工业反哺农牧业，增加对农村（牧区）农田（牧场）水利、道路交通、信息建设等基础设施的投资力度；另一方面，更多的政府财力需要用于支持乡镇企业发展，促进农（牧）民从农牧业向工业转移。只有这样，农村（牧区）剩余劳动力才能得到有效吸纳。

（六）加快农村（牧区）金融体系建设，加大对农村（牧区）生产生活的支持力度。农牧业贷款比例的提高，有助于缩小城乡居民收入差距。大量文献证实了关于“农村地区资金大量外流和贷款难问题是农村经济发展直接障碍”的判断。为解决这一问题，应加快农村（牧区）金融体系建设，调整金融机构的准入政策，放开农村（牧区）金融市场，通过适度的财政或税收手段对农村（牧区）金融机构进行补贴，并完善各项制度，严厉打击各种逃废金融债务的行为，降低农村（牧区）金融机构的贷款风险。

（七）加快农牧业结构升级，促进第三产业发展，吸纳农村（牧区）的剩余劳动力。第二和第三产业的发展均有利于缩小城乡居民收入差距，特别是第三产业发展将为农村（牧区）地区吸纳大量的剩余劳动力，对提高农村（牧区）居民收入，缩小城乡差距将具有重要意义。

（八）因地制宜地选择农牧业发展模式。对于平原地区，可以借鉴美国、巴西的经验，通过土地流转等方式，将耕地（草场）资源适度集中和整合，以发挥规模农牧业的优势；对于占比超过七成的丘陵山地，应借鉴日韩经验，发展特色农业和精致农业，做足“山”的文章，因地制宜，发挥优势，在质量和特色上出效益，实现农村（牧区）地区农牧业收入的提升。

（九）稳定农牧产品价格，确保农（牧）民收入。农牧产品生产周期长，价格除了受供求关系影响之外，天气、自然灾害等偶然因素的影响非常大，因此价格波动频繁。频繁变动的农牧产品价格时常带给农（牧）民扭曲的价格信号，增产还是减产难以抉择，收入带有极大的不确定性。为确保农（牧）民收入，保护农牧业生产积极性，几乎所有国家和地区的政府都采取了保护性收购、农牧产品价格支持或者直接补贴的手段。除了政府的力量，像日本和韩国这样的国家，由农牧民组成的互助组织“农（牧）协”还具有强势的议价能力，保证了农牧产品价格的稳定。这些国际经验和做法均非常值得青海借鉴。

（十）扶持农村（牧区）地区发展农牧业外经济，增加非农收入。随着工业化和城市化的不断推进，农村（牧区）地区专业从事农牧业的人口数量会呈逐渐减少的趋势，如20世纪30年代末美国农业人口占总人口的比重为25%，1950年下降至17%，1980年仅为3%；日本目前真正从事农业生产的农民不足4%。如何在农村（牧区）发展农业外经济，实现农村（牧区）剩余劳动力的就业并增加非农收入，成为缩小城乡居民收入差距的关键。青海是少数民族聚居区，农村（牧区）地区分布着大大小小四十多个民族的居民，少数民族文化资源丰富，是一笔不可多得的非物质文化遗产。在发展农村（牧区）非农（牧）经济时，更应当用好这笔文化财富，依托当地民族特色，推出自已的“一村一品”。这里的“一品”不局限于农（牧）副产品，也包括轻工产品、手工制品以及文化产品和服务等。目前，由青海各地政府牵头，已经有一批民族特色文化旅游产品得到保护和开发，在区内小有名气。

（十一）在民族区域自治框架下对城乡一体化治理进行先行先试。纵观美国、日本以及欧洲各国的城市化进程，我们会发现一个城乡自动均衡的规律：在城市化早期，人口转移基本是单向的，主要是由乡村向城市流动；当城市化达到一定程度后，开始出现逆城市化的倾向，即所谓的郊区化，此时农民流向城市，而市中心的富有阶层离开喧嚣的市中心搬迁到乡村定居，当郊区化达到一定程度后，在郊区出现了大量城市化服务，郊区本身也城市化了，此时就实现了所谓的大都市化；当该国城市化达到一定程度后，城乡之间的人口流动就实现了一个动态平衡——城乡居民收入没有明显差距，从表面上看城乡人口数量也不再有明显变化，但事实上存在双向人口流动。

因此，青海可在民族区域自治的框架内，申请在小范围内先行先试城乡一体化治理模式，实现农村和城市地区在法律地位、居民权利等方面的统一，解除人口双向流动的制度障碍，争取通过城乡一体治理促进城乡关系实现自动均衡。相关实践经验将成为我国，特别是欠发达地区和少数民族地区调节城乡居民收入分配差距和促进社会公平的重要样本，具有十分重要的现实意义。

（十二）重视农村（牧区）民生体系建设，实施科教兴农（牧）。包括社会保障、医疗、教育、交通、通信、生态环境等内容在内的民生发展情况往往难以非常直观地统计在城乡居民收入的数值当中，但是农村（牧区）民生工程发展如何，是一国或地区农村（牧区）居民是否享有幸福感的重要参考指标，也是农村（牧区）地区能否吸引人才、留住人才的关键环节之一。美国建设了“都市化的村庄”，日本倡导农村生活现代化，韩国在新村运动中大力改善农民的居住环境，这些都给农村地区居民的生活带来极大的舒适和便利；由于采取城乡一体化治理，这些国家的农村居民享受到与城市居民相同的养老和医疗保障，农村地区的儿童和青少年也受到高水平的义务教育及有特色的职业教育，解除了农民的后顾之忧，给农村地区的青少年与城市孩子同等的发展机会。

因此，青海需要不断拓宽思路，克服基础差、资金缺等各种困难，加速农村（牧区）基础设施和社会保障体系的建设工作，只有这样，才能逐步实现农村（牧区）地区居民的安居乐业，不断缩小城乡居民之间的收入和福利差距。

（十三）进一步完善生态补偿机制，促进三江源地区生态移民稳步增收

本研究主要从国家层面和省级层面提出了政策建议。

国家层面，建议省委、省政府应该积极向国家层面要政策，增加三江源地区农牧民转移支付收入：

(1) 呼吁国家将青海省列为生态文明先行试验区，将“三江源”设立为国家生态补偿示范区。研究制定《三江源自然保护区生态补偿条例》，建立和完善三江源生态补偿的长效机制。

(2) 切实加大对青海“三江源”生态补偿的投入力度。“三江源”不仅仅是青海的“三江源”，更是中华民族的“三江源”，也是世界的“三江源”。目前，青海省每年只能安排25亿元资金落实其中的几项补偿政策。如果全面实施“三江源”生态补偿机制，每年共需要资金50亿元。若剔除中央已落实草原生态保护补助奖励资金后，尚有30亿元的资金缺口。考虑“三江源”地区特殊困难，

省政府及有关部门要加大工作力度，争取在中央财政预算专项中设置青海“三江源”生态补偿科目，从国家层面帮助青海加快建立和完善“三江源”生态补偿机制。

（3）创新生态补偿方式，提高生态补偿标准。三江源头的生态保护与建设，受益的是整个国家，特别是广大的下游经济发达地区，建立生态补偿机制应是国家的战略决策，省政府及有关部门要呼吁国家充分运用经济手段和法律手段，探索多元化生态补偿方式，搭建协商平台，完善支持政策，鼓励和引导开发地、受益地区与生态保护地区、流域上游与下游建立横向补偿关系，采取资金补助、对口协作、产业转移、人才培训、共建园区等方式，实施横向生态补偿。积极探索碳汇交易、排污权交易、水权交易等补偿方式，拓展生态补偿资金渠道；尽快研究开征水资源税、环境税等，筹集生态保护及生态补偿资金。通过设立多元化的三江源生态补偿基金，鼓励社会力量支持三江源生态保护和建设工作。要充分考虑物价、人口等因素，动态调整和提高农牧民生态补偿标准，实施生态补偿的联动机制。

（4）研究制定《三江源自然保护区生态补偿条例》，建立和完善三江源生态补偿的长效机制。目前，国家对三江源生态环境的保护是以项目方式进行，而且项目只注重环境保护，没有考虑当地农牧民的生产生活及资源开发，项目结束则补偿中止。虽然2010年底，时任总理温家宝组织召开的国务院常务会议上，决定从2011年起，在青海、内蒙古等八个主要草原牧区省（区）建立草原生态奖补机制，并已开始实施，但补偿方案不够明朗，补偿标准仍然较低。为确保生态补偿的延续性和有效性，呼吁国家应通过条例形式，在法规上明确生态补偿的基本原则、补偿范围、补偿对象、资金来源、补偿标准，以及相关利益主体的权利义务、考核评估办法等，为生态补偿机制顺利实施提供法律保障。

同时，省委、省政府应该做到：鼓励和扶持特色优势产业的发展。三江源地区中的自然保护区应当属于禁止开发区域，外围的生态功能区属于限制开发区域。由于三江源地区面积较大，涉及的县乡和人口数量众多，不可能也没有必要因国家财政转移支付来供养而限制或禁止这些地区的发展。为了增强自我发展能力，在限制开发区域和禁止开发区域内的实验区和缓冲区允许因地制宜发展一些资源环境能够承载的特色产业，有助于增加就业、提高收入、保持社会稳定。因此，通过综合运用财政补贴、低息和贴息贷款、税费减免、生态标识等多种优惠手段，重点扶持生态旅游、农牧产品加工、藏药、民族手工业等行业的发展，吸引国内外各类投资者进入。对于限制开发区域的优势矿产资源开发，应本着集约式开发利用的原则，稳步有序合理开发，促进资源优势转化为经济优势。通过发展特色优势产业来增加农牧民收入。

第九章对研究内容进行了总结和展望。

三、成果的学术价值、应用价值，以及社会影响和效益

本研究报告系统研究了青海城乡居民收入差距的演化轨迹、形成原因，首次系统研究了收入来源及其贡献度，并做了城乡收入差距趋势的预测分析，结合国际经验提出了13条可操作性政策建议。

这一研究能够帮助政府决策部门清楚认识青海城乡居民收入差距状态和主要体现形式，了解城乡差距拉大的政策和制度原因、影响因素，报告综合考虑了城乡收入差距的全国“共性”与青海“个性”，判断了“十二五”时期或更长时期内青海城乡居民收入差距方面的基本态势，将治理城乡居民收入差距的国际经验与少数民族地区实际相结合，提出了缩小青海城乡居民收入差距的战略思路和若干政策建议。本研究报告能够为相关政府部门正确判断收入分配形势及科学决策尽一份力量，并以此推动青海城乡协调发展研究的不断深化。因此，本研究提出的13条政策建议，可以有效避免城乡居民收入差距进一步恶化，有助于促进城乡居民收入分配公平。

四、存在的不足或欠缺，尚需深入研究的问题

（一）不足之处

不可否认，鉴于时间、经费、作者能力等方面的原因，本研究也存在着相应的不足之处，希望有关专家和学者们能在本课题的基础上进行更加深入、细致的研究，并提出相关的宝贵建议和意见。

首先，由于基于收入来源成因的城乡居民收入差距的演化路径具有较强的复杂性和长期性，其演化路径和作用机理所涉及的范围十分深广，几乎涉及我省经济发展和体制改革的各个方面，要全面准确把握很难，因此本报告的研究难免有疏漏和不足。

其次，在研究过程中重点是找出青海城乡居民收入差距的构成要素。研究通过对1978~2012年数据的收集与分析来研究各构成要素对城乡居民收入差距的影响程度；但由于收集农牧民各项准确收入的难度较大，导致各个收入来源对城乡居民收入差距的影响贡献度及之间存在的相关性研究会有部分的偏差或是与实际部分有出入，也是本研究不足之处。

最后，因城乡居民收入差距问题广泛存在，国家、各省政府为缩小城乡居民收入差距采取了不同的政策，这对于我省会有一定的借鉴意义，但本研究尚未对

就收入来源成因的城乡居民收入差距进行全国各省份的比较分析，这也是今后需要完善的一个方面。

（二）尚需深入研究的问题

青海城乡居民收入差距问题涉及面广，情况复杂，影响因素也在不断发展变化，因此，对这一问题的研究是一个不断深化的过程，作者也将继续关注并深入研究这一问题。

我们在调研中发现，按照统计数据分析城乡收入差距不甚准确，由于青海是典型的三元社会（城镇、农村和牧区），采用公共统计数据分析城乡收入差距势必掩盖了事实真相，而且我们在调研中也发现，城乡收入实际差距比统计数据要大很多。

在后续研究中，一是需要编制“城镇居民收入状况调查问卷”“农村居民收入状况调查问卷”和“牧民收入状况调查问卷”，对青海城镇居民、农民和牧民进行入户调查，获取一手资料，填补以往受限于公共统计数据而无法进行的一些研究，揭示青海省城乡居民收入差距的实质。

二是将青海城乡居民收入差距对藏区社会稳定相结合进行研究，并对影响青海城镇居民、农牧民收入水平的特征性因素进行探索性研究。

三是对青海城乡居民收入满意度进行测算和比较研究，系统研究生态移民后牧民的收入满意度对生活满意度的相关性分析和回归分析，寻找收入满意度对生态移民整体福利的影响程度。

目　录

第一章　绪　论

第一节　研究背景及研究意义

一、研究背景

改革开放30多年来，我国经济取得了快速发展，但我国地区经济发展的不平衡性问题日益突出，尤其是东西部之间存在巨大差距。为了提高西部地区的经济和社会发展水平，我国于2000年实施了西部大开发战略。经过10多年的开发，西部地区经济虽然取得了较快发展，但东西部经济发展差距仍然在拉大。具体而言，在经济发展方面，西部与东部地区农村的发展差距在8年以上；在人口素质方面，西部与东部的差距在10年以上；在生活质量方面，西部与东部的差距在5年以上，而且这些东西部差距还在进一步扩大。① 即使是在西部各省市区间，经济发展也是极不平衡，以青藏高原②主体省区青海和西藏为例，近年来GDP一直处在全国31个省市区GDP的末位，即第30和第31位。就西部民族地区③而言，人均GDP仅相当于全国平均水平的30%～70%，有相当一部分地区的群众还没有解决温饱问题，全国约4000多万贫困人口中脱贫难度最大的也都分布在这一地区。④ 西部民族地区这种经济发展水平与其

---

① 国家统计局．东部和中西部经济发展差距在八年以上［N］．上海证券报，2006－09－14.

② 青藏高原地处我国西部及西南部，包括今西藏自治区、青海省、四川省西部（阿坝和甘孜）、甘肃省南部（甘南藏族自治州）和云南省西北部（迪庆藏族自治州）及新疆少数地区，土地总面积257.24万平方公里，总人口1亿多人；是中国也是世界上最高、最大、最年轻的高原，素有“世界屋脊”之称。青海（72.10万平方公里）和西藏（117.60万平方公里）占青藏高原地区面积的73.74%。关于青藏高原范围与面积的论述详见张镱锂、李炳元、郑度的论文《论青藏高原范围与面积》（地理研究，2002年第1期第6－8页）中的论述。

③ 西部民族地区包括：新疆、内蒙古、宁夏、西藏、广西、云南、贵州、青海及甘肃的甘南、四川的阿坝和甘孜等地区。国土面积557.36万平方公里，占全国的58.1%，占西部地区的82%；人口约2亿，占全国的15%左右；GDP仅占全国的9%左右，是我国经济最不发达的地区。

④ 浦文成．青藏高原经济可持续发展研究[M].西宁：青海人民出版社，2004：63－64.

国土和人口所占全国的比重相比具有明显的反差。同时，民族地区经济发展与非民族地区的发展差距仍在继续扩大。其中尤为突出的就是收入分配问题、城乡居民收入差距问题（见图 1 -1a 和图 1 -1b）。

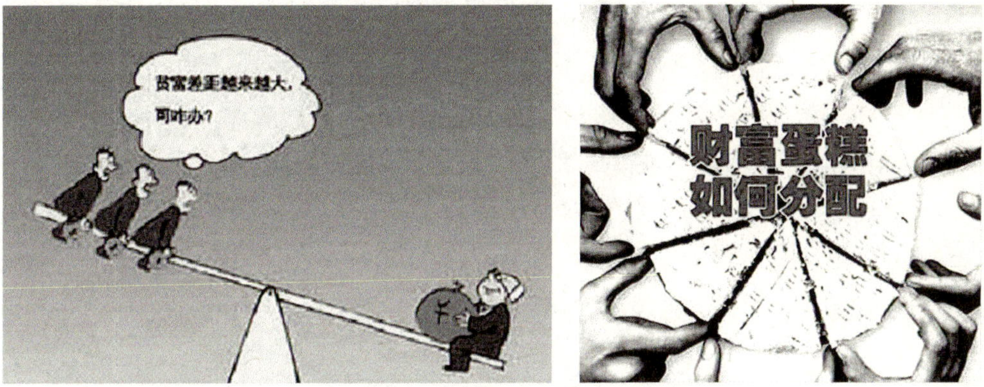

图 1 -1a　城乡居民收入差距和收入分配漫画图

资料来源：百度图库，http：//image. baidu. com/i? tn = baiduimage&ct = 201326592&lm。

图 1 -1b　城乡居民收入差距和收入分配漫画图

资料来源：百度图库，http：//image. baidu. com/i? tn = baiduimage&ct = 201326592&lm。

经济发展中的收入分配问题，不仅是经济学中重要研究内容之一，更是伴随着我国改革开放和经济转型而出现的一个政治经济问题。改革开放前，我国实行高度集权和具有平均主义倾向的计划经济分配制度。因此，城乡居民收入差距在相当一段时期内保持了较低水平。为了解放生产力，发展生产力，我国在 1978 年实行了改革开放战略政策。伴随着中国经济的不断发展，地区发展不平衡、城乡居民收入差距问题日益突出，这一现象已经引起了从普通老百姓到经济学家，甚至党中央的广泛关注和研究。中国作为一个转轨经济国家，如何解决这些问题，尤其是缩小西部民族地区城乡居民收入差距，将对西部民族地区未来的长治久安和经济的持续发展产生重大影响。

许多学者的研究表明：城乡居民收入差距持续拉大已是不争的事实。有学者对1978—2007年江、浙、沪城乡居民收入增长指数①进行综合分析，结果显示：江苏省从1981—2007年的27年中，城镇居民人均可支配收入增长幅度高于农村居民人均纯收入增长幅度的有19年，农村居民高于城镇居民的为8年。尤其是1997—2007年的11年间，一直是城镇居民增幅高于农村居民。而浙江省从1981—2007年的27年中，城镇居民人均可支配收入增长幅度高于农村居民人均纯收入增长幅度的有14年，农村居民增幅高于城镇居民的为12年，城乡相同的为1年。1998—2007年的10年间，除2004年城乡居民收入增长幅度相同外，其余9年都是城镇居民增幅高于农村居民。由于上海市农民年人均可支配收入官方可查到的数据是从1990年开始，因此，城镇居民人均可支配收入增长幅度与农村居民人均可支配收入增长幅度对比状况的考察只能以1990年为100进行分析。1991—2007年的17年间，城镇居民人均可支配收入增长幅度高于农村居民人均可支配收入增长幅度的有11年，农村居民增幅高于城镇居民的为6年。1998—2007年的10年间，有8年是城镇居民增幅高于农村居民。从以上对两省一市城乡居民收入增长指数的对比分析中可以看出，城镇居民人均可支配收入增长幅度的年数大大多于农村居民人均纯收入增长幅度，由此可以说，上个世纪80年代至今，从总体看，城乡差距呈逐渐拉大趋势。值得注意的是自1998年以来，江浙沪基本上是城镇居民人均可支配收入增长幅度高于农村居民人均可支配收入增长幅度，这说明近10年来长三角地区城乡居民的收入差距在原来的基础上仍在不断扩大。②

邓小平同志在20世纪80年代指出："社会主义最大的优越性就是共同富裕，这是体现社会主义本质的一个东西。如果搞两极分化，情况就不同了，民族矛盾、区域间矛盾、阶级矛盾都会发展，相应地中央和地方的矛盾也会发展，可能就会出乱子。"③ 2008年西藏的"3·14"事件和2009年新疆的"7·5"事件，虽然都是国外宗教分子煽动的政治事件，但与东西部地区经济发展的差距日益拉

---

① 城乡居民收入差距指数的计算公式为：城乡居民收入差距指数=城镇居民人均可支配收入除以农村居民人均纯收入。上式若农村居民人均纯收入为1，表明了城镇居民人均可支配收入与农村居民人均纯收入之间的倍数关系。

② 资料来源：百度百科，http：//baike. haosou. com/doc/6278548. html。

③ 《邓小平文选》第三卷，人民出版社1993年版，第373页。

大导致西部民族地区经济日益边缘化不无关系，这也正好印证了邓小平同志的论断。如“3·14”事件固然有外部成因，比如部分流亡海外的藏独分子的政治、宗教方面的诉求和试图破坏我国各民族团结达到分裂中国的目的等等，但是一场巨大的社会矛盾不可能单单依靠外部因素就能形成，必然有其内部成因——即藏区经济发展十分落后①。从这两个事件来看，虽然都是在国外不法分子的操控下实施的恐怖活动，企图破坏我国各民族团结的政治活动，但与西部民族地区经济发展缓慢、与东部地区经济发展差距愈拉愈大及城乡居民收入差距持续扩大有着重要关系，即地区经济发展差距和城乡居民收入差距拉大激化了民族矛盾和区域间的矛盾，造成社会不稳定。②

改革开放30多年来，我国经济和社会发展取得了巨大的成就，国内生产总值从1978年的3645亿元增长到2012年的519322亿元，人均生产总值也实现了迅猛增长。从中国GDP世界排名和中国人均收入世界排名来看（见表1-1），我国经济快速发展的同时，人均收入在世界的排名却逐年下降：中国GDP世界排名从1960年的第15名上升到2010年的世界第2名，而人均收入从1960年的世界第78名下降到2010年的世界第127名，基本上平均每年下降一个位次，在世界上人均收入属于低水平国家。

表1-1 中国人均收入世界排名和中国GDP世界排名

	1960	1970	1980	1990	2008	2010
中国人均收入世界排名	78	82	94	105	106	127
中国GDP世界排名	15	10	7	6	4	2

资料来源：根据国家统计局网站资料整理。

整体而言，中国城乡居民的生活水平均有了明显的提高，但在经济迅猛发展的同时，中国城乡居民收入差距也呈现不断扩大的趋势。根据国家统计局公布的数据，我国全国居民收入的基尼系数已经持续十年超过国际公认的0.4警戒线，

---

① 详细论述见公盟法律研究中心调研报告．藏区经济社会变迁与年轻藏人生存困境调查［R］．青海藏族，2009（1）：18-27.

② 李毅．嵌入性视角的产业集群发展研究——以青海藏毯产业集群为例［M］．北京：经济管理出版社，2012：1-10.

2010 年为 0.481，虽然跟甘犁教授统计的 0.61 存在争议①，但是他们都得出了中国城乡居民收入差距不断扩大的共同结论（见图 1－2）。持续扩大的收入差距不但不利于生产力的提高，而且在很大程度上也阻碍了生产力的发展，因此，缩小过大的城乡居民收入差距已到了刻不容缓的地步。

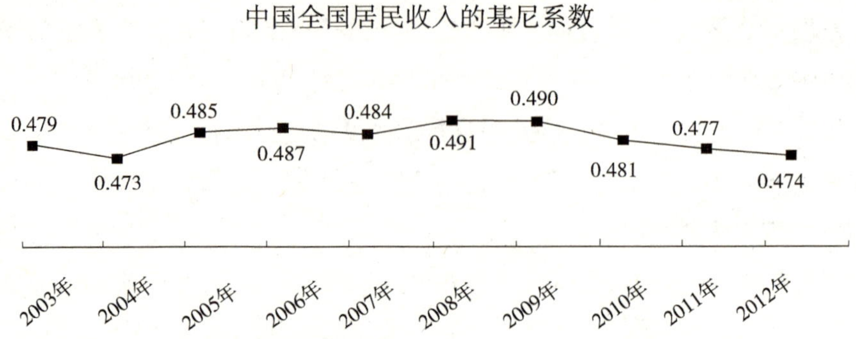

图 1－2　中国全国居民收入 2003－2012 年的基尼系数图

注：马建堂坦承，0.47 到 0.49 之间的基尼系数不算低，城乡差距大概有 3 倍，按照城镇工资统计，高收入行业和低收入行业大概有 4 倍以上的差距。这说明我国加快收入分配改革、缩小收入差距具有紧迫性。

资料来源：定军. 官方首次透露近十年基尼系数 称收入差距大亟待改革［N］. 21 世纪经济报道，2013－1－19。

早在 2010 年，国家“十二五”规划提出，城乡居民收入增长要达到 7% 以上，与经济发展同步。按照这个增速一直到 2020 年，收入 10 年翻一倍，这被解读为收入倍增计划。2011 年人社部副部长杨志明提出，“十二五”期间要努力实现最低工资标准年均增长 13% 以上，职工工资增长 15%，5 年实现职工工资增长翻番。但实际情况是怎样的呢？中国的贫富差距不断扩大。中国的基尼系数已经

① 东方早报记者胡苏敏 2013 年 1 月 31 日发表了题为“李实教授、岳希明教授与甘犁教授关于基尼系数的讨论”文章。文中指出：在未给出具体调查过程和原始数据的情况下，国家统计局时隔多年再次发布基尼系数——这一衡量收入分配公平程度的指标，随即引发广泛讨论。2013 年 1 月 24 日，中国人民大学财政金融学院教授岳希明和北京师范大学收入分配研究院教授李实，在华尔街日报中文网发表联合署名文章《我们更应该相信谁的基尼系数?》称，西南财经大学中国家庭金融调查中心公布的“2010 年全国居民收入基尼系数 0.61”被高估，而国家统计局公布的近十年基尼系数位于 0.47－0.49 之间，基本可信。一天之后，同样在华尔街日报中文网，西南财经大学中国家庭金融调查与研究中心（下称“CHFS”）主任甘犁发表《以公开科学的抽样调查揭示真实的中国》一文，就高收入人群的样本是否过多、数据收集方法等问题一一回应。不过，双方一致呼吁国家统计局公布该基尼系数的估算过程和原始调查数据。原文载东方早报 2013 年 1 月 31 日，详见：http：//blog. sina. com. cn/s/blog_45643dfd0101c89n. html。

超过0.5，成为许多专家的共识①。中国城乡居民收入差距见图1－3和图1－4，一目了然。根据著名学者王小鲁的研究，算上灰色收入，中国10%最高收入居民和10%最低收入居民10%之间收入差距达到60多倍。②

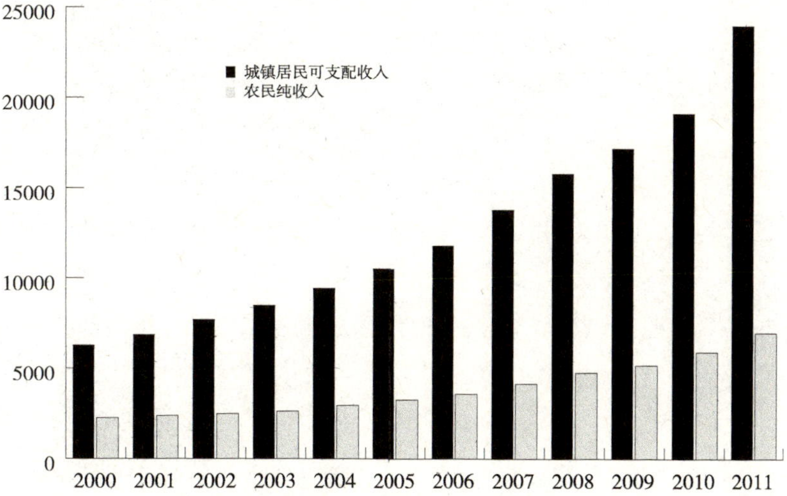

图1－3 2000年到2011年中国城镇居民可支配收入以及农民纯收入增长对比图

注：从图中可以看出，中国城镇居民与农民收入差距逐年扩大。

资料来源：http：//finance. ifeng. com/news/special/beizeng/。

图1－4 城乡收入差距拉大的漫画图

资料来源：百度图库整理，http：//image. baidu. com/i？tn＝baiduimage&ct＝201326592&lm。

① 这一点与统计局数据有差距。根据国家统计局公布的数据，我国居民收入的基尼系数2003年为0.479，2008年达到最高点0.491，这之后逐年下降，2014年的基尼系数是0.469。而在20世纪80年代初，全国收入差距的基尼系数是0.3左右。李实分析说："接近0.5的基尼系数可以说是一个比较高的水平，世界上超过0.5的国家只有10%左右；主要发达国家的基尼系数一般都在0.24到0.36之间。"

② 资料来源：http：//finance. ifeng. com/news/special/beizeng/。

2014年年初，《中国经济周刊》旗下智囊机构中国经济研究院通过统计全国31个省份公布的2013年的最新经济数据（截至2月23日），以北京大学中国区域经济研究中心主任杨开忠提供的“单位GDP人均可支配收入比值”计算公式（“人均可支配收入”除以“人均GDP”）为基础，计算得出《2013年31省份GDP含金量排名》。结果显示，2013年，中国大陆31个省份GDP含金量排名依次为：上海、北京、广东、浙江、云南、江西、安徽、海南、重庆、山西、福建、黑龙江、广西、贵州、四川、湖南、湖北、江苏、天津、辽宁、河南、甘肃、河北、宁夏、吉林、山东、陕西、青海、新疆、内蒙古、西藏。根据排名，GDP含金量排名后5位的省份，分别是陕西、青海、新疆、内蒙古、西藏，这几个西部地区省份的排名已经连续三年没有动过了（见图1－5）。国家发展和改革委员会国土开发与地区经济研究所所长肖金成表示：西部地区有时候投资很大，上来一个大项目，但不一定增加老百姓的收入，像某省建一个大型水电站，拉动投资很大，但建设的工程队不一定是当地的老百姓，可能是别的省份的工程队，设备也有可能是别的地方外购的，这样对当地的居民收入并没有带来太大的影响，但GDP却增加了，意味着分母上的人均GDP增加了，分子上的人均可支配收入却未显著增加，这样GDP含金量就不高。肖金成建议：西部地区在关注和加强基础设施建设的同时，要更加重视民生和公共服务的投入。众多经济学家认为，如今的中国，GDP仍然是最为重要的经济指标，但不唯GDP论英雄已经成为共识。所以，在以人为本的发展理念指导下，更加注重经济的发展质量、并将人民生活质量的指标纳入考核体系显得越来越重要。①

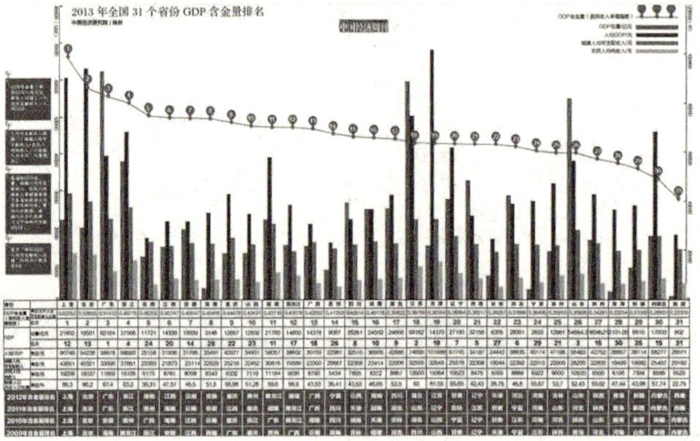

图1－5　2013年全国31个省份GDP含金量排名

资料来源：李勇、王红茹．2013年31省份GDP含金量排名［J］．中国经济周刊，2014年第8期。

① 李勇、王红茹．2013年31省份GDP含金量排名［N］．中国经济周刊，2014－3－4.

根据表1-2显示的2015年25省份一季度城镇居民收入比较可以看出：(1)上海以14153元排名榜首，甘肃增幅全国最高。(2)一季度全国城镇居民人均可支配收入8572元，同比名义增长8.3%，扣除价格因素实际增长7.0%。(3)上海、北京、江苏、福建、广东、天津、山东这7个地区的城镇居民人均可支配收入超过了全国平均水平。其中，上海城镇居民人均可支配收入最高，达到了14153元；北京排第二，为13503元；江苏位列第三，为11516元，这三地也是目前全国仅有的三个收入突破1万元的地区。(4)从收入增幅来看，甘肃、新疆、江西、贵州、青海、湖北、河北、天津、湖南、云南、安徽、四川、宁夏、福建、北京、重庆、陕西这17个省份的城镇居民人均可支配收入增幅超过了全国水平。河南则与全国水平持平。其中，甘肃增幅最高，达到了10.6%，其次是新疆，为9.6%，贵州和江西两省增幅同为9.5%，并列增幅第三位。广西增幅最低，仅为6.9%。(5)目前，青海省城镇居民人均可支配收入排在末位，仅为6212.87元[①]；甘肃排倒数第二，为6258.56元；宁夏倒数第三，为6272元。

表1-2 2015年25省份一季度城镇居民人均可支配收入

地区	收入（元）	增幅（%）
上海	14153	8.0
北京	13503	8.4
江苏	11516	7.8
福建	9825.9	8.5
广东	9631	8.2
天津	9605	8.7
山东	8630	8.1
重庆	7956	8.4
湖南	7840	8.7
湖北	7720	9.2

① 关于统计局公布的数据历年来一直遭到网民吐槽，今年也不例外，数据一公布，网上又开始晒工资了。这次数据一公布，诸多网民疾呼："又被平均了！"、"青海啊，我又拖您后腿了！"根据统计部门公布的2014年青海的平均工资，列示了西宁和海南州两个部分。西宁工资：4899元；2k-3k占比：29.50%；5.4k-6k占比：27%；较2013年涨幅：10%。海南州工资：4966元；2k-3k占比：37.40%；5.4k-6k占比：18.10%；较2013年涨幅：66%。按照统计部门自己公布的2个数据可以看出，青海2014年平均工资都没达到2015年城镇居民人均可支配收入，此次公布的2015年第一季度数据的可信度可想而知了。

续表

地区	收入（元）	增幅（%）
安徽	7378	8.6
广西	7164	6.9
四川	7083	8.6
海南	7074	7.4
云南	6976	8.7
陕西	6914	8.7
江西	6896	9.5
河南	6700.65	8.3
河北	6698	9.0
贵州	6473	9.5
新疆	6470	9.6
山西	6415.3	8.2
宁夏	6272	8.6
甘肃	6258.56	10.6
青海	6212.87	9.3

资料来源：根据各地统计局公布数据整理，参考中国新闻网2015年4月28日报道整理。

从表1－2显示的2015年最新统计数据可以看出，青海城镇居民人均可支配收入在全国25省份中排在最后一名，与其他省份还有较大差距，与上海北京有2倍多的差距，与全国城镇居民可支配收入差距继续拉大。

根据2015年5月国家统计局公布的全国31个省（区、市）4月份居民消费价格指数（CPI）数据显示（见表1－3），25个省份4月份CPI涨幅较3月回升，16个省份的涨幅超过了全国水平。与全国水平相比，青海、北京等16个地区的4月份CPI涨幅超过了全国水平。甘肃、重庆、海南、江西的涨幅则与全国持平。在这31个省份中，青海4月份CPI同比涨幅最高，为3.4%，也是全国仅有的CPI涨幅在“3”时代的地区。新疆涨幅最低，仅为0.2%。①

① 李金磊. 31省份4月份CPI排行出炉：青海全国第一 河北29名［N］. 中国新闻网，2015－05－15.

表 1-3 31 省区 2015 年 4 月份 CPI 涨幅

排位	地区	同比涨幅（%）
1	青海省	3.4
2	上海市	2.6
3	天津市	2.0
4	北京市	2.0
5	湖北省	1.9
6	福建省	1.9
7	云南省	1.8
8	贵州省	1.8
9	江苏省	1.8
10	吉林省	1.8
11	宁夏回族自治区	1.7
12	四川省	1.7
13	河南省	1.7
14	安徽省	1.7
15	西藏自治区	1.6
16	黑龙江省	1.6
17	甘肃省	1.5
18	重庆市	1.5
19	海南省	1.5
20	江西省	1.5
21	湖南省	1.4
22	广西壮族自治区	1.3
23	山东省	1.3
24	辽宁省	1.3
25	内蒙古自治区	1.3
26	浙江省	1.2
27	广东省	1.1
28	陕西省	1.0
29	河北省	0.8
30	山西省	0.6
31	新疆维吾尔自治区	0.2

资料来源：表中数据来自国家统计局。

从表1－2和表1－3的数据显示，2015年第一季度青海城镇居民可支配收入在25个省份中最低，而4月份青海在31个省份中CPI涨幅居第一。[①] 由此可以看出，青海城镇居民可支配收入与全国有较大差距，而CPI涨幅却高居首位，这无疑会进一步恶化青海城乡居民收入与全国城乡居民收入的差距。

党的十八大报告明确指出，要千方百计增加居民收入，实现发展成果由人民共享，努力实现居民收入增长和经济发展同步。[②]十八届三中全会通过的《中共中央关于全面深化改革若干重大问题的决定》亦明确提出，完善发展成果考核评价体系，纠正单纯以经济增长速度评定政绩的偏向，更加重视劳动就业、居民收入、社会保障、人民健康状况。

因此，在这一背景下，深入研究青海省城乡居民收入差距问题有着重要的现实意义。尽管青海省GDP近年来增长很快，但GDP含金量却不高，居民收入并未同步增长，加之CPI涨幅长期居于全国前列[③]，导致青海城乡居民收入差距问题日益恶化。纵观青海省的城乡居民收入差距问题，呈现出与全国基本情况相似的趋势，甚至更为严重，缩小青海城乡居民收入差距不仅关系到藏区的稳定，更关系到十八大和十八届三中全会中提出的收入倍增目标和全体人民共享改革成果的目标能否顺利实现。

二、研究意义

青海省作为我国地处西部的多民族聚集的省份，自改革开放以来，特别是中央实行西部大开发战略以来，青海的经济社会也实现了跨越式发展，但随之而来的是青海城乡居民收入差距问题日益突出。根据刘晓平[④]（2007）对青海省城乡

---

① 根据新华网2015年7月27日发布的中国各地2015年上半年居民收入数据显示：上海城镇、农村居民人均可支配收入分别达到26664元、13346元，均为全国最高；而青海位居榜单倒数第二位，城镇、农村居民人均可支配收入分别为11402元、3285元。同时，在31个省份中，青海5月份CPI涨幅又是全国第一，为2.8%，其次是上海（2.3%）和西藏（2.0%），这三地也是全国仅有的CPI处于“2时代”的地区。难怪新华网青海频道2015年7月27日发表评论：青海人民的消费是个谜！物价上涨排全国第一，收入排全国倒数第二！

② 不得不承认，政府在缩小收入差距上一直在努力。最近几年，政府不断在调整最低工资标准，提高低收入者收入，保障弱势群体的基本生活。此外，由于个税的征收主要集中在工薪阶层，如何“向富人多征税”也在不断地探讨中，2014年提出要调整完善消费税，对一些带有明显奢侈品性质的消费增加税负也多少指明了方向。按照中央提出的“提低、扩中、调高”的思路进行收入分配改革，目前已稍有成效。根据国家统计局首次发布城乡统一的居民收入数据显示，2013年全国居民人均可支配收入为18311元，比上年增长10.9%，扣除价格因素实际增长8.1%。经济不断在发展，居民平均收入也正在稳步增长，但是老百姓并没因此而获得相应的满足感和幸福感。

③ 根据民革青海省委的统计显示：2002－2014年青海省CPI全国排名第一的有6个年份，前五的有9个年份。

④ 刘晓平．青海省居民收人差距的测度与回归预测［J］．青海民族研究，2007（3）：108－111.

居民收入状况的分析，通过基尼系数的测度，显示青海省收入差距变动的总趋势是逐渐上升的。王健和马春梅[①]（2006）也用相关数据说明了青海城乡居民收入差距不断扩大的事实。

消除两极分化，最终实现共同富裕，是社会主义的本质要求，这既体现了最广大人民群众的根本利益，也是中国共产党实施一切决策和举措的中心。2002年党的十六大报告指出："我国城乡二元经济结构还没有改变，地区差距扩大的趋势尚未扭转，贫困人口还为数不少。"在一定程度上，我们还未实现真正意义上的发展，因为大部分的农村人口和相当一部分农村地区被排斥在现代化的进程之外，未能享受到增长的收益。因此，这种增长不具有可持续性，没有深厚的基础。2007年党的十七大报告进一步指出，我国"城乡、区域、经济社会发展仍然不平衡"，并把推进经济结构战略性调整、统筹城乡发展、推动区域协调发展作为未来经济发展的重要目标。二元结构问题如不解决，必将会制约我国经济的发展。2012年党的十八大报告进而又提出了到2020年城乡居民人均收入比2010年翻一番的目标任务。中央农村工作会议也强调，要在收入倍增计划中，着力加快农民收入增长。报告中指出："解决好农业农村农民问题是全党工作重中之重，城乡发展一体化是解决'三农'问题的根本途径。要加大统筹城乡发展力度，增强农村发展活力，逐步缩小城乡差距，促进城乡共同繁荣。"党的十八届三中全会通过的《中共中央关于全面深化改革若干重大问题的决定》再次指出："城乡二元结构是制约城乡发展一体化的主要障碍。必须健全体制机制，形成以工促农、以城带乡、工农互惠、城乡一体的新型工农城乡关系，让广大农民平等参与现代化进程、共同分享现代化成果。"[②] 所以，解决城乡二元结构是深化改革、全面建设小康社会所需要解决的重要问题。

为了实现共同富裕，党中央在新时期提出了建设社会主义和谐社会的奋斗目标，努力建立一个民主法制、公平正义、诚信友爱、充满活力、人与自然和谐相处的社会。本课题正是在这一时代背景下，研究青海缩小城乡居民收入差距的对策问题。当前青海省城乡居民收入差距问题十分严重，这不仅影响着农牧区和城市经济的发展，而且威胁到藏区的社会稳定和民族团结问题。

青海脆弱的生态环境、多民族聚居、多宗教并存，多文化、多生态、多资源、多体制共生，成为青海显著的人文社会特点，这一特征决定了解决青海城乡

---

① 王健、马春梅．青海民族地区收入分配差距与社会稳定问题研究［J］．攀登，2006（3）：64－67.

② 习近平．中共中央关于全面深化改革若干重大问题的决定［N］．人民日报，2013－11－16（1）．

居民收入差距问题的复杂性和特殊性。青海城乡居民收入差距问题的解决必须以经济发展、生态安全、社会稳定为根本目标，在这一目标之下探寻青海不同地区缩小城乡居民收入差距的实现路径具有重要的理论价值和实践意义。当前青海省城乡收入差距问题十分严重，这不仅影响着农牧区经济的发展，在一定程度上也影响了城市经济的发展。

青海省作为多民族省份，城乡居民收入差距拉大的问题日益严重，尤其是省内主要的少数民族聚区，即六个地州市的城乡居民收入差距呈现逐渐扩大的趋势更为重要的是这些地区的大部分少数民族居住在农牧区，非少数民族大部分居住在城镇，农村居民的收入水平远远落后于城镇居民，这在很大程度上反映了少数民族与非少数民族之间的差距。这些地区的农牧经济发展比较缓慢，各方面的发展程度远远滞后于青海相对发达的东部地区。长时间以来，由于青海东部的自然环境、经济条件明显优越于藏区，使得东部市县不仅城镇居民的收入水平高于藏区，而且农牧民收入也要远远超过藏区，就在这一现实状况下，研究藏区城乡居民收入差距问题，重点提高农牧民的收入水平，缩小青海整个藏区的城乡居民收入差距；缩小与东部地区的城乡居民收入差距；缩小少数民族与非少数民族之间的差距等一系列问题的研究与探讨，具有一定的研究价值，更具有深远的现实意义。①

总之，城乡收入差距的持续拉大，不仅影响青海的经济发展，也威胁到青海藏区的社会稳定和民族团结问题。因此，在后金融危机时期，分析青海城乡居民收入差距形成的根本原因，并制定相应的措施来避免城乡居民收入差距进一步恶化，促进城乡居民收入分配公平，是一个理论性问题，更是一个重要的现实问题。

第二节　国内外研究现状

一、国外研究现状

国外学者对收入分配的研究极其深入和透彻，取得的成果也很丰硕，归结起来主要是沿着两条主线展开的。

一是围绕生产要素参与收入分配所形成的收入分配格局，即生产要素的功能性分配展开。收入差距属于发展经济学的范畴，它主要反映经济发展中的不平等

① 德拉太. 青海藏区城乡居民收入差距成因及对策研究［D］. 西北民族大学硕士学位论文，2012 年。

问题，而收入分配又作为经济学的一个重要领域，在西方经济学研究中形成众多流派。其中，以古典经济学的收入分配理论和19世纪初萨伊的庸俗经济学的分配理论影响最大；其次是19世纪末20世纪初的边际效用学派的分配理论，并成为了西方经济学按生产要素分配理论的重要组成部分；再次是新古典经济学的分配理论（又称剑桥学派），主要贡献在于如何确定各种生产要素的均衡价格。

二是围绕有关家庭、住户和个人等一系列经济单位的收入分配，即规模性收入分配展开。20世纪50年代，收入分配理论研究的重心开始转向规模性收入分配理论，重点研究收入分配差距与经济增长之间的关系。

与此同时，国外学者对个人收入分配理论的研究也逐渐多角度化，基本遵循从“从现象到成因再到影响”的研究脉络依次展开，其主要理论成果有：

1. 倒U理论

国外有关收入差距及其测量方面的研究开始于19世纪末20世纪初，早期的研究大都以统计方面的计算为主。但是在20世纪50~60年代，发展中国家却出现了高速的经济增长和收入差距不断扩大并存的现象。于是经济学家更多地把收入差距的改善作为衡量经济发展的重要依据，并开始深入研究经济发展和收入差距的动态关系。库兹涅茨最先开创性地把经济发展和收入差距联系起来并进行实证分析（Kuznets①，1955），他通过对18个国家实证资料的比较，得出结论“一国经济发展的初期，收入分配状况可能恶化，但随着经济的增长，过剩劳动力逐渐将会发生转移或被吸收利用，收入分配会改善，因此经济增长过程中收入差距会出现倒U型的演化轨迹”。此后，国外学者对这一假说进行了广泛的理论研究和实证检验，旨在发现居民收入差距在经济发展的各个不同阶段演化的经验性规律，但所得到的研究结论却莫衷一是。其原因是一些产业部门的迅速发展促进了经济增长，这些增长又主要集中在快速发展的工业部门，并使这些部门的从业者收入快速提高，从而引起城乡居民收入差距扩大。但随着劳动力更多的从低收入的传统产业向现代产业部门转移，城乡居民的收入差距又会缩小。

2. 二元结构论

几乎与库兹涅茨提出“倒U”假说同一时期，刘易斯（Lewis，1954）在《劳动力无限供给条件下的经济发展》一文中，开创性地提出了二元经济结构理论，研究了二元经济向一元经济转型过程中的经济增长问题，阐释居民收入差距在经济增长过程中出现“倒U”型演化轨迹的原因。他将发展中国家的经济分为两个不同部门：“资本主义”部门（以工业为主的现代部门）和“维持生计”部

① Kuznets, S., 1955. Economic growth and income inequality. American Economic Review 45: 1 -28.

门（以农业为主的传统部门），并且维持生计部门的收入与资本主义部门的工资水平会有较大的差距。“现代部门资本投入多，边际劳动生产率较高，能够产生经济剩余；传统部门土地有限，资本投入很少，人口增长迅速，劳动力相对过剩，其边际生产率很低，甚至为零，因而传统部门劳动者的收入水平很低，一般只能维持自己和家庭的基本生存”。这种基本生存收入水平决定了现代部门的最低工资界限，在传统部门剩余劳动力转移完成之前，传统部门的基本生存收入保持不变，从而现代部门的工资率也相应保持基本不变。刘易斯模型将经济增长和劳动力转移有机地结合在一起，他解释的农村劳动力转移现象在总体上符合大多数发展中国家的情况，因此该理论在发展经济学中占有重要的地位。

随后，拉尼斯（Rans）和费景汉（J. Fei）在1961年《经济发展理论》中将农业部门的发展纳入了分析的范畴，在刘易斯模型的基础上不断完善二元经济结构理论，进一步细化了工业发展和农业发展的关系，提出了以分析农业劳动力转移为核心，重视农业劳动技术变化，得出劳动生产率的高低决定了劳动者收入，这为居民收入差距演化的现象提供了更多解释，被称为“费景汉—拉尼斯”模型。1967年，乔根森在对“刘易斯—拉尼斯”模型做出重大修正的基础上，建立了乔根森模型，这一模型的最大特点是：它是反刘易斯传统的，它抛弃了“刘易斯一费景汉一拉尼斯”模型中所坚持的无限劳动力供给和不变制度工资的基本假定，转而从农业发展与人口增长的角度来研究劳动力转移问题。这也标志着发展经济学的二元经济理论实现了从古典向新古典的转化。

3. 人力资本论

与此同时，明塞尔（Mincer，1957）和贝克尔（Becker）开始从人力资本角度解释收入不平等的原因。1958年，明塞尔首次建立了个人收入与接受培训量之间的经济数学模型，模型表明人力资本投资越多，工资水平越高；但接受培训提高人力资本需要花费时间，会在一定程度上推迟或减少工资所得。

1960年，美国经济学舒尔茨（Schultz）又将人力资本理论引入经济增长的研究中，发现人力资本投资对经济增长具有重要作用，从而用人力资本把收入分配与经济增长联系起来，为此后分析收入分配对经济增长的影响奠定了基础。其在美国经济年会上发表了“人力资本的投资”演讲，阐释了人力资本对经济增长的重要性，标志着人力资本理论的正式形成。随后，舒尔茨与丹尼森（Denison，1960）在宏观经济增长领域构建了人力资本理论，贝克尔（Becker）和Chiswick（1966）及Mincer（1974）则在微观领域对人力资本理论进行了开创性的研究，建立了人力资本理论的微观理论基础，其人力资本模型均涉及人力资本投资对收入分配的影响。他们认为，所有应用于增加人的资源并影响其未来收入的投资均为人力资本投资，如教育支出、卫生保健支出、劳动力迁移支出等均为人力资本投资。Chiswick（1971）利用跨国数据研究表明收入差距会随着教育差距的扩大而扩大。明塞尔又借鉴贝克尔的人力资本计算方法，进一步把人力资本投资区分为正规学校教育和在职培训，建立了人力资本投资收益率模型，这一模型至今广泛应用于各类人力资本收益率的估算中，为后来的研究者提供了理论分析的基础。1962年，阿罗（Arrow）提出了技术进步内生和“干中学”，他认为仅用资本和劳动投入解释工薪增长是不够的，劳动力在生产活动中获得知识，新物质资本的投入推动了技术进步。因此，物质资本投入越多，在生产中反复学习即“干中学”所累积的知识和经验越多，经济增长越快。所以，技术进步和人力资本是推动经济增长的内生变量。八十年代中期，罗默（Romer，1986）、卢卡斯（Lucas，1988）提出了内生人力资本经济增长模型，将教育部门引入经济增长模型，研究人力资本及积累对经济增长的作用，认为经济增长主要来源于人力资本存量的有效积累：人力资本水平越高，经济增长质量也就越高。他同时强调经济增长来源于知识的“溢出效应”：知识的生产需要依靠原有的知识积累和人力资本的投入，积累的知识越多，用于生产知识的人力资本的边际产出率就越高。Gregorio和Lee（2002）的研究发现教育因素对收入分配具有影响，收入不平等会随着教育不平等程度的加深而加深。马西莫·贾妮妮（Massimo Giannini，2003）分析了人力资本积累和分布的动力机制，并且说明人力资本分布和投资推动经济增长中的人力资本的积累。总之，人力资本水平、分布及投资状况在一定程度上决定了一国的经济增长速度与质量，被喻为是经济增长“引擎”（Becker，Murphy & Tamura，1990）。

4. 收入分配影响经济增长的理论

Stiglitz（1969）用线性的储蓄函数将Kaldor在1956年首次将收入分配和经济增长联系起来进行系统研究得出的假设正式化，即：不平等促进经济增长。随后Bourguignon（1981）用非线性的储蓄函数更进一步说明了传统收入分配对经济增长影响理论的观点：总产出依赖于初始分配，初始分配的不平等将促进总产出的增长。随后在20世纪80年代末，Murphy、Shleifer和Vishny（1989）提出所谓收入分配的“大推动（Big Push）”理论，论证了收入分配通过市场规模影响经济增长的机制。进入到90年代，内生财政政策理论，信用市场不完善与教育投资理论，社会政治不稳定理论又从不同的视角展开新的研究。内生经济增长模型代表人物Alsina和Rodrik（1994），Persson和Tabelini（1994）以及Perotti（1993）从公共投资、转移支付角度出发，分析收入分配对经济增长的影响，其中包括经济均衡机制和政治均衡机制。随后，Galor和Zeira（1993）从信用市场不完善与教育投资角度研究，认为当信用市场完善的条件下收入分配越平等，越多的个体将对人力资源进行投资，因此经济增长也越快；当信用市场不完善时，加大收入由高收入者向低收入者的再分配都有助于提高人力资本的投资总量和平均生产率。通过这种机制，收入差距的减小有助于提高经济增长率。Alsina 和 Perotti（1996）从政治经济学角度详细论证了收入不平等将会导致社会政治的不稳定，从而产生一系列对经济增长的不利影响。

实际上收入不均等对经济增长产生的影响是全方位的，这五个方面的影响是同时存在并发生作用的。只不过在不同国家和地区的经济增长的不同时期，主导路径有主有次，影响作用存在差异罢了。

二、国内相关理论研究

收入分配与各分配主体的利益息息相关，是一个极为敏感的政治经济社会问题。国内对收入分配的研究始于 20 世纪 80 年代，并在 21 世纪初达到高潮。近年来，日益突出的收入不平等问题，已成为学者们理论和实践研究的焦点问题。早期，学者们通过学习西方有关收入分配理论，引用洛伦兹曲线、基尼系数等收入差距度量指标以及 Kuznets“倒 U”假说，对城乡居民收入差距进行了初步研究。其中具有代表性的是基于 Kuznets 曲线的“公有制经济收入差异倒 U 曲线”假说及其“阶梯型变异”论的提出（陈宗胜[①]，1991）。

随着中国经济的发展，我国的收入不平等问题的日益加剧，其中，我国城乡收入差距是世界上最高的（李实[②]，2005）。面对日益突出的城乡收入差距问题，越来越多的学者们开始关注该问题并对此进行积极地探索，为了进一步分析中国收入差距扩大的原因，找出导致城乡收入差距的根源，国内学者们尝试从不同的视角和方法来评价、分析各个阶段中国的收入分配问题，并得出了很多经典的结论和成果。为了更好地呈现国内学者们的研究成果，笔者通过阅读大量科研论文、著作和报告，对国内收入分配成果作了如下归纳和整理：

（一）二元结构分析中国的城乡居民收入差距

关于二元社会经济结构，一些学者自 20 世纪 80 年代中期就以经典的刘易斯二元经济模型为基础开始研究。我国作为一个发展中的大国，二元社会经济结构特征非常明显且不断强化（李实、岳希明[③]，2004），城市先进的现代工业与农

---

① 陈宗胜．库兹涅茨倒 U 理论统计检验评析［J］．学术季刊，1991（2）：51－59.

② 李实．和谐社会与社会公平［A］．和谐社会：社会公正与风险管理——2005 学术前沿论坛论文集（上卷），2005.

③ 李实、岳希明．中国城乡收入差距世界最高［J］．中国经济信息，2004（6）：62－64.

村落后的传统农业在劳动生产率上存在巨大的差异，加之新中国成立后，城乡非均衡发展战略惯性的推动使城市产业快速发展，即国家优先发展工业，通过工农业剪刀差从农村取走巨额资金支持城市工业发展，这种发展政策以及城乡居民的不平等待遇加重了城乡“二元社会经济结构”，从而拉大了城乡居民收入差距（刘文勇①，2004），成为了影响城乡居民收入差距的最主要因素（国家统计局农调总队课题组，2004），并且长期以来存在的城乡经济二元结构、城乡体制二元结构及城乡二元的行政管理制度（杨宜勇②，2005）使得城乡二元经济结构的状况没有根本改变（贾小玫、周瑛③，2006）。如果传统农业部门不摆脱在二元经济结构中的不利地位（陈宗胜④，2002），不解决二元经济结构转换滞后的现状（陈东琪⑤，2001）、不提高农业对非农业部门的相对劳动生产率（周端明、刘军明⑥，2009；王德文、何宇鹏⑦，2005），以及不能正确看待城市化的快速进程等问题（唐斯⑧，2011），就很难缩小城乡居民收入差距。

（二）城乡公共品供给差异对城乡居民收入差距的影响

保证社会公平是公共品供给制度的重要目标，均等化社会保障政策对缩小城乡居民收入差距具有十分重要的意义（蔡昉⑨，2010）。而我国城乡二元的公共支出结构，导致公共支出结果存在一定的扭曲。农村公共支出投入规模相对较少，甚至供给相当缺乏，使得农民收入增长缓慢，城乡公共品供给制度不但不能保证社会公平，起到缩小城乡居民收入差距上的作用，反而加剧了社会的不公平程度（沈坤荣、张璟⑩，2007）。我国政府未充分认识公共支出对缩小城乡居民收入差距的作用，将本来就有限的资金较多的投资于城市，从而导致公共支出扩大了我国的城乡居民收入差距，成为拉大我国城乡居民收入差距影响因素之一。⑪ 因此，要缩小城乡居民之间的收入差距，就要平抑城乡公共产品供给差异

---

① 刘文勇．我国城乡收入差距扩大的程度、原因与政策调整［J］．农业经济问题，2004（3）：56－58.

② 杨宜勇．收入分配体制改革攻坚［M］．北京：中国水利水电出版社，2005.

③ 贾小玫、周瑛．对缩小城乡收入分配差距的思考［J］．财经科学，2006，（4）：76－81.

④ 陈宗胜．关于收入差别倒U曲线及两极分化研究中的几个方法问题［J］．中国社会科学，2002（5）：78－82.

⑤ 陈东琪．中国二元经济结构转换：实证分析［J］．宏观经济研究，2001（12）：14－20.

⑥ 周端明、刘军明．二元性与中国城乡居民收入差距演进：李璐模型与计量检验［J］．安徽师范大学学报（人文社会科学版），2009（5）：264－268.

⑦ 王德文、何宇鹏．城乡差距的本质、多面性与政策含义［J］．中国农村观察，2005（3）：25－37.

⑧ 唐斯．我国城乡居民收入差距的实证研究［J］．统计与决策，2011（16）：75－79.

⑨ 蔡昉．刘易斯拐点与公共政策方向的转变［J］．中国社会科学，2010（6）：125－137.

⑩ 沈坤荣、张璟．我国农村公共支出及其绩效分析—基于农民收入增长和城乡收入差距的经验研究［J］．管理世界，2007（1）：30－40.

⑪ 林琳．基于公共支出分析中国城乡收入差距［D］．山东大学硕士学位论文，2008.

（刘乐山、何炼成[1]，2005）。从支出结构看，我国城乡公共医疗、教育、基础设施建设和社会保障等政府公共财政政策及支出差距不仅可以用来解释城乡居民收入差距的原因（靳卫东、高波[2]，2007），而且有实证分析证明城乡分割的教育制度、医疗制度和社会保障等社会公共服务体系，城乡资源配置扭曲，不仅不利于统筹城乡发展（袁志刚、谢栋栋[3]，2010），而且在全国层面上均扩大了城乡居民收入差距（王艺明、蔡翔[4]，2010）。

事实上，从分配制度来看，基于二元户籍制度下的不公平的财富分配的等级格局，导致政府公共支出最终给予农村的财政支出远远低于城市得到的财政支出，农业财政支出占国家财政总支出的比例甚至低于农业在国内生产总值中的比重（林光彬[5]，2004）。

从教育政策来看，偏向城市的教育财政支出政策导致了城乡教育的不平等，成为城乡居民收入差距扩大的重要原因之一（陆铭、陈钊[6]，2004；温娇秀[7]，2007；陈斌开、张鹏飞、杨汝岱[8]，2010），即城乡的受教育年限和质量差距与城乡居民收入差距呈正相关（郭剑雄[9]，2005）。

从社会保障来看，农村社会保障和城市社会保障处于严重的失衡状态，城镇和农村在保障模式、保障水平和管理水平都存在巨大的差距，现行社会保障制度没有发挥收入再分配作用（杨翠迎[10]，2004）。社会保障体系给城镇居民带来的好处大于给农村居民带来的好处，这导致了社会保障制度无法发挥收入再分配、缩小城乡居民收入差距应有的作用，反而进一步扩大了城乡居民收入差距（王晓鲁、樊纲[11]，2005）。

---

① 刘乐山、何炼成．公共产品供给的差异：城乡居民收入差距扩大的一个原因解析［J］．人文杂志，2005（1）：129－133．

② 靳卫东、高波．收入差距与公共财政政策：人力资本投资差异的形成与演变［J］．经济理论与经济管理，2007（1）：40－45．

③ 袁志刚、谢栋栋．统筹城乡发展：人力资本与土地资本的协调再配置［J］．经济学家，2010（8）：77－83．

④ 王艺明、蔡翔．财政支出结构与城乡收入差距——基于东、中、西部地区省级面板数据的经验分析［J］．财经科学，2010（8）：49－57．

⑤ 林光彬．等级制度、市场经济与城乡收入差距［J］．管理世界，2004（4）：30－40．

⑥ 陆铭、陈钊．城市化、城市化倾向的经济政策与城乡收入差距［J］．经济研究，2004（6）：50－58．

⑦ 温娇秀．我国城乡教育不平等与收入差距扩大的动态研究［J］．当代经济科学，2007，（5）：40－45．

⑧ 陈斌开、张鹏飞、杨汝岱．政府教育投入、人力资本投资与中国城乡收入差距［J］．管理世界，2010（1）：36－42．

⑨ 郭剑雄．人力资本、生育率与城乡收入差距的收敛［J］．中国社会科学，2005（3）：27－37．

⑩ 杨翠迎．中国社会保障制度的城乡差异与统筹改革思路［J］．浙江大学学报（人文社科版），2004（3）：12－19．

⑪ 王晓鲁、樊纲．中国收入差距的走势和影响因素分析［J］．经济研究，2005（10）：75－88．

加之，我国针对恶化的收入差距而采取的财政再分配政策没有发挥调节收入分配的效果，再分配政策存在政策偏向，使得穷人越扶越贫（刘穷志[①]，2011），贫富差距越来越大。

（三）经济发展战略、经济体制改革与城市偏向的经济政策

城乡居民收入差距形成源于1952～1978年政府选择并推行重工业优先发展战略（蔡昉、杨涛[②]，2000），以及为维系赶超战略采取的具有歧视性的社会政策（林毅夫、蔡昉、李周[③]，1999）所造成的“城乡分割”二元体制的留存（罗楚亮[④]，2006；傅勇[⑤]，2005）。在这样的时代背景下，我国的产业政策确立了高技术的资本密集型产业，然而这些企业却由于自身的产业特点不能创造足够的就业机会，这使得我国大多数劳动力只能滞留在劳动边际生产率低下的传统部门，致使工资难以提高（林毅夫[⑥]，2005）。同时，一贯的城市和农村非均衡的渐进式改革导致城乡供给政策、制度安排的不对称与不协调（张国平、邱风、丁杨鑫[⑦]，2006），社会等级关系格局制约着生产、收入与分配关系（林光彬[⑧]，2004）导致了惯性式的城乡居民收入差距。例如，政府采用行政手段干预配置资源，扭曲各种价格信号（林毅夫[⑨]，2005），城乡“二元结构”下的户籍制度和城镇就业制度（国家计委经济研究课题组，2006）、税负负担、工农产品价格剪刀差、城乡金融发展差距（刘国光[⑩]，2003）、物质和人力资本从农业部门转向非农业部门（高彦彦[⑪]，2005），城乡劳动力市场分割和城市劳动力的封闭、社会福利和社会保障歧视（李实[⑫]，2003），国家的“逆向再分配制度”（陈文茹、孙大岩[⑬]，2009）及各个地方政府参与经济活动的程度及财政支出结构的调整和

---

① 刘穷志．收入不平等、政策偏向与最优财政再分配政策［J］．经济评论，2008（5）：11－17.

② 蔡昉、杨涛．城乡收入差距的政治经济学［J］．中国社会科学，2000（4）：11－22.

③ 林毅夫、蔡昉、李周．中国的奇迹：发展战略与经济改革（增订本）［M］．上海：上海人民出版社，1999.

④ 罗楚亮．城乡居民收入差距的动态演变：1988—2002［J］．财经研究，2006（9）：103－112.

⑤ 傅勇．城乡差距、数量悖论与政策偏向［J］．经济社会体制比较，2005（4）：22－27.

⑥ 林毅夫．经济发展战略与公平和效率［J］．宏观经济研究，2005（10）：41－42.

⑦ 张国平、邱风、丁杨鑫．对称与协调：基于政策供给、制度安排的城乡差距分析［J］．财经论丛，2006（1）：56－63.

⑧ 林光彬．等级制度、市场经济与城乡收入差距［J］．管理世界，2004（4）：30－40.

⑨ 林毅夫．经济发展战略与公平和效率［J］．宏观经济研究，2005（10）：41－42.

⑩ 刘国光．摒弃城市偏向、工业优先旧战略，实行城乡并重、工农并举新战略——关于收入分配问题的一些思考［J］．中国经贸导刊，2003（10）：4－5.

⑪ 高彦彦．城市偏向、城乡收入差距与中国农业增长［J］．中国农村观察，2005（5）：2－13.

⑫ 李实．中国个人收入分配研究回顾与展望［J］．经济学季刊，2003（1）：380－400.

⑬ 陈文茹、孙大岩．改革开发以来我国城乡居民收入差距问题探析［J］．理论月刊，2009（6）：27－30.

政绩考核方式所形成的具有偏向经济的政策（陆铭、陈钊[①]，2004）等因素造成我国农民收入增加缓慢、农村经济滞后、城乡居民收入差距不断扩大。

（四）金融发展角度，金融发展与城乡居民收入分配差距的关系

关于金融发展与城乡收入分配差距的关系，国内学者从不同的角度、方法进行了细致深入的研究，形成了两种截然不同的观点。

一种观点认为，城乡金融发展与资本流动对城乡居民收入差距产生了巨大的影响，农村资金不足是限制农业和农村经济发展的重要原因。我国城乡金融发展的不均衡扩大了中国城乡居民收入差距，在20世纪90年代体现得最为明显（章奇[②]，2005）。首先，城乡居民收入差距和金融发展之间存在着一种长期均衡关系，而且两者正相关并且两者具有双向的Granger因果关系（姚耀军[③]，2004），进一步的实证发现农村金融规模与整体金融规模一样与城乡居民收入差距也存在正相关关系（张立军、湛泳[④]，2006）。其次，金融资源分配的不平衡和农村金融利用率低下引发农村金融资源过度外流才导致了农村金融供给缺乏，从而制约了农村经济发展和农民收入水平的提高（喻晓平[⑤]，2010；毛峙、胡晓琳[⑥]，2010）。形成了“农村金融资源外流——农村经济发展受限——城乡居民收入差距扩大”的传导路径。因此，解决我国城乡金融发展不平衡的问题对缩小我国城乡居民收入差距有重要意义。

另一种观点认为，金融发展会缩小城乡收入差距。尹希果和陈刚[⑦]（2007）否定了金融发展和城乡居民收入差距之间长期均衡关系的存在。陈志刚和师文明[⑧]（2008）实证研究得出人力资本导致我国的城乡居民收入差距扩大，但是金融发展却可以缩小了城乡居民收入差距，而城乡居民收入差距和经济增长之间呈现出的是一种正“U”型关系。张文和许林[⑨]（2010）研究结果表明：长期来

---

① 陆铭、陈钊．城市化、城市化倾向的经济政策与城乡收入差距［J］．经济研究，2004（6）：50－58.

② 章奇．推动农村金融改革的多元思考［J］．中国农村信用合作，2005（7）：17－19.

③ 姚耀军．金融发展与城乡收入差距关系的经验分析［J］．财经研究，2005（2）：49－59.

④ 张立军、湛泳．金融发展影响城乡收入差距的三大效应分析及其检验［J］．数量经济学，2006（12）：73－81.

⑤ 喻晓平．金融资源不平衡、金融效率与程序收入差距——基于省级面板数据的实证分析［J］．财务与金融，2010（6）：76－78.

⑥ 毛峙、胡晓琳．中国农村金融发展与城乡收入差距的实证分析［J］．中国市场，2010（48）：26－28.

⑦ 尹希果、陈刚、程世骑．中国金融发展与城乡收入差距关系的再检验——基于面板单位根和VAR模型的估计［J］．当代经济科学，2007（1）：15－24.

⑧ 陈志刚、师文明．金融发展、人力资本和城乡收入差距—基于中国分省面板数据的实证研究［J］．中南民族大学学报，2008（2）：144－149.

⑨ 张文、许林、骆振心．金融发展与收入分配不公平：回到G－Z假说［J］．当代财经，2010（11）：14－25.

讲，经济增长对我国居民收入分配产生了负面效应；但是伴随着金融发展水平的提高，金融发展会缩小我国城乡居民收入差距，这一研究结论却符合 Galor 和 Zeira 研究得出的金融发展水平与收入分配不平等的线性负相关假说。

（五）人力资本

城乡人力资本积累水平差距造成城乡居民收入差距呈现单调上升的趋势（韩其恒、李俊青[①]，2011），劳动力人力资本差异成为造成收入差距的主要原因之一（杨新铭、周云波[②]，2008,）。其中，城乡人力资本投资的机会不均等和劳动力流动与迁移过程中城乡人力资本不同的溢出效应，即城乡居民人力资本存量和投资收益率的巨大差异是城乡居民收入差距增大更深层次的原因（侯凤云、张凤兵[③]，2007）。因为不论是就业岗位间的工资差异还是就业岗位内的工资差异，都很大程度上是由人力资本禀赋差异引起的（蔡昉[④]，2005）。

然而中国农村人力资本投资处于一个较低的均衡状态，而且存在明显的地区差距（张衔等[⑤]，2005；黄乾[⑥]，2005），要想通过平抑城乡人力资本的差距而有效平抑城乡居民收入差距，关键是加大农村人力资本投资（李勋来、李国平[⑦]，2005；谷亚光[⑧]，2005）。根据人力资本理论，农户人力资本投资可以分为教育投资、迁移投资和健康投资。首先，教育程度对农村劳动力选择农村非农就业和外出就业均具有显著影响（赵耀辉[⑨]，1997；都阳、朴之水[⑩]，2003），农民劳动力文化程度越高，就越倾向非农就业，获得的非农收入也就越高（陈玉宇、邢春冰[⑪]，2004）。只有增加农民的知识和技能，增加农业人力资本，才能提高

---

① 韩其恒、李俊青. 二元经济下的中国城乡收入差距的动态演化研究［J］. 金融研究，2011（8）：15－30.

② 杨新铭、周云波、黎涓. 农村人力资本形成模式：以天津为例——基于 2003 年天津农村家户调查数据的实证分析［J］. 南开经济研究，2008（6）：111－121.

③ 侯凤云、张凤兵. 农村人力资本投资及外溢与城乡差距实证研究［J］. 财经研究，2007（8）：118－131.

④ 蔡昉. 为什么劳动力流动没有缩小城乡收入差距？［J］. 理论前沿，2005（20）：18－20.

⑤ 张衔、黄金辉、邓翔. 中西部地区农户人力资本投资行为比较分析［J］. 中国农村经济，2005（4）：17－26.

⑥ 黄乾. 人力资本产权的概、结构与特征. 经济学家［J］. 2000（5）：38－45.

⑦ 李勋来、李国平、李福柱. 农村人力资本陷阱：对中国农村的验证与分析［J］. 中国农村观察，2005（5）：17－22.

⑧ 谷亚光. 缩小城乡收入差距关键是加大农村人力资本投资［J］. 廊坊师范学院学报，2005（1）：82－85.

⑨ 赵耀辉. 中国农村劳动力流动及教育在其中的作用分析［J］. 经济纵横，2003（3）：18－20.

⑩ 都阳、朴之水. 迁移与减贫——来自农户调查的经验证据［J］. 中国人口科学，2003（5）：56－62.

⑪ 陈玉宇、邢春冰. 农村工业化以及人力资本在农村劳动力市场中的角色［J］. 经济研究，2004（8）：105－116.

农业劳动生产率和提高农民非农就业能力，提高农民获取和支配各种资源的能力，实现农民收入的较快增长和农业的可持续发展（王婉玲[①]，2004；张衔等[②]，2005；郭志仪、常晔[③]，2007；李宪印、陈万明[④]，2008；赵海、彭代彦[⑤]，2009）。其次，农村剩余劳动力向城市地区的迁移可以改变城乡资源配置格局，是缓解地区贫困的重要因素，迁移劳动力获得更高的收入，也可改善其他家庭成员的福利水平，对于缩小地区、城乡之间以及不同人口特征的收入分配差距具有积极作用（蔡昉[⑥]，2003；都阳、朴之水[⑦]，2003）。最后，营养和健康直接影响农村的劳动生产率，是制约农民收入增加的重要因素（张车伟[⑧]，2003），其存量对农民获得非农就业机会具有重要的作用（魏众[⑨]，2004）。

（六）收入来源

城乡居民收入差距主要体现在两个方面：一是在收入总量上，二是在收入增长率上（钱水土、许嘉扬[⑩]，2011）。虽然农村居民家庭人均纯收入与城镇居民家庭人均可支配收入都在不断增加，但非常明显的是农村居民家庭人均纯收入的增长速度远远落后于城镇居民家庭人均可支配收入的增长速度，导致二者总收入量上的差距逐渐拉大（赖文燕[⑪]，2010）。城乡居民收入差距的本质是城乡居民收入来源结构，而收入结构是社会与经济发展变迁的结果。基于收入结构角度分析各分项收入对城乡居民收入差距的影响，是当前研究收入不平等问题的一个努力方向。分析不仅要考虑收入总量的状况，更要考察收入结构的优化状况、特征。通过分析其变化趋势不但可以反映收入的增长质量，而且可以有效解释近年来中国城乡居民收入差距产生的根源及持续扩大的原因，是一种更为有效的研究

---

① 王婉玲．农民收入增长的人力资本约束及政策取向［J］．西安工程科技学院学，2004（4）：381－385.

② 张衔、黄金辉、邓翔．中西部地区农户人力资本 投资行为比较分析［J］．中国农村经济，2005（4）：17－26.

③ 郭志仪、常晔．农户人力资本投资与农民收入增长［J］．经济科学，2007（3）：115－123.

④ 李宪印、陈万明．教育人力资本与东部农业经济增长——基于中国东部农村面板数据的实证研究［J］．商业研究，2008（12）：107－111.

⑤ 赵海、彭代彦．农户人力资本投资与工资收入增长的实证分析［J］．农业技术经济，2009（4）：53－61.

⑥ 蔡昉．城乡收入差距与制度变革的临界点［J］．中国社会科学，2003（5）：16－25.

⑦ 都阳、朴之水．迁移与减贫——来自农户调查的经验证据［J］．中国人口科学，2003（5）：56－62.

⑧ 张车伟．营养、健康与效率——来自中国贫困农村的证据［J］．经济研究，2003（1）：3－12.

⑨ 魏众．健康对非农就业及其工资决定的影响［J］．经济研究，2004（2）：64－74.

⑩ 钱水土、许嘉扬．分项收入的城乡不平等效应——基于区域差异视角的实证分析［J］．浙江学刊，2011（6）：151－159.

⑪ 赖文燕．基于分项收入来源的我国城乡居民收入差距实证分析［J］．企业经济，2010（7）：137－141.

方法。只有优化收入结构，才能有助于收入总量的增长，才能切实解决城乡居民收入不平等问题（钱水土、许嘉扬①，2011）。

根据国家统计局对城乡居民收入来源所作的界定，城乡居民家庭总收入都可近似地分为工资性收入、经营性收入、财产性收入和转移性收入。按照我国现行统计制度，我国居民收入结构的格局是：工资性收入为主，经营性收入比重相对较小，财产性收入比重很小但本身被低估，转移性收入比重相对较高（范从来、张中锦②，2011）。就城镇居民而言，四种分项收入在总收入中所占比重大小依次为工资性收入、转移性收入、经营性收入和财产性收入；就农村居民而言，四种分项收入在总收入中所占比重大小依次为经营性收入、工资性收入、转移性收入和财产性收入。城镇居民最主要的收入来源是工资性收入；农村居民最主要的收入来源是经营性收入。

1. 工资性收入

工资性收入是城镇居民收入最主要的组成部分，占总收入的比重超过了50%（范从来、张中锦③，2011）。早期农村居民获得工资性收入的机会不像城镇居民那样普遍，随着经济结构的转变和农村剩余劳动力的流转，提高了内地农村居民的非农就业机会，农民在本乡务工和外出从业的人数和时间的增加，务工工资水平的上涨，所得劳务工资收入的比重开始提高，成为农民增收的主要来源和推动力（余吉祥、沈坤荣④，2010），但工资性收入还没有成为农村居民稳定的收入来源（黄祖辉、陆建琴、王敏⑤，2005）。另外，在城市化进程中，工资性收入主要取决于受教育程度和城乡户籍歧视（左义河⑥，2011）。由于歧视性的城乡户籍制度，农村劳动力的自由流动存在一定障碍，同时农民的受教育水平较低，农村居民的工资性收入相对有限。尽管目前工资性收入在城镇居民总收入中所占比重呈递减趋势，农村居民工资性收入所占比重呈递增趋势，从理论角度分析这在一定程度上降低了工资性收入在城乡间分配的不平均程度，起到弱化了工资性收入的不平等效应，但鉴于工资性收入在城镇居民和农村居民总收入中所占比重均很高，且农村中该收入增长速度又很缓慢，导致城乡居民工资性收入差

---

① 钱水土、许嘉扬．分项收入的城乡不平等效应——基于区域差异视角的实证分析［J］．浙江学刊，2011（6）：151－159.

② 范从来、张中锦．分项收入不平等效应与收入结构的优化［J］．金融研究，2011（1）：40－51.

③ 范从来、张中锦．分项收入不平等效应与收入结构的优化［J］．金融研究，2011（1）：40－51.

④ 余吉祥、陶秀玲．收入结构变化与中国农村地区差距的演进［J］．统计与信息论坛，2011（9）：41－47.

⑤ 黄祖辉、陆建琴、王敏．城乡收入差距问题研究——基于收入来源角度的分析［J］．浙江大学学报（人文社会科学版），2005（4）：122－130.

⑥ 左义河．中国城乡收入差距影响因素实证分析［J］．经济问题，2011（9）：40－43.

距极为悬殊，结果反而是扩大了城乡工资性收入差距（钱水土、许嘉扬[①]，2011）。

2. 经营性收入

经营性收入对城镇居民家庭来说并不普遍，而对农村家庭来说地位却非同一般，它是农村居民最主要的收入来源，其占农村居民收入约为55%，远远高于城镇居民（经营性收入占城镇居民收入的比例约为6%）。它与工资性收入发挥的作用正好是相反的，对缩小城乡居民收入差距的作用非常明显（白素霞、陈井安[②]，2013）。近年来，由于农村居民工资性收入增长迅速，相比之下，经营性收入的比重呈逐年递减的趋势（黄祖辉、陆建琴、王敏[③]，2005；钱水土、许嘉扬[④]，2011）。另外，城乡居民经营性收入是指个体经营者的净收益，它又与城乡居民人力资本状况和金融资本息息相关（左义河[⑤]，2011）。城镇经济体制改革的推进、国有企业“保大放小”政策的实施和城市化进程的提速（钱水土、许嘉扬[⑥]，2011），都为城镇居民提供了发达的城市金融市场和高质量的教育资源，城乡居民带来的经营性收入也渐渐接近，最终导致经营性收入缩小城乡居民收入差距的收入来源的作用越来越有限，城乡居民收入差距也随之越来越大。

3. 财产性收入

财产性收入是居民出让财产使用权而获得的利息、股息、红利、租金收入及财产增值收益等，是非生产性收入的一个主要组成部分（白素霞、陈井安[⑦]，2013）。

尽管财产性收入的绝对量在逐年提高，但由于我国资本市场起步较晚，财产性收入在城乡居民收入中所占比重依旧很小（均为3%左右）（赖文燕[⑧]，2010）。随着资本市场的健全及居民财产的积累，城乡居民的投资意识都有了很大的改进，该项收入来源继续增长，同时在总收入中所占比重也逐年增加（黄祖辉、陆建琴、王

① 钱水土、许嘉扬．分项收入的城乡不平等效应——基于区域差异视角的实证分析［J］．浙江学刊，2011（6）：151－159.

② 白素霞、陈井安．收入来源视角下我国城乡收入差距研究［J］．社会科学研究，2013（1）：27－31.

③ 黄祖辉、陆建琴、王敏．城乡收入差距问题研究——基于收入来源角度的分析［J］．浙江大学学报（人文社会科学版），2005（4）：122－130.

④ 钱水土、许嘉扬．分项收入的城乡不平等效应——基于区域差异视角的实证分析［J］．浙江学刊，2011（6）：151－159.

⑤ 左义河．中国城乡收入差距影响因素实证分析［J］．经济问题，2011（9）：40－43.

⑥ 钱水土、许嘉扬．分项收入的城乡不平等效应——基于区域差异视角的实证分析［J］．浙江学刊，2011（6）：151－159.

⑦ 白素霞、陈井安．收入来源视角下我国城乡收入差距研究［J］．社会科学研究，2013（1）：27－31.

⑧ 赖文燕．基于分项收入来源的我国城乡居民收入差距实证分析［J］．企业经济，2010（7）：137－141.

敏[1]，2005）。然而，城镇拥有较为完善的金融市场，以及城镇居民财产性收入的基数远远大于农村居民，强烈的“马太效应”将会进一步导致城乡居民财产性收入的非均衡增长，最终结果是城镇居民财产性收入的比重提高将会高于农村居民（左义河[2]，2011）。从长期来看，这种扩大效应会不断加强，财产性收入将成为具有潜在的城乡居民收入不平等效应（钱土水、许嘉扬[3]，2011）。

4. 转移性收入

转移性收入在农村居民总收入中所占比重很小，但它在城乡居民收入差距的影响程度仅次于工资性收入（左义河[4]，2011），因此城乡不平等效应很强。

我国城乡二元结构下的歧视性的收入再分配制度、户籍制度等不合理的制度，导致了城乡居民获得的转移性收入存在巨大差异。一方面，农村居民获得的转移支付和补贴要比城镇居民低得多，另一方面，城镇居民的这项隐性的非工资性收入来源却呈快速增长之势，这都拉大了城乡居民之间的收入差距。城镇居民普遍能够享受到更多的政府转移性支付（黄祖辉、陆建琴、王敏[5]，2005），在就业、失业社会保险、教育、住房、医疗、养老社会保险、物价补贴等各种社会保障方面的受益远远多于农村居民（曾国安、胡振国[6]，2003）。而农村居民除少量救济优抚外，无法享受到更多的国家补贴，甚至还有一些各种额外负担（厉以宁[7]，2011）。转移性支付的这种不平衡在一定程度上拉大了城乡居民总收入水平差异，恶化了城乡居民的收入差距状况。

第三节 研究内容、思路和方法

一、研究内容

本研究围绕城乡居民收入差距的演化过程，本着从现象到本质的研究思路，

① 黄祖辉、陆建琴、王敏．城乡收入差距问题研究——基于收入来源角度的分析［J］．浙江大学学报（人文社会科学版），2005（4）：122－130.

② 左义河．中国城乡收入差距影响因素实证分析［J］．经济问题，2011（9）：40－43.

③ 钱水土、许嘉扬．分项收入的城乡不平等效应——基于区域差异视角的实证分析［J］．浙江学刊，2011（6）：151－159.

④ 左义河．中国城乡收入差距影响因素实证分析［J］．经济问题，2011（9）：40－43.

⑤ 黄祖辉、陆建琴、王敏．城乡收入差距问题研究——基于收入来源角度的分析［J］．浙江大学学报（人文社会科学版），2005（4）：122－130.

⑥ 曾国安、胡振国．20世纪90年代以来中国居民收入差距的变化趋势、原因、影响与调节政策（上）［J］．税务与经济，2003（2）：11－16.

⑦ 厉以宁．缩小城乡收入差距的新路子［N］．北京日报，2011－12－12.

重点研究了青海城乡居民收入差距的动态演化轨迹和该演化轨迹成因的收入来源在其中的作用机理。

本研究共分为九章。

第一章为绪论部分，主要介绍了本报告的研究背景与意义，国内外文献综述、主要研究方法、研究基本结构和主要内容，以及本研究报告的主要创新点和不足。第一章在报告中主要起到理论铺垫作用。首先梳理了国外学者对收入分配及其演化原因的研究脉络，包括经典的 Kuznets 的“倒 U”理论、二元经济结构理论、人力资本的收入分配理论、收入分配差距对经济增长的影响理论。其次，对我国学者关于城乡居民收入差距的演化轨迹、成因、价值判断进行了简要的评述。最后，重点就基于收入结构视角分析各分项收入对城乡居民收入差距的影响及演化轨迹进行论述。

第二章为理论与方法。主要介绍收入差距的相关理论和测量收入差距的主要方法。

第三章主要以现价统计介绍青海省经济发展状况和城乡居民收入状况。通过分析 GDP 总量和人均 GDP 的增长情况，可以看出改革开放以来青海的经济实现了跨越式发展，除个别年份外，经济增长率平均保持在 10% 以上。但由于城镇居民收入高于农村居民，城乡居民收入差距的绝对数一直保持着不断扩大的态势，从城乡居民收入比来看，也大体经历了“缩小——扩大——缩小”的过程。

第四章利用基尼系数，较为完整地计算了陕西、内蒙古、宁夏、新疆、青海西部五省城镇居民、农村居民、总体居民收入的基尼系数。对 1995 - 2012 年西部五省和全国收入差距进行对比研究发现：陕西、内蒙古、宁夏、青海城乡居民收入差距与全国平均趋势同步，大致经历了 4 个阶段：下降、明显上升、缓慢上升、明显下降；从城镇内部居民收入差距来看，西部五省收入差距处于比较平均和相对合理阶段；从农村内部收入差距来看，青海、宁夏、新疆平均收入差距高于全国，陕西和内蒙古小于全国水平；从全体居民收入差距来看，西部五省全体居民收入差距基本与全国一致，大致经历“缩小——扩大——缩小”的变化过程。

第五章主要从收入来源的角度对青海省城乡居民收入差距进行实证分析。将城乡居民收入来源分为工资性收入、经营性收入、财产性收入和转移性收入 4 个部分，首先研究各项收入分别占城乡居民收入的比重，分析其对城乡居民的重要度和稳定性；其次分析单个收入来源对城乡居民收入的贡献程度，得出工资性收入对城乡居民收入差距贡献率最高，转移性收入和经营性收入次之，财产性收入贡献最小。最后建立数理统计模型，以 4 项收入的差额、CPI 和人均 GDP 为自变量，城乡居民收入比为因变量，通过计量分析得出工资性收入、财产性收入和转移性收入的增大不利于缩小城乡居民收入差距，经营性收入的作用不显著，经济发展水平可以缩小城乡居民收入差距。

第六章以可比价分析城乡居民收入差距的内在因素，找出缩小青海城乡居民收入的关键。本章弥补了第四章和第五章的不足，通过利用不变价格（剔除价格上涨因素）分析城乡居民收入差距的轨迹和各因素影响程度，得出青海城乡居民收入差距打造经历了五个阶段，大致表现为“下降——急剧下滑——不明显倒U变化——明显倒U变化——性质不同”五个阶段并分析了相关原因；随后，通过实证分析，财产性收入排第一，接着是人均净收入、转移性收入和工资性收入，并以此提出了相关的切实可行的建议。

第七章对青海省城乡居民收入差距进行了预测和趋势分析，分别采用现行价格和可变价格进行了预测，发现采用现行价预测青海城乡居民收入差距在未来8年呈现先扩大后缩小的趋势，变化速度较快，且城镇居民人均可支配收入大于农村人均纯收入；而采用不变价预测青海城乡居民收入差距在未来8年呈现扩大的趋势，扩大速度缓慢，且农村人均纯收入大于城镇居民人均可支配收入。我们认为不变价格城乡居民收入差距更符合青海的实际，其原因是：一是不变价城乡居民收入差距剔除了物价上涨的因素，更易于贴近现实；二是随着农牧民工资性收入和经营性收入的增加，收入增长幅度将会大于城镇居民。

第八章结合国际治理城乡居民收入差距的经验，站在一个较高的高度，从国际视野来学习治理城乡居民收入差距的国际经验。将青海城乡居民收入差距原因归纳为：自然性因素、政策性因素、制度性因素和其他因素，通过分析我国以往的政策和制度，找出了导致城乡居民收入扩大的关键因素，并结合国际经验提出了若干既符合青海省情和区域特点，又切实可行的政策建议。

第九章为研究总结与展望。简要总结了研究的价值和特色，指明了进一步研究的方向。

本研究报告的构思与技术路线见图1-6。

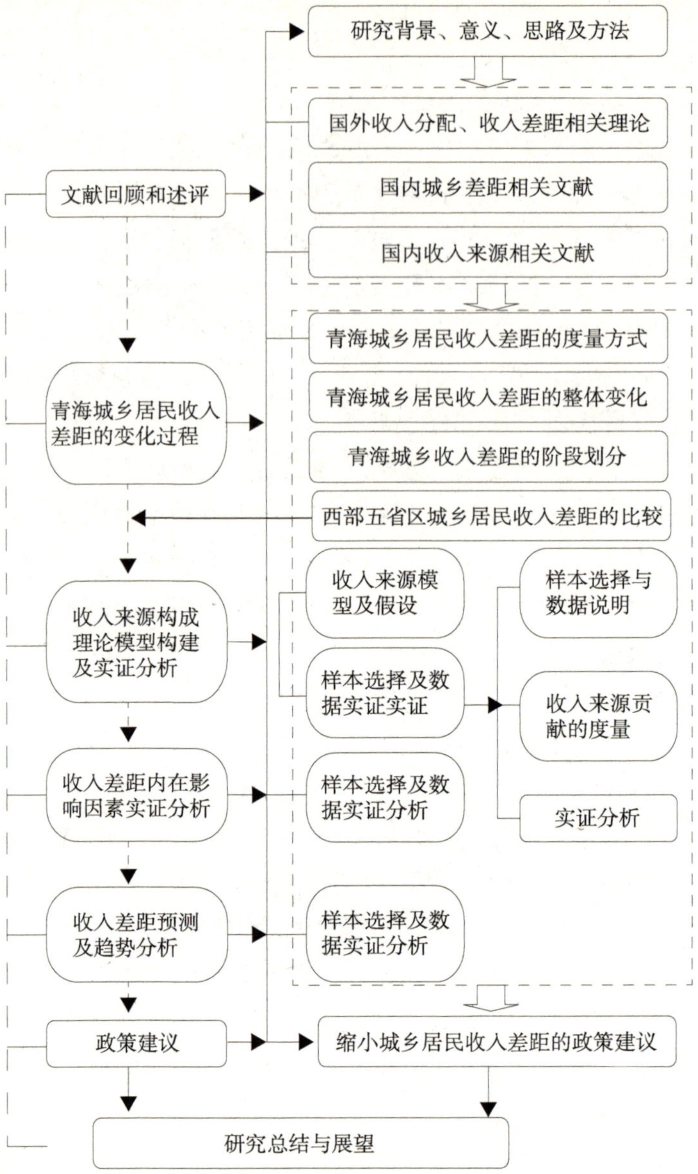

图 1-6 本研究的构思与技术路线

二、研究思路和方法

本研究采用定性分析与定量分析相结合的综合集成方法进行实证分析。

定性方法主要是理论研究、收入分配现状及收入来源的贡献度研究，包括访谈法和问卷法。首先，本研究深入农牧区进行调查，对青海省海南州和海东地区城市居民和农牧民进行了重点调研；对青海省西宁市部分市民进行了随机访谈；深入青海主要（典型）地区进行调研，重点对青海省的湟中、湟源、循化、平安、乐都、大通、民和、共和、格尔木、德令哈、贵德、果洛州、玉树州、海北州、黄南州等州县的部分居民进行了随机访谈。同时，对青海省相关政府部门进行访谈，了解缩小城乡居民收入差距的政策支持、遇到的困难和取得的成绩等。其次在访谈的基础上，对重点问题进行问卷调查。针对城乡居民收入差距拉大问题，在对青海主要的政府部门和州县居民进行问卷调查，试图找出居民收入的主要来源及城乡居民收入差距拉大的主要因素，为制定缩小城乡居民收入差距对策提供参考依据。

定量方法主要包括描述性统计分析和多重比较分析等。主要使用 Eviews、SPSS19. 0 和 Stata 统计软件包。

三、主要创新点和不足

（一）主要创新点

本研究创新点主要来自研究视角、相关理论的补充和对策建议等方面。

1. 研究视角上的创新

本研究针对青海城乡居民收入差距研究中现有学者深入剖析城乡居民收入结构、收入来源对城乡居民收入差距演化路径影响的研究，着重分析了青海城乡居民收入差距的演化轨迹及收入来源在青海城乡居民收入差距中扮演的角色。例如，本研究按人均纯收入的不同来源，从工资性收入、家庭经营性收入、转移支付及财产性收入四个方面来考察如何估量这些收入来源对青海城乡居民收入差距的贡献。

2. 相关理论的补充

因青海省情况特殊，地广人稀，少数民族多以地域性聚集方式生活，国家及地方都有一些特殊的经济扶持政策和民族政策，因此研究的结果在一定程度上可以补充国内相关理论，同时也提出了一些具有针对性的政策建议和解决方法及途径，补充了我国民族地区收入分配理论。

3. 对策建议的创新

在总结国际上治理城乡居民收入差距经验的基础上，提出了“在民族区域自治框架下对城乡一体化治理进行先行先试”的观点。青海可在民族区域自治的框架内，申请在小范围内先行先试城乡一体化治理模式，实现农村和城市地区在法律地位、居民权利等方面的统一，解除人口双向流动的制度障碍，争取通过城乡一体治理促进城乡关系实现自动均衡。相关实践经验将成为我国，特别是欠发达地区和少数民族地区调节城乡居民收入分配差距和促进社会公平的重要样本，具有十分重要的现实意义。

（二）不足之处

不可否认，鉴于时间、经费、作者能力等方面的原因，本研究也存在着相应的不足之处，希望有关专家和学者们能在本课题的基础上进行更加深入、细致的研究，并提出相关的宝贵建议和意见。

首先，由于基于收入来源成因的城乡居民收入差距的演化路径具有较强的复杂性和长期性，其演化路径和作用机理所涉及的范围十分深广，几乎涉及青海省经济发展和体制改革的各个方面，要全面准确把握很难，因此本报告的研究难免有疏漏和不足。

其次，在研究过程中重点是找出青海城乡居民收入差距的构成要素。本研究通过对 1978 ~2012 年数据的收集与分析来研究各构成要素对城乡居民收入差距的影响程度；但由于收集农牧民各项准确收入的难度较大，导致各个收入来源对城乡居民收入差距的影响及贡献度之间存在的相关性，研究会有部分的偏差或是与实际有部分出入，也是本研究不足之处。

最后，因城乡居民收入差距问题广泛存在，国家、各省政府为缩小城乡居民收入差距采取了不同的政策，这对于青海省会有一定的借鉴意义，但本研究尚未对收入来源成因的城乡居民收入差距进行全国各省份的比较分析，这也是今后需要完善的一个方面。

第二章　收入差距理论与测量方法

十一届三中全会以来，面对国内外严峻的政治和经济形势，以邓小平为领导核心的党中央提出了把党的中心转移到社会主义建设的重大决策。改革开放30多年来，在“少数人先富裕带动多数人走向共同富裕”的经济政策指导下，我国的经济实现了快速发展。但随之而来的各种社会矛盾不断激化，其中收入差距矛盾较为突出，并成为经济社会改革的主要障碍之一。

第一节　主要理论基础概述[①]

收入差距问题作为一个老生常谈的话题，一直以来受到了各国学者的广泛关注。在研究收入差距的过程中，基于研究方法、视角等方面的差异，形成了关于收入分配及收入差距的不同理论。主要包括古典经济学收入分配理论、新古典经济学收入分配理论、现代西方收入分配理论和马克思主义的收入分配理论，在本章中，笔者对经济史中的收入分配差距理论进行了回顾和梳理，为本文提供重要的理论支撑。

一、古典经济学的收入分配理论

古典经济学的收入分配论是以资本主义社会经济运行过程中实际的经济主体与现实制度为中心，研究劳动者、资本家与土地所有者三大阶级之间的利益关系。

1. 斯密的收入分配理论

1776年亚当·斯密出版了《国民财富的性质和原因的研究》（简称为《国富论》），斯密在价值论的基础之上，从商品价值源泉来分析论述他的收入分配论。斯密基于资本主义社会三大基本阶级（劳动者、资本家和土地所有者）和三种

① 本节引自茂路博士论文第三章。详见茂路. 收入分配差距研究［D］. 财政部财政科学研究所博士学位论文，2014：35－46.

基本收入形式（工资、利润、地租）来科学地剖析收入差距。斯密认为劳动者的工资（即“劳动价格”）由买卖双方（资本家和工人）自行决定，在双方博弈的过程中，工资在长期中会有一个“自然价格”。工人创造的价值工资和剩余价值共同组成，且剩余价值占有较大比重，并被资本家无偿占有。此外，斯密提出资本家的收入（利润）与其劳动无关，而地租是一种垄断价格，由土地所有权而产生。

2. 萨伊的收入分配理论

法国经济学家萨伊一则抛弃了斯密的劳动价值论，创立了效用价值论；二则在斯密的生产费用论基础上提出了“生产费用论”，萨伊指出在生产中劳动、资本与土地相互作用，共同创造了价值，提出了“三位一体”的庸俗分配论。

在研究资本主义物质生产过程与价值创造过程时，萨伊不考虑社会生产关系，仅仅讨论劳动者和物之间的物质生产关系。他把生产要素分为三类：劳动、资本和土地，继承了斯密的工资、利润、地租是交换价值的三个源泉，却认为劳动、土地和资本一起创造价值。但他详细阐述了生产创造的不是物质，而是效用，所以萨伊用效用价值论代替了斯密的劳动价值论。

萨伊的分配论建立在其效用价值论基础之上，他继承并发展了斯密的要素分配论思想。他认为劳动、资本与土地都参与了生产过程，所以他主张三者都创造效用和价值。既然劳动、资本与土地都是价值创造的源泉，则它们应根据各自的贡献获得各自的报酬：劳动者得到工资，资本家获得利息，土地所有者活动地租。这就是萨伊所谓的“三位一体”分配理论，他从表面上向人们阐述了资本主义社会的三种主要收入来自于各个生产要素在生产中创造的价值，不存在剩余价值，掩盖了资本主义社会的剥削关系。

3. 李嘉图的收入分配理论

李嘉图在继承斯密的劳动价值论基础上，坚持劳动才是价值的唯一源泉，形成了与萨伊不同的分配理论。李嘉图把商品价值分为工资、利润、地租三部分，对资本主义社会劳动者、资本家与土地所有者之间的对抗关系进行了剖析。

工资理论方面，分析不同时期相关各国家或地区的工资差异，李嘉图首次提出了相对工资理论。他认为劳动价格由劳动的自然价格和市场价格共同组成，劳动的自然价格即“生存工资”（维持劳动者及其子女基本生活所必需的支出），劳动的市场价格由供求双方自由竞争所形成。

利润论方面，利润包含利润率和剩余价值两个层次。由于工资和利润之间的对立关系，提高利润率可以依靠提高劳动生产率来实现。地租论方面，由于土地的有限性、私有性以及土地的肥沃程度和位置的不同，农业资本家为了获得土地的使用权必须向土地所有者支付一部分土地产品。李嘉图的分配论分析了工资、利润、地租三者之间的对立，实际上也就深刻揭示了劳动者、资本家与土地所有者三大阶级经济利益的对立。

4. 穆勒的收入分配理论

英国著名哲学家、经济学家约翰·斯图亚特·穆勒也从工资、地租、利润三个方面研究了分配问题。穆勒是同时代学者中第一个强调分配公平的经济学家，一直以来将研究贫困与收入分配作为研究的重要方向。穆勒认为机会平等比收入平等更加重要，建议政府通过税收制度改革，通过适当的所得税、遗产税与消费税等来调节收入分配。

二、新古典经济学的收入分配理论

新古典分配论与古典分配论研究的重点截然相反。它以抽象的生产要素为中心，不考虑具体的制度环境，把市场经济看作是抽象的市场均衡过程，没有利益冲突与对立。随着“边际革命”的掀起，边际效用论代替古典学派的劳动价值论。边际分析法分析生产要素（劳动、资本与土地）的边际生产力，认为生产要素价格等于彼此边际生产力。按照生产要素的边际生产力进行分配表面上看是客观公正的。新古典认为在完全竞争与充分就业等假设条件下，经济实现均衡，企业利润为零，经济主体之间没有剥削：每一要素按其在生产中贡献程度，获得其应有的报酬。

1. 马歇尔的收入分配理论

马歇尔的收入分配论建立在其局部均衡价格论基础之上，阐明了各生产要素的报酬等于其均衡价格。马歇尔把萨伊“三位一体”扩展为“四位一体”：劳动者获得工资，资本获得利息，土地获得地租，企业家才能获得正常利润。

在工资理论方面，马歇尔认为工资是劳动者的劳动报酬，取决于劳动力市场的供求双方，与劳动边际生产力息息相关。劳动边际生产力提高对增加劳动收入提供可能，但如果资本保持不变而增加劳动供给量，劳动的边际生产力会下降，工资也会随之下降。在利息论方面，利息来源于让渡资本使用权而获得的报酬，由资本市场的供求形成均衡价格，往往取决于资本的边际生产力。在正常利润论方面，随着企业规模的逐渐扩大，需要一部分管理者来科学地指导生产经营活动。正常利润是企业家才能供求双方均衡时形成的价格，它取决定于企业家才能的边际生产力，有可能大大超出企业家才能的供给价格。在地租论方面，马歇尔指出地租是土地的收益或报酬。在一定时期土地供给是不变的，因此，土地没有供给价格，地租只与土地需求有关，由土地边际生产力决定。

2. 克拉克的收入分配理论

美国著名经济学家约翰·贝茨·克拉克在他的名著《财富的分配》，继承并发展屠能的边际生产力理论。他的理论体系以边际效用为基础，以分配为中心，该理论意在论证在资本主义社会中劳动与资本能够在协作生产中各自获得所创造的产品与价值，从而阐述了资本主义经济制度与分配制度的合理性、自然性与长期性等。收入分配是克拉克理论体系的核心，重点分析静态分配规律。克拉克的分配论主要有工资论和利息论两部分组成，而二者都是建立在他的边际生产力理论基础之上。

工资论方面，克拉克指出劳动边际生产力是决定工资的主要因素。静态条件下若资本投入量固定，随着企业使用工人的增加，每个工人人均使用的生产设备锐减，就会出现单位工人的劳动生产力递减，最后增加的一单位劳动的生产率最低，即为劳动的边际生产力。最后增加的一单位工人就是边际工人，他提供的产量就是边际劳动。所以，克拉克指出决定工人工资的自然标准是劳动边际生产力。由于工人素质大体相同，彼此可以替代，若有的工人提出增加工资，企业主可以不用他，而雇佣其他边际工人。

利息论方面，克拉克从“生产力递减规律”推出“资本生产力递减规律”来解释利息论。与劳动的边际生产力类似，克拉克认为资本的边际生产力：若企业雇佣的工人人数固定，随着企业资本使用量的增加，则单位资本所对应的工人数日益减少，新单位资本所增加的产量越来越少，即资本生产力递减规律。最后增加的单位资本就是边际资本，它所生产的产出就是资本的边际生产力。所以，克拉克认为利息率主要是由资本的边际生产力（边际资本的增产量）决定的，资本的边际生产力不但决定边际资本的利息，而且也决定了企业全部预付资本的利息。

三、现代西方收入分配理论

1. 收入分配的倒 U 曲线

美国著名经济学家、诺贝尔经济学奖得主（1971 年）西蒙·库兹涅茨最先提出著名的收入分配倒 U 曲线。他在研究人均财富增长与人均财富差距关系时，通过实证研究 18 个国家收入差距与经济增长资料，发现收入分配的长期变动轨迹是呈倒“U”型曲线。他在《经济增长与收入不平等》一文中论述到“收入分配不平等的长期趋势可以假设为：在前工业文明向工业文明过渡的经济增长早期阶段迅速扩大，尔后是短暂的稳定，然后在增长的后期阶段逐渐缩小。”收入分配的倒U曲线表明随着工业化进程的加深，人均收入逐步增加，而居民收入差距也在渐渐拉大；当收入差异达到临界值之后，随着人均收入的再进一步增加，人均收入差距也开始趋于下降，同时，它也说明了一国或地区居民收入分配的长期演化趋势。该曲线蕴涵了重要的经济意义：在一国或地区经济增长或发展的早期，随着经济的快速发展，居民收入差距会渐渐扩大，稍后是短暂的稳定阶段，而在经济增长或发展的后期居民收入差距渐渐缩小。库兹涅茨指出发展中国家或地区在加快市场化、工业化的发展进程中，居民收入分配差距一般会呈现先扩大、后缩小的演变路径。从1980年开始，我国国民经济发展迅速，但与此同时，居民收入差距越拉越大。从我国居民收入差距与经济增长的关联性来看，基本符合倒U曲线。

2. 庇古的收入分配理论

庇古（英国剑桥学派的重要代表人之一）被誉为“福利经济学之父”，他详细阐述了收入分配与社会福利的关系。1920年，在《福利经济学》一书中，他利用西方经济学的边际效用递减规律来论证：把富人的一部分收入分给穷人使用可以实现帕累托改进并增加整个社会福利，在此基础上，他探讨了收入分配转移问题。庇古经济详细分析得出结论：

如果通过一些有效途径把富人的一部分收入转移给穷人，就会提升整个社会经济福利，而政府通过颁布相关法律法规征收富人累进所得税和遗产税等是实现收入转移的有效措施，然后通过政府的二次分配，尤其是通过社会保障制度补贴穷人，增加穷人收入，提高穷人的消费水平，提升穷人福利。所以，按照庇古的观点，一国或地区的社会保障政策可以增加其经济社会福利水平。其原因在于通过收入再分配，穷人效用的增加远大于富人效用的损失，增加了社会总效用水平。庇古的这一思想为一些资本主义国家推行“福利国家”提供了部分理论依据。

3. 凯恩斯的收入分配理论

1936年，凯恩斯在《就业、利息和货币通论》中阐述了1929－1933年资本主义大萧条归结于有效需求不足，并指出不公平的社会财富分配是导致有效需求不足的重要渊源。凯恩斯指出一国或地区收入分配状况直接影响居民消费倾向：均等的收入分配可以提高消费倾向。在宏观经济没有达到充分就业之前，提高居民的消费倾向可以加快资本积累，促进经济发展；相反，若收入分配极不公平，将阻碍资本主义经济快速发展。其原因在于若国民收入分配结构中高收入家庭占比过高，由于他们的基本消费需求已经满足，结果就是他们只把其收入的很小一部分用于消费，而把大部分储蓄起来，造成了整个社会消费需求不足，进而引发经济危机。所以，为了提高有效需求，凯恩斯提出要利用“看得见的手”来干预经济，加强政府的宏观调控以扩大有效需求，政府可以通过适当的财政政策、货币政策等行政手段干预经济运行。凯恩斯提出：变间接税为主的税制结构为直接税为主的税制结构；变固定税率与比例税率为累进税率。另外，凯恩斯认为通过调整社会福利政策也可有效调节国民收入分配：政府应根据经济社会发展实际适时干预社会福利，有助于提高居民消费倾向，实现宏观经济均衡。

4. 新剑桥学派的收入分配理论

新剑桥学派继承并发展了凯恩斯经济理论。其收入分配论包括：

①边际生产力分配论是不符合实际的。边际生产力理论重要假设是是完全竞争，其论证推论是典型的循环论证。

②资本主义国民收入分配格局中，工资与利润是对立的。两大部分的相对份额与利润率有直接关系。

③利润率与一定时期生产技术条件相联系。

④提高收入分配要有一定的客观物质基础，它包括长期形成的财产与制度和劳动市场的完善程度等。

⑤新剑桥学派用收入分配与经济增长关系理论来阐明收入分配格局是如何变动的。

此外，为了缩小居民收入差距，新剑桥学派结合当时经济发展实际提出了一些对策：政府可以向富人征收高额财产税与累进所得税等调整收入差距；政府应给予对低收入家庭适当补助；调整政府支出结构，政府投资重点由军事部门转到民用部门；实施进口管制，大力发展本国经济，增加出口，增加就业机会；对失业者进行相关培训，提高其文化技术水平等。

5. 布坎南的收入分配理论

1975 年，被誉为“公共选择之父”的詹姆斯·麦吉尔·布坎南在他的《自由的限度》一书中阐述了收入分配不公矫正理论。他全面阐述了如何调节收入分配差距问题。布坎南主张通过立宪秩序是解决“机会均等”的有效途径。立宪规则至少要包括构建某种制度结构以鼓励起点公平。此外，布坎南结合资本主义经济社会发展实际提出了对策建议以矫正居民收入分配不公：布坎南提出为了矫正劳动者进入市场前的不公平政府可以通过转让税和建立部分公立教育，加大政府对教育的支出；为了矫正由于劳动者出身的不同而引发的收入差距悬殊与收入不公平，国家可以调整税制结构，征收遗产税和赠与税等；由于提高劳动者素质，就可增加其收入水平，政府应加大推行公立教育，使每个公民都能接受比较高的教育，增加其相对平等的就业机会以缩小收入差距。

6. 哈耶克的收入分配理论

关于收入的初次分配，哈耶克认为初次分配按生产要素贡献大小由市场来确定。为了充分发挥市场机制对收入分配的调节与激励作用，市场机制及其他偶然因素共同作用来决定每个人的分配份额。

关于收入的再分配，哈耶克极力反对以公正为目标的收入再分配和推行相关政策的福利国家。他认为政府有义务向贫弱者或受灾害者提供救济，但反对这种思想：贫困者有权分享较富裕者的财富。哈耶克强烈反对政府通过累进税制进行再分配来调节收入不公。哈耶克指出虽然目前调节收入再分配的主要手段是推行累进税制，但它并不是唯一的调节收入再分配的手段。相反，哈耶克认为比例税制也是实现收入再分配的重要手段。哈耶克认为比例税制可以实现把整个富有阶层的一部分收入转到整个贫困阶层，但它不能消除金字塔型收入分配的最上层，而这个职能恰恰只有累进税制才能实现。因此，哈耶克收入分配理论的核心是主张累进税制和比例税制的协同搭配运用。

7. 萨缪尔森的收入分配理论

保罗·萨缪尔森是当代凯恩斯主义的集大成者，被人们誉为经济学的最后一个天才，他在被数百万大学生奉为经典的《经济学》中阐述了他的新福利经济学分配论。他详细阐述了税收是如何影响居民收入分配的。他提出了税收的两次再分配论：第一次再分配为政府依法向私人部门征税获得收入；第二次再分配是政府征税收入主要用于转移支出。萨缪尔森认为税负是“落于富人，而不是穷人”，所以，税收的两次再分配有助于缩小收入差距而提升社会公平。另外，萨缪尔森认为税收是现代政府调节宏观经济运行的重要工具，即财政政策的重要内容。税收对一国或地区的国民收入与消费的影响是非常大的：若在一定时期，政府增加税收，则居民的可支配收入下降，进而导致居民降低消费支出，而居民消费下降根据乘数效应，将引发国民收入的数倍下降，所以增加税收直接影响居民的消费支出，进而降低国民收入水平。此外，萨缪尔森还认为政府的一个重要经济职能就是对国民收入进行再分配。各级政府通过各种形式的转移支付（如津贴、社会保险、补贴等）来提高居民个人可支配收入，所以，个人可支配收入是其所拥有各生产要素收入加政府转移支付等。

四、马克思主义的收入分配理论

在继承并发展了古典经济学家尤其是亚当·斯密和大卫·李嘉图的思想基础上，马克思创立了自己独特的收入分配论。马克思认为一定的生产方式决定了居民的收入分配，而生产方式是生产关系与生产力的有机统一体。马克思认为生产方式决定分配方式包含两个层次：一定的生产力水平决定收入分配水平；一定的生产关系决定相应的收入分配关系。所以，马克思的收入分配论——按劳分配论理论基础是一定的生产方式决定其分配方式。

1. 按劳分配理论

马克思强烈批判了萨伊的“三位一体”的庸俗性，通过调查揭露了资本主义社会中资本家对广大劳动者的重重剥削并极力反对资本主义的剥削关系，并设想未来社会的美好前景，提出了他的按劳分配论。马克思认为社会总产值应包括如下五方面分配：维持简单再生产的部分，即补偿生产过程中已经消耗的实物资本（C），这是一切社会再生产的基本前提；扩大再生产的部分，其价值表现形式就是积累基金，实质是剩余价值的资本化，即资本积累，它是对剩余价值的分配；社会共同消费的产品或价值，社会消费基金是其价值表现形式，它也是对剩余价值的分配；个人消费基金：社会总产品扣除以上各项之后的余额；资本所有者对剩余价值的分配。前面三项是对总价值的分配，首先从社会总产品中扣除，第四项是对生产中所用劳动力价值的补偿，是按照劳动者个人贡献程度按劳分配的结果，主要用于劳动者个人消费。

2. 政府调节收入分配

马克思通过大量的调查与实证分析揭露了资本主义社会中资本家对广大劳动者的残酷剥削，号召工人起来反抗这种不公平的分配方式，科学地设想了未来社会的分配方式——按劳分配。但这种分配方式要发挥政府对收入分配的宏观调节，其途径：有组织、有计划地按劳动量领取报酬。马克思详细论述了未来社会对劳动者个人消费品进行按劳分配的必要性、可行性等，并指出按劳分配是社会主义个人消费品的分配方式。马克思设想在未来的社会主义社会中，生产资料归全体人民，商品关系与货币关系不复存在，劳动者个人消费品的分配标准为等量劳动获得等量报酬。

3. 政府调节收入分配的性质要转变为经济性与公共服务性

马克思、恩格斯指出在社会主义社会里不存在阶级与阶级差别。在社会主义早期，政府的主要职能为在坚持无产阶级专政的前提下，对广大人民群众实行最广泛的民主，而对极少数敌对分子实施专政；同时，对生产资料进行社会主义改造，迅速发展社会主义生产。但随着社会主义制度日益巩固与壮大，政府调节居民收入分配的政治职能应逐渐淡化，更多地转变为经济职能与管理职能，也就是说，建立了社会主义制度后，国家应实施相关的政策措施来调动全体劳动者的积极性，大力发展社会主义生产力，增加国民经济总量，同时，收入分配政策要有刺激、激励机制来调动广大劳动人民的积极性与创造性。另外，马克思指出即使未来的共产主义社会也决不是禁欲，而是大力发展生产力，既是发展消费的能力，也是发展消费的物质资料。

4. 共产主义社会的收入分配

未来的共产主义社会，马克思提出居民收入分配的基本原则是按需分配。马克思设想在未来产品极大丰富的共产主义社会，阶级与阶级关系彻底不存在，政府的主要职能是公共管理，收入分配的基本原则是各尽所能、按需分配。

第二节 收入差距的指标测定①

一、洛伦兹曲线和基尼系数

为了研究国民收入在国民之间的分配，美国统计学家 M. O. 洛伦兹提出了著名的洛伦兹曲线。洛伦兹首先将一国总人口按收入由低到高排队，然后考虑收入最低的任意百分比人口所得到的收入百分比。例如，收入最低的20%人口、40%人口……等等所得到的收入比例分别为3%、7.5%……等（参见表2-1）。

表2-1 洛伦兹人口收入百分比表

人口累积	0%	20%	40%	60%	80%	100%
收入累积	0%	3%	7.5%	29%	49%	100%

最后，将这样得到的人口累计百分比和收入累计百分比的对应关系描绘在图形上，即得到洛伦兹曲线（参见图2-1）。图中横轴 OH 表示人口（按收入由低到高分组）的累计百分比，纵轴 OM 表示收入的累计百分比，ODL 为该图的洛伦兹曲线。由该曲线（或表2-1）可知，在这个国家中，收入最低的20%人口所得到的收入仅占总收入的大约3%；而收入最低的80%人口所得到的收入还不到

① 本节引自刘利博士论文第二章第二节。详见刘利. 中国城乡居民收入差距：理论分解·现状评判·对策思考［D］. 吉林大学博士学位论文，2010：16-21.

总收入的一半！

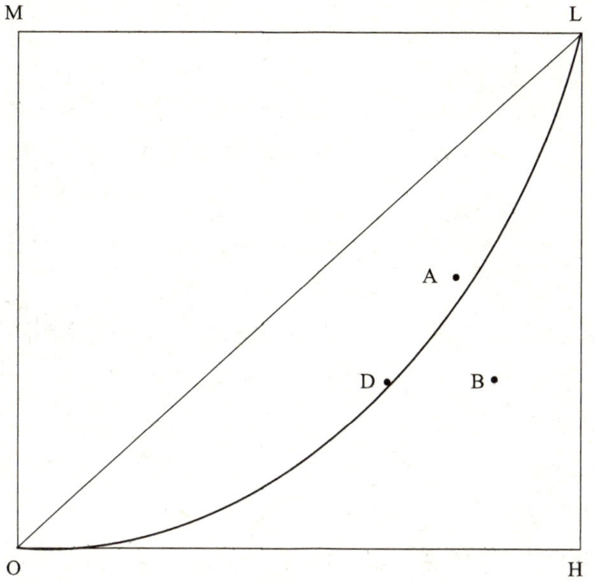

图 2-1　洛伦兹曲线

一般来说，洛伦兹曲线反映了收入分配的不平等程度。弯曲程度越大，收入分配程度越不平等；反之亦然。如果所有收入都集中在某一个人手中，而其余人口均一无所获时，收入分配达到完全不平等，洛伦兹曲线成为折现 OHL；另一方面，如果任一人口百分比均等于其收入百分比，从而人口累积百分比等于收入累积百分比，则收入分配就是完全平等的，洛伦兹曲线成为通过原点的 45 度线 OL。可以将洛伦兹曲线与 45 度线之间的部分 A 叫做“不平等面积”；当收入分配达到完全不平等时，洛伦兹曲线成为折现 OHL，OHL 与 45 度线之间的面积 A + B 就是“完全不平等面积”。不平等面积与完全不平等面积之比，称为“基尼系数”，是衡量一个国家贫富差距的标准。① 若设 G 为基尼系数，则：

$$G = \frac{A}{A + B} \tag{2.1}$$

可以看出，基尼系数不会小于 0，也不会大于 1，它是在 0 与 1 之间，即 $0 \leq G \leq 1$。当基尼系数为 0 时，表示绝对平等；基尼系数越大，不均等程度越高；当基尼系数为 1 时，表示绝对不平等。市场经济国家衡量收入差距的一般标准为：基尼系数在 0.2 以下表示绝对平均，0.2—0.3 表示比较平均，0.3—0.4 表示较

① 高鸿业. 西方经济学［M］. 北京：中国人民大学出版社，1995：346.

为合理，0.4—0.5 表示差距较大，0.5 以上说明收入差距悬殊。

二、泰尔指数（泰尔熵标准）

泰尔指数（Theil index）也常常作为衡量个人之间或者地区间收入差距（或者称不平等度）的指标被使用。泰尔熵标准是因泰尔利用信息理论中的熵概念来计算收入不平等而得名。假设 U 是某一特定事件 A 将要发生的概率，P（A）= U。事件发生的信息量 E（U）肯定是 U 的减函数，用公式表达为：E（U）= log（1/u）。当有 n 个可能的事件 1，2，…，n 时，相应的概率假设分别为 U_1，U_2，…，U_n，$U_i \geqslant 0$，并且 $\Sigma U_i = 1$。

熵或期望信息量可被看做每一件的信息量与其相应概率乘积的总和：

$$E(\mathrm{U}) = \sum U_i h(\mathrm{U}_i) = \sum U_i log(1/U_i)$$

显然，n 种事件的概率 Ui 越趋近于（1/n），熵也就越大。在物理学中，熵是衡量无序的标准。如果 Ui 被解释为属于第 i 单位的收入份额，E（U）就是一种反映收入分配差距不平等的尺度。收入越平均，E（U）就越大。如果绝对平均，也就是当每个 U_i 都等于（$1/n$）时，E（U）就达到其最大值 log$n$。泰尔将 log$n$ - E（U）定义为不平等指数，即是泰尔熵标准：

$$T = log\mathrm{n} - E(\mathrm{U}) = \sum \mathrm{U}_i \times logn\mathrm{U}_\mathrm{I}$$

用泰尔熵指数来衡量收入分配不平等程度的一个最大优点是，它可以衡量组内差距和组间差距对总差距的贡献。泰尔熵标准只是普通熵标准的一种特殊情况。当普通熵标准的指数 c = 0 时，测量结果即为泰尔熵指数。取 c = 0 的优势在于分析组内、组间差距对总差距的解释力时更加清楚。

泰尔熵指数和基尼系数之间具有一定的互补性。基尼系数对中等收入水平的变化特别敏感。泰尔熵 T 指数对上层收入水平的变化很敏感，而泰尔熵 L 和 V 指数对底层收入水平的变化敏感。①

三、阿特金森指数

英国经济学家阿特金森（Atkinson）认为：社会福利与收入分配均衡情况相联系，当全社会收入总量一定时，收入分配越均衡社会福利往往越大。在设计收入分配均衡程度的度量指标时，可以联系社会福利状况，让指标一定程度上反映人民对收入水平、收入分配不均衡状况的主观感受。其计算公式为：

$$A = 1 - \left[\sum_{i=1}^{n} \left(\frac{Yi}{Y} \right)^{1-e} \bullet Pi \right]^{1(1-e)} \qquad (2.2)$$

① 张小平，王迎春. 转型期我国收入分配问题研究［M］. 北京：科学出版社，2008：11.

其中，A 为阿特金森指标，Yi 为第 i 组人口所得的人均收入，Y 为全社会所有人口的平均收入，Pi 表示收入为 Yi 的人口在总收入中所占比重，e 表示社会对收入差距大小的重视程度，e 越大，表示社会对收入差距问题越重视。

指标反映的是当收入分配为平均状态，即收入差距为零时，使社会福利的水准保持不变的条件下收入水平可以降低的幅度。例如，A = 0.3 时，则表示若收入差距为零，可以将收入水平降低 30%，而整个社会的福利水准保持不变。A 取值范围是 0 – 1，A 越小，则表示收入分配越平均。阿特金森指标强调的是人们对收入差距大小的重视程度，其主观性和变动性较强。由于社会对收入差距的重视程度很难确定，不同的人计算出来的数值不一样，给比较分析带来困难，所以该指标并不常用。①

四、方差与变异系数

方差是统计学中常用来反映离中趋势的指标，从其定义式（2.3）可以看出：方差通过每一单位与平均值差异（减差）的平方累计反映变异性。

$$\text{方差} = \sum_{i=1}^{n} \frac{(X_i - u)^2}{n} \tag{2.3}$$

其中 X_i 为单位 i 的收入，n 为样本个数，u 为平均收入。

方差容易分解，我们能够精确地将总方差表达成组内方差与组间方差之和。但由于方差为有名数，其大小受变量所采用计量单位的影响，因而在度量收入差异时，特别是需要消除货币单位影响、通货膨胀影响以作横向空间对比、纵向历史对比时，不宜采用方差这一指标。

变异系数是以相对数形式表示的变异指标。它是通过变异指标中的全距、平均差或标准差与平均数对比得到的。常用的是标准差系数与平均数之间的比值。

变异系数数值越大，表明收入分配越不集中，即越不平均。分析其定义式（2. 4）可以看出，变异系数跟 Theil 指数和阿特金森指数一样，均通过每一单位与平均值差异（商差）的累计反映变异性，但变异系数不容易分解。

$$\text{变异系数} = \frac{\left[\sum_{i=1}^{n} \frac{(X_i - u)^2}{n}\right]^{\frac{1}{2}}}{u} = \left[\sum_{i=1}^{n} \frac{\left(\frac{X_i - 1}{u} - 1\right)^2}{n}\right]^{\frac{1}{2}} \tag{2.4}$$

其中，X_i 为单位 i 的收入，n 为样本个数，u 为平均收入。②

---

① 高鸿祯．论收入不平等性指标［J］．厦门大学学报：哲学社会科学版，1993（4）：25.

② 高鸿祯．论收入不平等性指标［J］．厦门大学学报：哲学社会科学版，1993（4）：26.

五、等分法

等分法也是国际上经常使用的研究手段之一。其原理是将全部居民（家庭）按其收入水平由低到高顺次排序，然后依次按相同人数分组，如分为 5 个收入组。

通过计算和比较各收入组的收入在总收入中的份额或者不同收入组的平均收入差距，可以得到全体居民总收入按收入组分布的情况。等分法是一种常用的方法，具有相对简单、直观和容易理解的特点，能够被用于各类收入主体的收入关系研究当中。但是，等分法没有形成一个综合的数值来体现总体收入分配的均等性。

为了弥补这一缺陷，便于广泛地比较，学者们在等分法原理的基础上，对其中的部分等分法比较形式进行了定义。经常使用的分析指标有：

（1）阿鲁瓦利亚指数，是收入最低的 40% 人口的总收入占全体人口总收入的份额值，最高值为 0.4。该指数越小，表示收入差距越大。

（2）收入不良指数和欧希玛指数。这是两个比较接近的指标，其中，收入不良指数又称五等分法，是指用收入最高的 20% 人口的收入份额与收入最低 20% 人口的收入份额之比来说明总体收入差距程度；欧希玛指数是指收入最高的 10% 人口的收入份额与收入最低的 10% 人口的收入份额之比。这两个指标的最低值为 1，指数越高，表示收入差距越大。

（3）绝对极比，指最高收入组的平均收入与最低收入组的平均收入水平之比。

（4）相对极差，指极差（最高收入与最低收入差额）与总体人均收入之比。

以上特定指数或许其名称没有得到普及，但是这些方法因其易于理解而被研究者广泛采用。①

六、库兹涅兹比率

库兹涅兹比率是将各收入组的收入份额占社会总收入比重与其人口比例占全部人口比重的差额相加，计算而来，用公式表示为：

$$K = \frac{1}{P}\sum_{i=1}^{n} \left| Y_i - P_i \right| \qquad (2.5)$$

① 张小平，王迎春．转型期我国收入分配问题研究［M］．北京：科学出版社，2008：10.

式中，K 代表库兹涅茨比率，Y_i 和 P_i 分别代表各收入组的收入份额占全部收入的比重以及各收入组的人口数占全部人口数的比重，即：

$$y_1 + y_2 + \cdots + y_n = 1, p_1 + p_2 + \cdots + p_n = 1$$

库兹涅茨比率计算简单方便，比较适合用来反映群体内部的收入差距情况，尤其适合比较两个群体内部的收入差距情况。这种方法运用于规模收入分配时，所反映的不均等性要比基尼系数大些，因为它给最富阶层和最贫阶层的权数较大，中间阶层的权数较小。

第三章　青海省城乡居民收入状况

第一节　青海省经济发展和城乡居民收入现状

一、青海经济发展状况

（一）生产总值

青海是12个西部省区之一，同时也是少数民族地区，是藏族的第二大聚集区，是藏区的典型代表。改革开放以来，青海的经济发展速度很快，2004年人均GDP已经超过1000美元，但与快速发展相伴随的突出问题就是收入差距持续扩大。国际发展经验表明，当人均GDP位于1000美元左右时，收入差距扩大很可能影响经济的长期增长。目前，青海的城乡居民收入差距已经居全国其他省份前列，引起了省内社会各界的高度重视。

表3-1　青海历年生产总值变化表

年份	青海生产总值（亿元）	人均生产总值（元）	生产总值增长率	人均生产总值增长率
1978	15.54	428	——	——
1979	15.19	410	-2.25	-4.21
1980	17.79	473.00	17.12	15.37
1981	17.49	459.00	-1.69	-2.96
1982	19.95	513.00	14.07	11.76
1983	22.45	569.00	12.53	10.92
1984	26.42	662.00	17.68	16.34
1985	33.01	808.00	24.94	22.05
1986	38.44	916.00	16.45	13.37
1987	43.38	1018.00	12.85	11.14
1988	54.96	1260.00	26.69	23.77

续表

年份	青海生产总值（亿元）	人均生产总值（元）	生产总值增长率	人均生产总值增长率
1989	60.37	1365.00	9.84	8.33
1990	69.94	1558.00	15.85	14.14
1991	75.10	1647.00	7.38	5.71
1992	87.52	1912.00	16.54	16.09
1993	109.68	2364.48	25.32	23.67
1994	138.40	2942.42	26.18	24.44
1995	167.80	3513.36	21.24	19.40
1996	184.17	3799.25	9.76	8.14
1997	202.79	4122.25	10.11	8.50
1998	220.92	4425.56	8.94	7.36
1999	239.38	4728.12	8.36	6.84
2000	263.68	5138.41	10.15	8.68
2001	300.13	5773.86	13.82	12.37
2002	340.65	6478.04	13.50	12.20
2003	390.20	7345.62	14.55	13.39
2004	466.10	8692.65	19.45	18.34
2005	543.32	10044.74	16.57	15.55
2006	648.50	11889.00	19.36	18.36
2007	797.35	14507.00	22.95	22.02
2008	1018.62	18421.00	27.75	26.98
2009	1081.27	19454.00	6.15	5.61
2010	1350.43	24115.00	24.89	23.96
2011	1670.44	29522.00	23.70	22.42
2012	1884.54	32879.00	12.82	11.37

资料来源：《青海统计年鉴》（1978—2013），中国统计出版社。

改革开放以来，青海省城乡居民收入差距总体上呈现出日益扩大的趋势，特别是上世纪90年代以来，这种趋势变得更加明显。一般而言，城乡居民收入总量的增加是城乡居民收入差距扩大的前提。

从表3－1可以看出，改革开放以来，青海省经济迅速发展，全省生产总值从1978年的15.54亿元增加到2012年的1884.54亿元，是1978年的生产总值的125倍，全省生产总值以年均15.27%速度增长；人均生产总值从1978年的428元增长到2012年的32879元，是1978年的76倍，人均生产总值保持着年均

13.58%的增长速度（见表3－1）。

改革开放初期，我国在农村实行家庭联产承包制，但城市体制改革却还未全面起步，因此，全省生产总值增长率非常不稳定，加上1981年自然灾害严重，导致全省生产总值出现负增长；到1983年底，我国农村基本上实行了以家庭承包经营为基础、统分结合的双层经营体制，经济情况有所好转，生产总值增长率也达到12.53%，在1985年增长率甚至达到了24.94%；1992年党的十四大确立了建立社会主义市场经济体制作为经济体制改革的目标后，这极大地调动了各种市场主体的积极性，在上世纪90年代前中期的经济增长表现出良好的势头，特别是1993、1994、1995年全省生产总值的增长率达到20%以上。但在上世纪90年代后期由于受国内外形势的影响，青海经济发展相对低迷，1999年的增速只有8.36%。2000年以来，随着党中央的西部大开发战略和积极扩大内需的政策的实施，青海的经济情况开始出现好转；2008年金融危机开始后，青海省经济也受到一定程度的影响，导致2009年的全省生产总值增长率只有6.15%，但随后国家和省委省政府采取相应的刺激经济发展的措施，青海省的经济状况就出现了复苏的迹象。

（二）GDP含金量

青海作为我国青藏高原上的重要省份，改革开放以来，经济发展取得了令人瞩目的成绩。随着西部大开发步伐的推进，青海的经济社会焕发出前所未有的发展劲头。青海省的GDP从1978年的15.54亿元增加到2012年的1884.54亿元，是1978年的125倍。人均生产总值也从1978年的428元增长到2012年的32879元，增长了76倍，这得益于GDP的大幅增长。青海省的基础设施、文化教育、医疗卫生等方面也得到了极为明显的改善，人民的生活水平得到了显著的提高。但近年来，人民普遍抱怨物价增长迅速，工资却没有得到明显提高，实际购买力却在明显下降，人们感觉生活很不幸福。

改善民生问题是经济发展的出发点和落脚点，衡量经济发展程度和经济实力，不只是看GDP指标，还应观察民众收入的多少，生活水平、生活质量的高低，以及“幸福感”的高低。“GDP含金量”与“幸福感”、“人性化的GDP”大致相同，其共同点都是以提高居民收入为核心。为了更好研究青海民众的“幸福感”，本文采用统计学家的观点，参考杨开忠（2010）提出来的计算公式，从单位GDP人均可支配收入的角度构建人均GDP含金量指标，研究青海省GDP的含金量。

具体公式：

人均GDP＝当地GDP/常住人口

人均可支配收入 = （城镇人均可支配收入 + 农村人均纯收入） × 城镇人口比重

人均 GDP 含金量（单位 GDP 人均可支配收入 = 人均可支配收入/人均 GDP

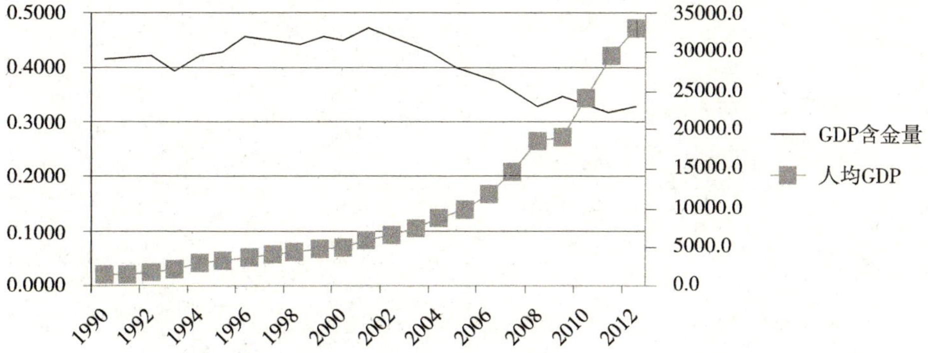

图 3 - 1　青海省 1990 ~ 2012 年人均 GDP 和 GDP 含金量趋势图

长期以来，我国以生产总值及增长率为主要指标对地方政府进行政绩评价，这导致地方政府把过多的精力放在增加 GDP 总量上，对增加居民收入的关注度远远不够。从图 3 - 1 中可以看出，青海省人均 GDP 取得了可喜的成绩，但 GDP 含金量却未能同步跟进，其表现为：1990—2012 年间，青海省人均 GDP 都保持了持续增长的势头，但青海省的 GDP 含金量却大体经历“先上升后下降”的变化趋势。

通过分析可以看出，出现这种不同步的原因与青海省的产业结构有莫大的关系。长期以来，青海省过度注重 GDP 总量的增长，通过扩大基础建设和能源开发来拉动青海省 GDP 总量的增长。通过建设水电站、高速公路、铁路、能源开采等手段拉动经济，这固然会使得青海省 GDP 总量得到迅速的增长，但由于这些施工建设单位的工程队不一定是当地的老百姓，相关施工设备也有可能是从中东部外购的，这导致青海省居民的可支配收入却无法的提高。GDP 总量的增加，意味着分母上的人均 GDP 增加了，而分子上的人均可支配收入却未显著增加，这样 GDP 含金量就出现了下降的趋势。

从 GDP 含金量数据来看，青海省的 GDP 含金量长期以来一直低于 0.5，这与我国中部和东部地区的 GDP 含金量存在巨大差距。近 4 年来，青海省的 GDP 含金量排名一直居于倒数 5 名之内，有些年份仅仅高于西藏，这与青海省高速的 GDP 增长率是极不匹配的（见第一章图 1 - 5）。

表 3-2 青海省 1990~2012 年 GDP 含金量

年份	GDP 含金量	年份	GDP 含金量
1990	0.4153	2002	0.4625
1991	0.4218	2003	0.4465
1992	0.4242	2004	0.4151
1993	0.3965	2005	0.4012
1994	0.4230	2006	0.3766
1995	0.4287	2007	0.3592
1996	0.4535	2008	0.3271
1997	0.4511	2009	0.3464
1998	0.4467	2010	0.3306
1999	0.4559	2011	0.3178
2000	0.4535	2012	0.3293
2001	0.4726		

数据来源：《青海统计年鉴》经计算所得。

从表 3-2 可以看出，青海省 1990 的 GDP 含金量为 0.4153，随后保持增长势头，在 2001 年上升到 0.4726，GDP 含金量达到最高，随后出现下降，在 2012 年降低为 0.3293，表现出明显的“先上升后下降”的变化趋势。

通过对青海经济发展历程进行分析，我们可以知道，在 1990~2001 年间，GDP 含金量出现上升趋势，这很大程度上与我国在 1978 年实行改革开放，经济整体形势出现好转密不可分。在这段期间，居民的可支配收入增幅高于人均 GDP 的增幅，GDP 含金量出现了一段上升，青海民众生活水平也得到了较大的提高。在 2001~2012 年间，除 2008 年和 2012 年外，青海省的 GDP 含金量表现出明显的下降趋势。其中在 2001 年的 0.4726，含金量到达最高，随后出现下降。到 2012 年降低为 0.3293。通过分析我们可知，2000 年我国实施了西部大开发战略，作为西部大开发的重点省份之一的青海，在接下来的 10 多年的开发中经济得到了迅速的发展，人民生活水平也得到了前所未有的提高。但由于人均 GDP 的速度高于人均可支配收入的增长速度，所以 GDP 含金量出现了下滑。青海作为西部藏区的典型代表，相比中东部发达省份而言，青海省的产业支撑少，农业依旧占很大的比重。先天因素导致青海省的产业结构较低端，产品的附加值、技术含量较低，这都造成了青海省民众的收入不高，人均可支配收入较低。同时，由于青海省的城镇化占比也比较低，而技术可支配收入是相应的乘数也较低，所以 GDP 含金量计算出来的结果是低的。

以上分析可以清晰地看出，尽管青海省 GDP 增长迅速，但是 GDP 含金量从 2001 年逐年下滑。导致这一现象主要是因为经济快速发展的同时人均可支配收入没有同步增长造成的。因此，在接下来的发展中，应该把提高人民群众的可支配收入纳入工作重点，以达到青海省 GDP 增长和人民可支配收入同步增长，提高居民收入幸福感指数。

二、青海省城乡居民收入差距现状

青海省的经济快速增长使全省人民生活质量得到普遍改善，城乡居民收入水平也大幅度提高（见表 3－3）。

表 3－3　青海省城乡居民收入情况

年份	城镇人均可支配收入	消费性支出	食品	城镇恩格尔系数	农村人均纯收入	消费性支出	食品	农村恩格尔系数
1978	——	——	——	——	——	——	——	——
1979	——	——	——	——	——	——	——	——
1980	——	——	——	——	204.31	179.74	119.58	66.52
1981	454.66	420.37	234.7	55.83	191.56	168.76	112.28	66.53
1982	506.93	442.51	259.33	58.6	223.39	167.4	112.38	67.13
1983	529.56	442.56	241.68	54.61	252.45	201.99	124.87	61.82
1984	684.8	581.19	299.11	51.47	281.22	225.18	141.21	62.71
1985	849.2	678.7	348.5	55.12	342.94	274.7	176.1	64.11
1986	1002.2	777.28	409.98	57.1	369.15	313.53	193.08	61.58
1987	1084	828.38	456.37	60.3	392.15	344.93	199.5	57.84
1988	1153.8	1048.06	526.59	55.03	492.82	399.5	223.71	56.00
1989	1274.9	1069.44	603.03	62.46	463.52	413.29	244.38	59.13
1990	1335.9	1117.84	629.21	63.4	559.78	474.8	282.6	59.52
1991	1486.6	1260.58	723.94	64.12	555.56	486.25	293.77	60.42
1992	1756.03	1488.66	802.39	60.96	603.4	495.9	302.27	60.95
1993	2078.87	1817.68	949.03	58.23	672.56	585.19	354.37	60.56
1994	2769.36	2392.44	1225.57	59.74	869.34	745.72	456.75	61.25
1995	3379.85	2930.1	1507.1	51.43	1029.77	913.8	593.9	64.99
1996	3829.78	3305.25	1641	49.65	1173.8	1052.3	700.76	66.59
1997	3999.36	3300.48	1593.48	48.29	1320.63	1085.38	719.46	66.29
1998	4240.08	3580.44	1625.88	45.41	1426	1117.79	694.62	62.14
1999	4703.52	3903.84	1654.68	42.39	1486.31	1133.63	699.4497	61.7
2000	5169.96	4185.7	1711.1	40.88	1490.49	1218.2	705.2	57.89
2001	5853.72	4698.6	1790.3	38.1	1610.87	1345.6	704.7	52.37

续表

年份	城镇人均可支配收入	消费性支出	食品	城镇恩格尔系数	农村人均纯收入	消费性支出	食品	农村恩格尔系数
2002	6199.88	5045	1799	35.7	1710.8	1411.7	690.3	48.9
2003	6731.88	5389.4	1982.6	36.8	1817.38	1572	771.4	49.07
2004	7319.67	5759	2056	35.7	2004.59	1676.4	813.4	48.52
2005	8057.85	6245.26	2267.36	36.3	2165.11	2085.5	941.3	45.13
2006	9000.35	6530.1	2366.4	36.2	2358.37	2214.89	978	44.16
2007	10276.06	7512.39	2803.35	37.32	2683.78	2475.8	1098.3	44.36
2008	11648.3	8203.2	3315.6	40.4	3061.24	2974.9	1298.3	43.64
2009	12691.85	8786.52	3548.85	40.3	3346.15	3243.6	1234.2	38.05
2010	13854.99	9613.79	3784.81	39.4	3862.68	3858.5	1526.89	39.57
2011	15603.31	10955.46	4260.27	38.9	4608.47	4536.82	1716.39	37.83
2012	17566.28	12346.29	4666.9	37.8	5364.38	5338.94	1857.95	34.8

注：1. 城市居民家庭可支配收入指城市居民家庭在支付个人所得税之后所余下的实际收入。计算公式为：可支配收入 = 家庭总收入 - 交纳所得纳 - 个人交纳的社会保障支出 - 记账补。

2. 农村居民家庭纯收入指是农村常住居民家庭总收入中，扣除从事生产和非生产经营费用支出、交纳税款、上交承包集体任务金额、集体提留和摊派、生产性固定资产折旧以后剩余的、可直接用于进行农村居民进行生产性、非生产性建设投资、生活消费和积蓄的那一部分收入。它是反映农村居民家庭实际收入水平的综合性的主要指标。计算方法：纯收入 = 总收入 - 家庭经营费用支出 - 税费支出 - 生产性固定资产折旧。

资料来源：资料来源：《青海统计年鉴》（1978—2013），中国统计出版社。

从表 3 - 3 中看到，自 1978 年以来，城乡居民收入差距的绝对额在所有年份都是上升的，表现出了持续扩张过程，到 2012 年达到了 12202 元。由于统计口径的不一致，农民纯收入除现金收入外还包括其他实物折现收入，农民的收入中有一部分不属于货币收入，农民家庭既是生产单位又是消费单位，也就是说农民家庭还有生产性支出，而城镇人口收入则是纯货币收入，所以农民人均纯收入存在着被高估的客观实际，也就是说城乡居民收入的实际差别将更大。

恩格尔系数是生活发展阶段的判定标准，恩格尔系数是指食物支出占消费性总支出的比重，以此来判定人们生活水平高低，恩格尔系数越低，说明食品消费支出占消费性总支出的比重越低，生活水平就越高，从而越富裕。反之，恩格尔系数越高，说明越贫困。由此，恩格尔系数的判定标准为：恩格尔系数在 59% 以上为贫困，50% - 59% 为温饱，40% - 50% 为小康，30% - 40% 为富裕，低于 30% 为最富裕。

从恩格尔系数来看：

（1）青海省农民恩格尔系数从 1980—1986 年一直维持在 60% 以上，属于贫困阶段；从 1987 到 1990 年才低于 60%，但都高于 55%，处于刚刚温饱阶段；

从 1991—1999 年恩格尔系数一直高于 60%，直到 2000 年，恩格尔系数才开始逐年下降，2012 年的恩格尔系数为 34.8%。

（2）青海省城镇居民恩格尔系数从 1980—1986 年一直处于 50% 至 60% 之间，属于温饱阶段；1996 年至今，城市居民恩格尔系数开始低于 50%，步入小康水平，比农村早了整整 6 年。

第二节　青海省城乡居民收入差距分析

一、青海城乡居民收入总体状况

青海省城乡居民收入差距的绝对数自改革开放以来总体上呈持续扩大的趋势，但相对数基本呈下降趋势。

（一）农村居民家庭人均纯收入增长较为平缓，城市居民家庭人均可支配收入增长较为陡峭

从图 3－2（a）中我们可以看出，从城乡居民的收入绝对额来看，都呈较大幅度持续增长的态势。城市居民家庭人均可支配收入从 1985 年的 811.79 元，一直增长到 2012 年的 10955.46 元；农村居民家庭人均纯收入从 1985 年的 298.99 元增长到 2012 年的 4536.8 元。持续的增长虽然是可喜的，但我们也应从中看到，城乡居民收入差额在以递增的速度增大。城乡居民收入绝对数差额从 1985 年的 521.8 元快速上升到了 2012 年的 6418.66 元（见图 3－2（b））。城乡居民收入差距比总体上呈现下降趋势（见图 3－2（C））。

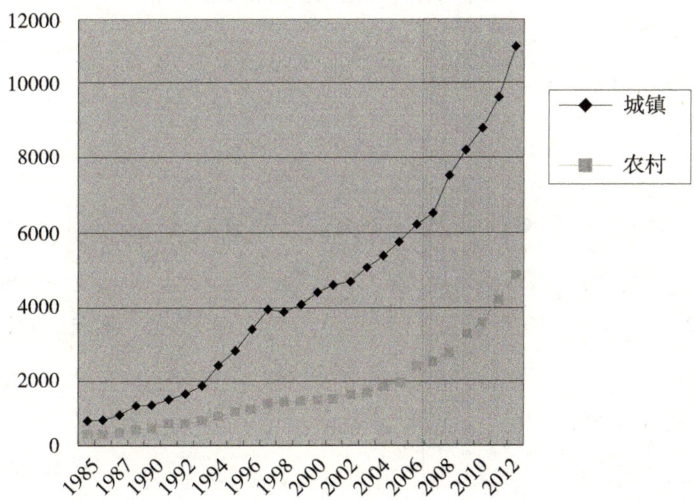

图 3－2（a）青海省城乡居民收入情况

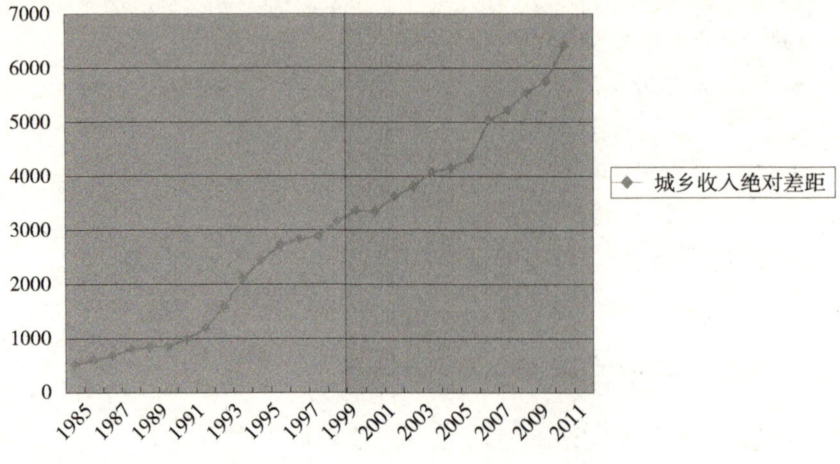

图3-2（b）青海省城乡居民收入绝对差距

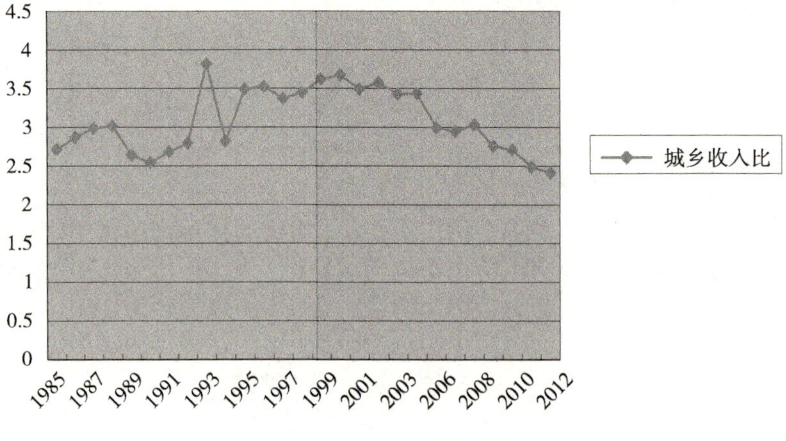

图3-2（c）城乡居民收入比

资料来源：《青海统计年鉴》（1978—2013），中国统计出版社。

（二）青海城乡居民收入比远远高于全国同期平均水平

从图3-2（c）中我们可以看出，青海城乡收入比从1985年的2.7∶1，到1988年的3.01∶1，1993年达到3.81∶1，并且一直到2004年都高居不下，到了2012年才降到2.41∶1。这些远远超过了同期全国城乡居民收入之比，可见青海省居民收入差距是相当高的。

二、青海省城乡居民收入差距的阶段分析

第一阶段：1978—1993年，受历史条件影响，城乡居民收入比一直在3∶1左

右，基本稳定。

我国是一个城乡差距较为明显的国家之一，城乡差距从改革开放初期就已经达到了一定的程度。这期间青海省的劳动力、人力资本投入高增长，物质资本投入增长高于全国平均水平，是全国唯一的全要素生产率的增长为负的地区，明显低于全国平均水平（2.9%），这是青海省经济增长居全国后列的主要因素。但是在这期间，青海省的城乡居民收入差距较为平稳，不高于2000元。这也得益于1980年初在我国实行的联产承包制，它带来的农产品增长和农副产品的收购价格调整都是缩小城乡居民收入差距的重要因素。家庭联产承包责任制的推行使农民相当程度上获得了生产自主权，并克服了土地产权的低效率，突破了“一大二公”、“大锅饭”的旧体制，使农村居民个人付出与收入挂钩，对农民产生了利益激励作用，增加了农业总产出和总剩余。同时国家大幅度提高粮价，更是增加了农民的收入。因此在改革开放初期城乡居民收入差距较小。

第二阶段：1994—2000年，城乡居民分配差距波动中开始扩大。

改革开放在这一时期进入了一个新的阶段。1992年党的第十四次全国代表大会提出了“两个飞跃”思想，农业发展的两个根本问题是农村土地制度变革和农业产生方式改造，抓住这两个关系农业发展的根本问题，就指明了中国农业发展的根本趋势，就是要走农业现代化和集体集约化。1992年以后，多要素收入分配格局得到认可，土地、技术和资本等非生产要素的收入份额开始逐渐上升，居民收入增长迅速，特别是城市居民。但是这个时期，正是城乡居民收入开始逐渐扩大的时期，城乡居民收入差距突破2000元，城市居民收入大于农村居民收入，1994年的城乡居民收入比为2.8∶1，2000年的城乡居民收入比则增长到了3.6∶1，增长率高达28.57%，并且城乡居民收入比上升趋势明显，没有放缓的趋势。

第三阶段：2001—2012年，城乡居民收入比持续缩小但绝对差距持续扩大，引起了社会各界对城乡居民收入差距的关注

这一时期，为了扩大内需，刺激消费，政府采取了适当提高机关事业单位工资和提高三条保障线水平的政策，城镇居民人均可支配收入明显增长。2001年开始，人均生产总值增长率达到12%以上。2002年，十六大提出了统筹城乡经济社会发展的战略构想，2003开始深化农村税费改革。农民纯收入从2001年的1610.87元持续增长到了2012年的5364.38元，增长率达到233%，城乡居民收入之比从2001年的3.5∶1降到了2012年的2.4∶1，但绝对差距持续扩大，见图3-2。

从总体上看，青海省城乡居民收入差距经历了一个“缩小——扩大——再缩小”的过程，这并不是一个简单的循环过程，而是一个螺旋式的上升过程。

第四章　西部五省城乡居民收入差距比较：1995－2012

第一节　问题的提出与西部五省的选取

1978 年以来，为了解放生产力，发展生产力，我国的经济体制经历了历史性变革。一方面，经济体制从计划经济向市场经济转变，另一方面，居民收入水平从低收入向中等收入过渡。随着经济进入中等收入水平阶段，传统的低收入、低成本优势逐渐消失，高收入、新竞争优势尚未形成，很多国家（如拉美国家、前苏联国家、巴西、马来西亚）都陷入了中等收入陷阱①（Middle Income Trap）。中国目前正处于经济转型的关键时期，能否跨越中等收入水平阶段顺利进入发达经济体，成为中国面临的重大课题。在这样的时代背景下，我国的城乡收入差距也发生着深刻的变化，并在 1994 年突破了国际公认的警戒线，成为全球收入差距最大的几个国家之一。收入差距的不断扩大，很大程度上影响了城乡居民的能动性和创造性，这对我国形成新的产业竞争力和要素竞争力是十分不利的。要想跨越中等收入水平阶段，顺利进入发达国家行列，缩小收入差距刻不容缓。

面对严峻的收入差距，广大专家学者对我国的居民收入差距进行深入研究，理论成果纷呈。田卫民②(2012）利用基尼系数公式，计算了我国 27 个省（自治区、直辖市）的基尼系数，得出我国居民收入基尼系数呈现明显的集聚性、区域性特点，并得出由沿海向内地、由东部到西部逐级升高的势态。张国强、陆云航③（2007）同样利用基尼系数，对江苏、浙江、福建、山东、广东的基尼系数进行了详尽的比较研究，得出沿海五省居民收入差距低于全国平均差距，其顺序从大到小依次是广东、福建、山东、浙江、江苏。考虑到城乡收入差距的复杂

① 世界经济史表明，虽然许多国家能够成功从低收入国家跨入中等收入国家行列，但其中只有少数国家可以保持经济持续发展，从而进入高收入国家行列，其余大多数国家先后在中等收入阶段出现了经济增长速度明显下降、经济发展陷入停滞的困境。

② 田卫民. 省域居民收入基尼系数测算及其变动趋势分析［J］. 经济科学，2012（2）：48 - 59.

③ 张国强，陆云航. 沿海五省居民收入差距比较研究：1998—2005［J］. 浙江社会科学，2007（1）.

性、长期性，现有的对收入差距的研究主要将城乡收入差距归于城乡二元社会经济结构（刘文勇[①]，2004）、城乡公共品供给差异（蔡昉[②]，2010）、人力资本差异（韩其恒、李俊青[③]，2011）等因素，对省际间的比较研究尚不充足。少有的省际居民收入差距比较研究也主要集中在对中东部发达省份，对西部地区，尤其是西部民族地区[④]研究相当匮乏。西部民族地区作为中华民族不可分割的一部分，在收入差距上依旧呈现着逐渐扩大之势，这必然拉大了全国的收入差距水平，对我国实现经济转型、跨越中等收入陷阱是非常不利的。

在全国东、中、西部三大区域之中，西部地区经济发展相对落后，人口的民族构成也相对复杂，城乡收入差距要比东部和中部地区严重得多。收入分配制度在整个经济社会系统中是一个非常重要的子系统，其状况不仅影响生产效率和公众的切身利益，还波及社会的协调与稳定，影响我国经济的成功转型。为了更好地研究比较西部民族地区居民收入差距状况，本章选取了陕西、宁夏、内蒙古、新疆、青海五个省区，利用基尼系数法测算1995—2012年城镇、农村、全体居民三组基尼系数，并对西部五省区居民收入进行了系统全面详细的比较研究，拟在找出各省区居民收入差距的差异，并对收入差距的本质原因进行简要分析。

第二节　西部五省区居民收入基尼系数测算

一、研究方法

基尼系数基于洛伦兹曲线图中的不平等面积与完全不平等面积的比值，近似测算出基尼系数。它描绘了按人口分布所形成的收入平均差距对收入总体期望值偏离的相对程度，能相对客观的反映居民之间的收入分配的均匀程度，并给出了衡量贫富差距的数量界限，得到了全球各国的普遍认同和广泛采用，并成为评价贫富差距的国家公认标准。利用基尼系数法测算西部五省区的基尼系数具有相当大的准确性和可信性，结果也比较权威和公允。测算基尼系数，通常将人口分为N等分组，且已知各等分组的平均收入 y_i ，其公式为：

① 刘文勇．我国城乡收入差距扩大的程度、原因与政策调整［J］．农业经济问题，2004（3）：56－58.

② 蔡昉．刘易斯拐点与公共政策方向的转变［J］．中国社会科学，2010（6）：125－137.

③ 韩其恒、李俊青．二元经济下的中国城乡收入差距的动态演化研究［J］．金融研究，2011（8）：15－30.

④ 西部民族地区包括：新疆、内蒙古、宁夏、西藏、广西、云南、贵州、青海及甘肃的甘南、四川的阿坝和甘孜等地区。国土面积557.36万平方公里，占全国的58.1%，占西部地区的82%；人口约2亿，占全国的15%左右；GDP仅占全国的9%左右，是我国经济最不发达的地区。

$$G = \frac{1}{2\mu N^2}\sum_{i=1}^{N}\sum_{j=1}^{N}|y_i - y_j| \quad (1)$$

基尼系数直接测算（Deaton①，1997）公式：

$$G = \frac{1}{\mu N(N-1)}\sum_{i=1}^{N}\sum_{j=1}^{N}|y_i - y_j| \quad (2)$$

当分组数据不是等分组时，可采用非等分的测算公式（Thomas，Wang and Fang②，2000）：

$$G = \mu^{-1}\sum_{i=2}^{N}\sum_{j=1}^{i-1}p_i p_j|y_i - y_j| \quad (3)$$

在中国及各省（自治区、直辖市）统计年鉴中，城镇和农村居民收入的数据的分组不一致，城镇收入往往分为非等分的7组，而农村居民收入按收入分为5组。所以，对城镇和农村居民的基尼系数，无法提供口径一致的数据。在现有的统计年鉴数据中，为了更为简便、快速计算各省区的城镇、农村的基尼系数，可以推算出如下基尼系数测算公式（田卫民，2012）：

$$G = 1 - \frac{1}{PW}\sum_{i=1}^{n}(W_{i-1} + W_i) \times P_i \quad (4)$$

式中：G 为基尼系数，W 为总收入，P 为总人口，$W_i = \sum_{i=1}^{i} y_i$。

公式（4）不仅可以解决按收入分组不均等的难题，还能依据中国及各省区现有的统计年鉴准确的计算西部五省区的基尼系数。

各省（自治区、直辖市）的城镇、农村居民很多都是按收入区间分组的数据，这样就存在最低收入组和最高收入组是开区间的情况。为了解决这种状况，本文利用田卫民（2012）年使用的开区间的平均收入作为本次论文的数值，以解决开区间没有平均收入的难题，具体如下表（表4－1）。

表4－1　开区间数列的平均值

最低收入组开区间	平均收入（元）	最高收入组开区间	平均收入（元）
100以下	－300	1000元以上	3000
200以下	－200	2000元以上	4000
300以下	－100	3000元以上	5000
400以下	0	4000元以上	6000

① Angus Deaton，1997，"Economic Growth of Developing Countries"［M］，Prentice Hall，Englewood，New Jersey，pp99－130.

② Vinod Thomas，Yan Wang and XiBo Fan，2000，Measuring Education Inequality：Gini Coefficients of Education［R］. World Bank Policy Research Working Paper，No. WPS2525. Washington，D. C.：World Bank. PP7

续表

最低收入组开区间	平均收入（元）	最高收入组开区间	平均收入（元）
500 以下	100	5000 元以上	8000
600 以下	200	7000 元以上	10000
1000 以下	300	8000 元以上	11000
2000 以下	600	15000 元以上	18000

资料来源：田卫民（2012）利用统计年鉴数据整理得出。

二、数据来源

本文使用的数据均来自1996—2013年内蒙古、陕西、宁夏、甘肃、青海五省区的统计年鉴数据及《宁夏调查数据》，数据具有很强的权威性，也对本文客观测度各省、自治区、直辖市的基尼系数提供准确、可靠的数据基础。其中：1995—2010年的基尼系数直接使用田卫民（2012）计算的基尼系数，2011年和2012年的西部五省区城镇、农村，各省区居民收入基尼系数是根据公式（4）计算得到，青海省2011年和2012年农村居民基尼系数由于统计年鉴数据无法获取等原因，本文直接利用了刘晓平[①]（2007）预测的基尼系数。整体而言，本文所取得的基尼系数口径基本上保持了一致，这为做好基尼系数对比和演变提供了较客观的数据依据。

第三节 西部五省区城乡居民收入差距

衡量城乡之间的收入差距，最常用的方法是用城乡收入比。即用城镇可支配收入与农村居民纯收入之间的比值来测算城乡收入的差距。该比值越大，表明城乡收入差距越大，反之亦然。笔者根据西部五省的统计年鉴和中国统计年鉴数据，通过计算得出了西部五省和全国的城乡收入比（见表4 -2）。

表4 -2 西部五省区与全国城乡收入比

年份	陕西	内蒙古	宁夏	新疆	青海	全国
1995	3.44	2.19	3.26	3.66	3.28	2.71
1996	3.27	2.14	2.55	3.62	3.26	2.51
1997	3.11	2.22	2.48	3.24	3.03	2.47
1998	3.00	2.20	2.34	3.21	2.97	2.51

① 刘晓平．青海省居民收人差距的测度与回归预测［J］．青海民族研究，2007（3）：108 -111.

续表

年份	陕西	内蒙古	宁夏	新疆	青海	全国
1999	3.20	2.38	2.50	3.61	3.16	2.65
2000	3.49	2.52	2.85	3.49	3.47	2.79
2001	3.61	2.81	3.04	3.63	3.63	2.90
2002	3.97	2.90	3.16	3.52	3.62	3.11
2003	4.06	3.09	3.20	3.33	3.70	3.23
2004	4.01	3.12	3.11	3.34	3.65	3.21
2005	4.03	3.06	3.23	3.22	3.72	3.22
2006	4.10	3.10	3.33	3.24	3.82	3.28
2007	4.07	3.13	3.41	3.24	3.83	3.33
2008	4.10	3.10	3.51	3.26	3.81	3.31
2009	4.11	3.21	3.46	3.16	3.79	3.33
2010	3.82	3.20	3.28	2.94	3.59	3.23
2011	3.63	3.07	3.25	2.85	3.39	3.13
2012	3.60	3.04	3.21	2.80	3.27	3.10

数据来源：根据统计年鉴，作者自己计算而得。

从静态来看，1995～2012 年间，西部五区中陕西省、青海省的城乡收入比远远大于全国平均水平，内蒙古的城乡收入比小于全国平均水平，新疆的城乡收入比波动较为明显，其中，在 1995—2005 年间大于全国平均水平，在 2005—2012 年间小于全国平均水平。

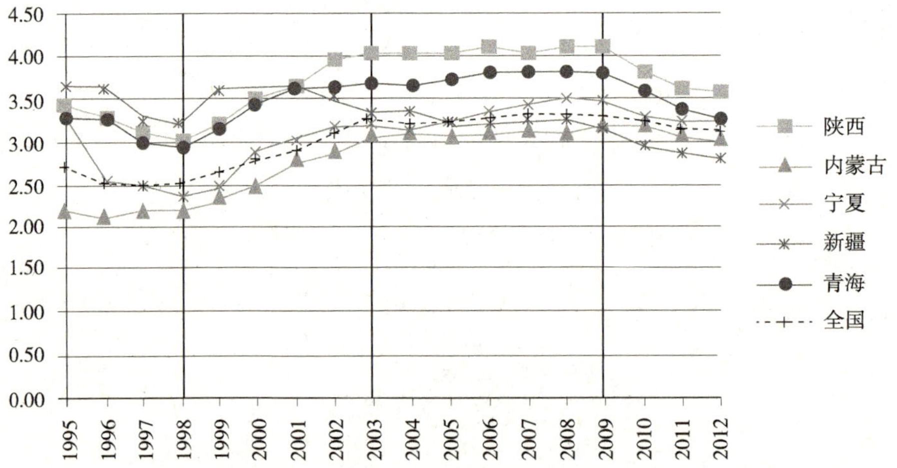

图 4-1　西部五省区城乡收入比与全国城乡收入比对比图

资料来源：作者绘制。

从动态角度看，西部五省中的陕西、青海、宁夏、内蒙古的城乡收入比与全国步调基本一致，大致可以分为4个阶段（见图4－1）：

第一阶段（1995—1998），城乡收入比表现为下降趋势。这与我国实行家庭联产承包责任制和国家大幅提高农产品收购价格密切相关。一方面，实行家庭联产承包责任制大大提高了农民的积极性，从而提高了农村生产效益，另一方面，提高农产品收购价格，对以农牧业为主的西部农村提高家庭性收入产生了更为直接影响。由于农村纯收入增长速度高于城镇可支配收入的增长速度，城乡收入出现了一定程度的下降。

第二阶段（1998—2003），城乡收入比表现为明显上升趋势。随着收入分配制度的改革，土地、资本、技术、知识等非生产要素参与分配，且所占比重逐渐上升。而城镇居民由于历史性、先天性的因素，在非生产要素方面明显优于农村居民，因此，城乡收入差距出现了明显的扩大。

第三阶段（2003—2009），城乡收入比表现为缓慢上升阶段。随着提高最低工资标准、提高事业单位工资等原因，城镇居民收入进一步得到提高，收入差距进一步扩大。

第四阶段（2009—2012），城乡收入比出现了较为明显的下降阶段。一方面，由于国际金融危机的出现，对城镇居民的财产性收入、工资性收入产生了一定程度的影响，城镇居民可支配收入增长较为缓慢。另一方面，全国性的收入差距扩大，引起了党和国家的高度关注。中央采取了免除农业税、扩大农业补助等方式增加了农村居民的纯收入，收入差距得到了一定的缓解。

新疆地区的城乡收入差距在1995—2001年中基本与全国保持一致，在2001—2012年中出现了较为明显的下降，城乡收入差距也由最大逐渐变为了最小。城乡收入差距在2001年之后得到了明显的缓解（见图3－1）。

从省级比较上看，在1995—2001年中，新疆城乡收入差距最大，青海和陕西次之，宁夏再次之，内蒙古最小。在2002—2012年中，陕西省城乡收入差距最大，其中在2003—2009七年中甚至超过了4.0，远远高于全国平均水平，成为西部五省区城乡收入差距最大的省份，其次为青海省，再者为宁夏，新疆和内蒙古别列第四和第五。

显然，城乡收入比只是从一个角度度量了城乡收入差距，它没有反映城镇、农村内部的收入差距，也无法对全体居民收入差距进行测度。考虑到收入比法的不足，本章将结合基尼系数法对城乡收入差距更加深入的分析。

第四节 西部五省区城镇居民收入基尼系数比较

衡量收入差距的指标很多，常见的有泰尔指数、库茨涅兹指数和基尼系数，其中基尼系数最常用，并成为国际衡量收入差距的重要指标之一。一般而言，基尼系数越大，收入差距越大。其常见标准：0—0.2，绝对公平；0.2—0.3，比较平均；0.3—0.4，相对合理；0.4—0.5，收入差距较大；0.5—1，收入差距悬殊。其中，0.4 被称为国际警戒线。

从基尼系数绝对数来看（见表4－3），1995－2012 年间，西部五省及全国城镇基尼系数都在0.2－0.4 之间，处于比较平均和相对合理的阶段。从与全国平均水平比较上看，除个别年份外，内蒙古、宁夏、新疆的城镇居民收入基尼系数低于全国。主要在0.2—0.35 之间波动，收入差距较为合理。陕西省城镇居民收入差距，在 1998—2003 年 6 年中高于全国平均水平，其他年份均小于全国平均水平。青海省则和其他省份步调不太一致，其中在 2007 年之前低于全国平均水平，在 2007—2012 年间均高于全国平均水平。

从变化幅度上看，青海省在这 18 年中，城镇基尼系数波动较大。其中在 1995—2000 年的 5 年中，城镇基尼系数较为平缓，是西部五省中城镇居民收入差距最小的省份，在 2000 之后城镇收入差距迅速拉大，基尼系数由 0.2331 变为 2012 年的 0.3523，增加到了 1.51 倍，成为西部五省中城镇收入差距最大的省份。主要原因：西部大开发以前，城镇居民收入来源较为单一，且行业工资相差不大，因此，城镇居民内部收入差距在 1995—2000 年间较小。西部大开发后，青海省产业出现了较大的变化。一方面，国有企业现代化改制过程中，大量基础性产业破产倒闭，另一方面，电力、电信、能源、铁路、金融保险等垄断行业的兴起。垄断行业往往可以实行高利润、高收入，而就业人数相对较少，工资较高。而破产国有企业的员工一部分由于技能缺乏原因无法成功转型，成为失业人员，另一部分则从事批发零售、餐饮等低收入的职业，这导致了行业之间收入差距逐渐扩大，拉大了青海城镇内部居民之间的收入差距。

表 4－3 西部五省区与全国城镇基尼系数变化

年份	陕西	内蒙古	宁夏	新疆	青海	全国
1995	0.2600	0.2415	0.2087	0.2782	0.2194	0.2880
1996	0.2652	0.2541	0.2335	0.2858	0.2261	0.3034
1997	0.3000	0.2890	0.2510	0.2892	0.2295	0.3079
1998	0.3295	0.2815	0.2526	0.2819	0.2365	0.3230

续表

年份	陕西	内蒙古	宁夏	新疆	青海	全国
1999	0.3229	0.2838	0.2640	0.2539	0.2402	0.2950
2000	0.3717	0.3016	0.2767	0.2762	0.2331	0.2451
2001	0.3552	0.2437	0.2794	0.2585	0.2567	0.2557
2002	0.3410	0.2545	0.2978	0.2994	0.2885	0.3068
2003	0.3203	0.3165	0.2901	0.2772	0.3203	0.3150
2004	0.2931	0.2931	0.2933	0.2873	0.2703	0.3233
2005	0.2723	0.2847	0.3117	0.2992	0.2859	0.3192
2006	0.2729	0.2809	0.3171	0.2707	0.3157	0.3260
2007	0.2786	0.2610	0.3226	0.2675	0.3239	0.3229
2008	0.2881	0.3053	0.3202	0.3016	0.3769	0.3289
2009	0.2830	0.2942	0.3146	0.2926	0.3649	0.3248
2010	0.3218	0.2922	0.3205	0.2963	0.3748	0.3473
2011	0.2602	0.3072	0.2962	0.3103	0.3890	0.3189
2012	0.2596	0.2893	0.3068	0.2596	0.3523	0.3062

数据来源：1995—2010 直接采用田卫民计算数据，2011 年、2012 年由作者根据公式（4）自己计算得出。

陕西省城镇居民基尼系数大体经历了两个阶段：第一个阶段（1995—2000）为迅速上升阶段，基尼系数由 1995 年的 0.2600 快速扩大至 2000 年的 0.3717，六年间增长了 42.96%，年均增长 7.41%；第二阶段（2000—2012）为缓慢下降阶段，由 2000 年的 0.3717 下降至 2012 年的 0.2596，13 年间下降了 30.16%，年均下降 2.95%。这表明：在经济转轨时期，由于各项政策、制度、法律等不太完善，基尼系数必定经过先上升后下降阶段，但这种变化不是简单的“倒 U 变化”，而具有其复杂性和长期性。

第五节　西部五省区农村居民收入基尼系数比较

农村内部基尼系数主要利用公式（4）和表 3－1 中的数值，依据历年各省区统计年鉴及《中国统计年鉴》中数据计算得到。其中 1995—2010 年数据采用田卫民（2012）计算的数据，2011 年和 2012 年由笔者利用公式（4）计算得出，2011 年和 2012 年由于青海农村居民分组数据缺失，本文直接利用刘晓平（2007）预测的数据。

表 4-4　西部五省区与全国农村基尼系数变化

年份	陕西	内蒙古	宁夏	新疆	青海	全国
1995	0.2556	0.2920	0.3569	0.3919	0.3755	0.3415
1996	0.2517	0.2508	0.3053	0.3886	0.3372	0.3229
1997	0.2733	0.3030	0.3417	0.3700	0.3543	0.3285
1998	0.2764	0.2725	0.3326	0.3801	0.3393	0.3369
1999	0.2892	0.3116	0.3348	0.3845	0.3505	0.3361
2000	0.3125	0.3507	0.3644	0.3877	0.4140	0.3647
2001	0.3151	0.3830	0.3540	0.3709	0.4147	0.3699
2002	0.3186	0.3729	0.3348	0.3778	0.3855	0.3441
2003	0.3220	0.3618	0.3644	0.4025	0.3826	0.3551
2004	0.3253	0.3536	0.3540	0.3787	0.3624	0.3446
2005	0.3285	0.3453	0.3348	0.3575	0.3639	0.3507
2006	0.2955	0.2879	0.3759	0.3931	0.3754	0.3494
2007	0.2970	0.2550	0.3710	0.3836	0.3672	0.3496
2008	0.3119	0.2206	0.3812	0.3655	0.3590	0.3536
2009	0.2973	0.3780	0.3477	0.3724	0.3560	0.3609
2010	0.2949	0.3603	0.3764	0.3726	0.3401	0.3550
2011	0.2830	0.3404	0.3717	0.3798	0.3734	0.3657
2012	0.2621	0.3078	0.3579	0.3259	0.3729	0.3635

数据来源：1995~2010年数据直接采用田卫民（2012）计算数据，2011、2012年数据由笔者自己计算得出。

从静态来看（见表4-4），陕西省的农村居民基尼系数最小，远远低于全国水平，新疆农村居民收入差距最大，略高于全国水平，青海和宁夏的农村基尼系数则与全国农村基尼系数基调一致，在全国平均水平范围进行浮动变化。从动态上看，内蒙古农村居民收入差距变化最为明显、幅度最大，其他四省（区）则变动相对平缓。从平均基尼系数看，陕西、内蒙古、宁夏、新疆、青海和全国分别为0.2950、0.3193、0.3533、0.3768、0.3680、0.3496。其中，陕西和内蒙古低于全国平均水平，其他三省均高于全国。

从城乡比较上看（见表4-3、表4-4），农村基尼系数整体高于城镇居民，这说明我国农村收入差距更大。农村居民差距较大主要由于教育差异、地域和环境差距及民族文化差异共同引起。首先，二元制度下的教育差异导致农村内部收入差距扩大。西部五省区由于发展水平、办学条件、环境和气候的原因，教育资源分布极不均匀。教育分布不均匀在西部农村居民体现更为明显，据统计资料，青海相当多的农牧区受教育年限不足4年，一般情况受教育越高收入一般会较高。农村教育水平差异在很大程度上拉大了农村居民内部收入差距。其次，地域差距和自然环境也加剧了西部农村居民的收入差距，西部五省中各省的农村差异很大。以青海为例，青海海东地区相对于海西、海北等地区具有天然的地域、环境优势、交通优势。地处西宁和兰州之间，更是为农业交易提供了得天独厚的地理优势，农牧民可以从农业种植和畜牧养殖中获得较为稳定的收入来源。而海西、海北地区由于土地干旱、盐碱，沙尘天气多，自然条件相当恶劣，甚至有很多地方是没有开发的无人区。恶劣的自然环境使该地区成为典型的弱质农业，成为青海脱贫致富难度最大的地区，农村居民收入难以得到持续稳定增加。最后，民族文化差异也是导致收入差距扩大的重要原因。以回族和藏族对比，在民族文化方面，回族文化融合了阿拉伯、波斯、中国其他民族的文化特点，形成了具有自身特点的多元性民族文化。青海的回族居民还擅长农业种植和商业经营。改革开放以后，回族居民充分利用市场经济带来的好处，在短时间内积累了大量资本。相比之下，藏族居民主要以传统的畜牧养殖、手工藏毯为主，收入增长缓慢。所以，民族文化差异也扩大了西部少数民族地区的农村内部收入差距。

第六节　西部五省区全体居民收入基尼系数比较

由于《中国统计年鉴》和各省区历年统计年鉴中没有全体居民收入的分组数据，因此无法直接运用公式（4）计算得出。为了测算全体居民的基尼系数，很多学者做出了有益的探索。董静、李子奈[①]（2004）首次提出利用修正城乡加权法测算全国居民收入基尼系数，但该方法基于居民收入服从正态分布，这点在实际生活中往往不易满足。因此，本文采用Sundrum[②]（1990）提出的“分组加权法”，利用城镇、农村基尼系数通过加权法得出，其公式：

$$G = P_c^2 \frac{u_c}{u} G_c + P_r^2 \frac{u_r}{u} G_r + P_c P_r \frac{u_c - u_r}{u} \tag{5}$$

式中，G_c，G_r——城镇居民、农村居民基尼系数；

P_c，P_r——城镇人口、农村人口占总人口比重；

u_c，u_r，u——城镇、农村和全省（市、区）人均收入。

利用公式（5）和表4－3、表4－4中的城镇居民和农村居民基尼系数，计

① 董静，李子奈．修正城乡加权法及其应用［J］．数量经济技术经济研究，2004（5）．

② Sundrum，R. M.，1990，“Income Distribution in Less Development Countries”［M］，London and New York：Routledge，PP50.

算得出了西部五省和全国的基尼系数（见表4－5）。

表4－5 西部五省区与全国基尼系数变化

年份	陕西	内蒙古	宁夏	新疆	青海	全国
1995	0.4050	0.3390	0.4257	0.4378	0.4240	0.3947
1996	0.3896	0.3171	0.3607	0.4367	0.4182	0.3746
1997	0.3849	0.3485	0.3710	0.4175	0.4076	0.3737
1998	0.3860	0.3358	0.3555	0.4102	0.4018	0.3827
1999	0.3881	0.3663	0.3714	0.4182	0.4205	0.3886
2000	0.4559	0.3975	0.4090	0.4545	0.4487	0.3951
2001	0.4613	0.4085	0.4197	0.4546	0.4663	0.4050
2002	0.4784	0.4094	0.4265	0.4588	0.4635	0.4253
2003	0.4786	0.4370	0.4323	0.4484	0.4739	0.4361
2004	0.4698	0.4271	0.4225	0.4452	0.4552	0.4343
2005	0.4651	0.4185	0.4299	0.4343	0.4591	0.4341
2006	0.4606	0.4077	0.4435	0.4352	0.4729	0.4381
2007	0.4593	0.3971	0.4482	0.4308	0.4735	0.4385
2008	0.4640	0.4054	0.4529	0.4372	0.4857	0.4391
2009	0.4587	0.4229	0.4424	0.4294	0.4807	0.4380
2010	0.4123	0.4154	0.4361	0.4161	0.4693	0.4381
2011	0.4213	0.4029	0.4220	0.4119	0.4672	0.4211
2012	0.4125	0.4639	0.4209	0.3833	0.4472	0.4126

数据来源：1995～2010年数据直接采用田卫民（2012）计算数据，2011、2012年数据由笔者自己计算得出。

从计算结果可以看出，首先，全国居民收入基尼系数从2001年就超过了0.4国际警戒线，其中在2008年甚至达到0.4391，成为世界上收入差距最大的几个国家之一。在西部五省区中，青海和陕西的全体居民收入差距高于全国，宁夏与全国水平接近，内蒙古小于全国。新疆的全体居民基尼系数波动较大，其中在1995—2005年中高于全国水平，在2005年之后，基本上与全国居民收入差距保持一致。其次，无论全国，还是西部五省，城镇居民内部基尼系数普遍高于农村居民收入基尼系数（见表4－3、表4－4）。最后，全体居民收入差距也高于城镇内部、农村内部的基尼系数，这表明城乡收入差距仍是全国收入差距扩大的主要因素。

从静态上看，在1995—2000年，西部五省区的全体居民收入基尼系数为新疆最大，青海次之，陕西第三，宁夏和内蒙古分别列第四和第五位；在

2000—2005年中，收入差距从大到小依次为：陕西、青海、新疆、宁夏和内蒙古；在2006—2012年间，收入差距从大到小变为：青海、陕西、宁夏、新疆、内蒙古，其中在2012年中，内蒙古成为收入差距最大的省份。

从动态来看，西部五省区的全体居民收入差距与全国全体居民收入差距步调基本一致，大致经历"缩小——扩大——缩小"的变化过程，而农村居民收入差距过大是导致西部五省区全体居民收入差距过大的主要原因，因此，应该把提高农村居民收入作为缩小西部收入差距的主要着力点。

第七节　主要结论

通过上述分析，我们可以得出以下结论：

第一，陕西、内蒙古、宁夏、青海城乡收入差距与全国平均趋势同步，大致经历了4个阶段：下降、明显上升、缓慢上升、明显下降。其中，陕西和青海收入差距最为严重，远远高于全国水平，宁夏与全国水平相当，内蒙古最小，略低于全国平均水平。新疆城乡收入差距波动较大，与全国步调不太一致，近10多年来城乡差距显著缩小。

第二，从城镇内部居民收入差距来看，西部五省区收入差距处于比较平均和相对合理阶段。除个别年份外，内蒙古、宁夏、新疆城镇内部收入差距低于全国。青海收入差距波动较大，由城镇内部收入差距最小的省份变成收入差距最大的省份。陕西省城镇收入差距大体经历了先扩大后缩小的"倒U变化"。

第三，从农村内部收入差距来看，青海、宁夏、新疆平均收入差距高于全国，陕西和内蒙古小于全国水平。从城乡基尼系数比较上看，除陕西省外，其他西部四区省农村收入差距普遍高于城镇，农村收入差距相当严重。

第四，从全体居民收入差距来看，西部五省区全体居民收入差距基本与全国一致，大致经历"缩小——扩大——缩小"的变化过程。其中，青海和陕西收入差距高于全国，宁夏与全国水平接近，内蒙古小于全国水平。全体居民收入差距也高于农村内部、城镇内部收入差距，城乡居民间的收入差距仍是全体收入差距扩大的主要因素。

第五章　青海省城乡居民收入来源构成贡献度及实证分析

第一节　青海城乡居民收入来源及构成

一、农村居民收入来源构成分析

在现行的统计指标中，农村居民收入的统计指标有农村住户纯收入（净收入）和农村住户总收入。农村住户总收入是指年内农村住户从各种渠道的全部实际收入。从农村常住居民家庭总收入中扣除从事生产和非生产经营费用支出、缴纳税款和上交承包集体任务金额以后剩余的，可直接用以进行生产性、非生产性建设投资、生活消费和积蓄的那一部分收入即为农村住户纯收入。

农民家庭纯收入既包括从事生产性和非生产性的经营收入，也包括取自在外人口寄回带回的和国家财政救济、各种补贴等非经营性收入；既包括货币收入也包括自产自用的实物收入，但不包括向银行、信用社和向亲友借款等借贷性收入。作为反映农民家庭实际收入水平的综合性的主要指标，从收入来源看包括工资（薪）收入、经营性收入、财产性收入和转移性收入 4 个部分。其中：

工资性收入是指农村住户成员受雇于单位或个人，出卖劳动而得到的收入，包括在乡村组织中劳动得到的收入、在企业劳动得到的收入、常住人口外出务工收入和在其他单位劳动得到的收入。

家庭经营性收入反映以家庭为生产单位的收入水平，既包括农民从事农业生产的收入也包括农民从事工业、建筑业、交通运输业等劳动所取得的收入。

财产性收入是指居民对外投资、财产租赁等获取的资本收益，包括利息、股息、租金、红利和耕地征用补偿等收入。

转移性收入是指从国家或其他个人那里无偿获取的收入，包括在外人口带回和寄回、农村外部亲友赠送保险补偿等的收入，其中来自国家的转移性收入的高低可以在一定程度上反映国家对农村居民的支持程度。一般情况下，是指农村住户在二次分配中的所有收入。

以表 5－1 所示的统计资料来看，青海省农村居民纯收入的四项来源构成中，家庭经营性收入占比最高，约为总收入的 60%。其次则为工资性收入，自 2000 年以来一直占总收入的 20% 以上，而经营性收入和工资性收入两项收入之和约占农村居民纯收入的 90%。转移性收入和财产性收入所占比例极小，二者之和约占农村居民纯收入的 10%。[①]

表 5－1 青海省农村居民纯收入来源构成动态变化（1985—2012 年）

项目	1985 年		1990 年		1995 年		2000 年		2005 年		2012	
	收入（元）	比重（%）	收入（元）	比重（%）	收入（元）	比重（%）	收入（元）	比重（%）	收入（元）	比重（%）	收入（元）	比重（%）
人均纯收入	342.9	100	559.8	100	1030	100.0	5364.4	100	2165	100	4609	100
工资性收入	49.9	14.6	73.0	13.0	96.7	9.4	1989.7	21.0	561.3	25.9	1775	38.5
家庭经营性收入	260.4	75.9	448.8	80.2	908.2	88.2	2221.9	75.1	1429	66.0	2089	45.3
农业收入	128.3	49.3	243.9	54.3	508.8	56.0	1125.1	35.6	605.7	28.0	1090.9	23.7
林业收入	1.8	0.7	2.0	0.4	4.0	0.4	－10.2	0.4	10.1	0.5	17.8	0.4
牧业收入	87.9	33.7	150.9	33.6	258.1	28.4	771	46.4	589.9	27.2	651.2	14.1
渔业收入	0.1	——	0.3	0.1	——			1.7	3.5	0.2	——	——
工业收入	3.3	1.3	6.1	1.4	6.7	0.7	39.3	1.2	8.1	0.4	34.2	0.7
建筑业收入	3.7	1.4	4.6	1.0	8.6	1.0	19.1	0.8	28.8	1.3	23.7	0.5
交通运输等	14.4	5.5	22.0	4.9	28.4	3.1	102.6	6.5	76.2	3.5	94.7	2.1
批发餐饮等	9.4	3.6	10.5	2.3	30.5	3.4	122.8	2.5	64.4	3.0	104.1	2.3
社会服务	4.9	1.9	5.8	1.3	7.5			0.3	17.7	0.8	5.1	0.1
文教卫生业	——	——	——	——	——	0.8	13	1.0	7.5	0.3	5.8	0.1
其他收入	6.7	2.6	2.7	0.6	55.7	0.0	7.8	3.7	16.9	0.8	61.3	1.3
转移和财产性收入	32.6	9.5	38.0	6.8	24.8	6.1	31.4	3.9	175.3	8.1	744.3	16.2

数据来源：据《青海省统计年鉴》相关年份数据整理得出。

从各项收入来源的构成来看，十多年来，青海省农村居民纯收入的两个组成部分中（基本收入和其他收入），基本收入（工资性收入与经营性收入）占纯收入的比重呈逐年下降的趋势，从 1985 年的 90.5% 下降到 2012 年的 78.5%，而财产性和转移性两项收入的比重却由 1985 年的 9.5% 上升到 2012 年的 21.5%；在

① 青海省统计局．青海统计年鉴 2013［Z］．北京：中国统计出版社，2013.

基本收入中，工资性收入的比重不断上升，由1985年的14.6%增加到2012年的37.1%，而长久以来作为农村居民纯收入主要来源的家庭经营性收入的比重则大幅度下降，1985年为75.9%至2012年却已下降为41.4%。

如果进一步将经营性收入按产业做大致划分，我们又可以发现农村居民从事第一产业的（农、林、渔、牧业）的收入在经营性总收入中的比重从1985年的83.7%持续下降至2012年的35.2%，从第二、三产业经营活动中得到的收入份额不断提高。工资性收入所占比例逐渐上升，由1985年的14.6%上升为2012年的37.1%。这一动态变化表明，随着我国市场经济体制改革的深入，青海省农村居民家庭收入来源构成日益多元，这一方面显示了青海省实施“暖棚”经济、进行战略性结构调整的效果；另一方面也说明非农产业的发展对于提高农村居民纯收入水平、缩小城乡居民收入差距的积极作用。

另外，财产性收入与转移性收入占纯收入的比重也有了较为明显的提高，这二者在农村居民纯收入中的比重从1985年的9.5%，大幅上升为2012年的21.5%，显示了这两种收入对农村居民收入增长的作用。但是从统计资料中可以看到，无论是绝对数值还是比重，与这两种收入有关的数值依然都比较小。这说明了青海省农村居民主要以经营生产、提供劳务等方式获取收入，而在获取财产收益、社会保障等方面的机会相对欠缺。

二、青海省城镇居民收入来源构成分析

城镇居民家庭全部收入指被调查城镇居民家庭全部的实际现金收入，包括经常或固定得到的收入和一次性收入，不包括周转性收入，如提取银行存款、向亲友借入款、回收借出款以及其他各种暂收款。与农村居民的收入来源划分类似，城镇居民的收入来源构成中也包括工资（薪）收入、经营性收入、财产性收入和转移性收入4个部分。

（一）青海省城镇居民收入来源构成历史分析

根据青海省统计年鉴中的数据，我们计算、整理了20世纪80年代以来一些代表性年份的城镇居民收入构成数据。如表5-2所示城镇居民的各项收入稳步提高，在人均总收入中工资性收入所占比重最高，约为70%以上。其次为转移性收入，尽管在1985年其所占比例略低于经营性收入，但在此后近30年里，该项收入占城镇居民人均总收入的比重均超过14%，远高于经营性收入。在四类收入来源中，财产性收入所占比例最低，仅为0.5%左右（见表5-3）。

表 5－2　青海省城镇居民不同收入来源绝对额（1985—2012 年）　　单位：元

	1985	1990	1995	2000	2005	2012
人均总收入	849.20	1335.88	3379.86	5196.60	8766.68	19746.60
工资性收入	768.00	1071.30	2862.25	3607.00	5613.80	12614.39
经营性收入	44.60	9.50	29.67	160.90	513.40	1191.42
财产性收入	5.60	3.20	10.03	29.30	62.10	92.98
转移性收入	31.00	251.90	477.80	1399.40	2577.40	5847.84

数据来源：据《青海省统计年鉴》相关年份数据整理得出①。

表 5－3　青海省城镇居民不同收入来源构成比重（1985—2012）　　比重：%

项目	1985	1990	1995	2000	2005	2012
人均总收入	100	100	100	100	100	100
工资性收入	90.44	80.19	84.68	69.41	64.04	63.88
经营性收入	5.25	0.71	0.88	3.10	5.85	6.03
财产性收入	0.66	0.24	0.30	0.56	0.71	0.47
转移性收入	3.65	18.86	14.14	26.93	29.40	29.61

数据来源：据《青海省统计年鉴》相关年份数据整理得出②。

（二）各分项收入的历史变动情况分析

1. 收入来源中工资性收入一直占据主导地位

尽管其所占比重由 1985 年的 90.44% 下降为 2012 年的 63.88%，但其仍旧占据着人均总收入的 60% 以上（见表 4－3）。可见工资性收入是城镇居民的重要收入来源，而工资性收入的高低在很大程度上取决于居民就业状况及其所从事职业的工资水平。

2. 转移性收入增长稳定

转移性收入在总收入中所占比重在 20 世纪 90 年代增长较为迅速，2000 年后增速逐渐平稳。1985 年这一比重为 3.65%，1990 年占 18.86%，1995 年为 14.14%，2000 年为 26.93%，2005 年增长为 29.40%，2012 年进一步稳步上升达到 29.61%（见表 5－3）。

3. 经营性收入比重有所增加

经营性收入所占比重在 1985 年为 5.25%，在 1990 年、1995 年有所下降，分别占 0.71% 和 0.88%，在 2000 年后则开始稳步上升，其中，2000 年占

① 青海省统计局．青海统计年鉴 2013［Z］．北京：中国统计出版社，2013.
② 同上。

3.10%，2005年为5.86%，到2012年这一比例上升为6.03%（见表5-3）。这一发展变化趋势也与城镇经济体制改革的进程相吻合。作为社会主义市场经济体制的重要组成部分，允许、鼓励个体经济和私营经济的发展，国营企业下岗职工纷纷自主创业、自谋生路，因此，城镇居民收入来源日趋多元化，经营性收入开始增加。

4. 财产性收入所占比重最小

1985年财产性收入占总收入的比重为0.66%，在20世纪90年代这一比重显著下降为1990年的0.24%和1995年的0.30%。尽管2000年和2005年这一比重开始增加，其中2005年甚至为0.71%，但到2012年该比重再次下降至0.47%（见表5-3）。由于财产性收入是指居民资产的增值收入，包括利息收入、股息与红利收入、保险收入、出租房屋收入和知识产权收入等，因此这一结构的变化与之前几年的股市低迷、利息降低、增收利息税等情况有一定的联系。

第二节　城乡居民收入差距变化的收入来源贡献度的度量

据历年青海统计年鉴中的统计数据，1985年后的城镇居民人居年收入可分解为工资（薪）收入、经营性收入、财产性收入和转移性收入四项指标。但由于统计条件限制，因此，将农村居民人均纯收入这一指标中的转移性收入和财产性收入归并为一项数值。因此，为了方便之后的分析和比较，我们在这里也将城镇居民人均年收入中的上述两项合并。贡献率表示各项收入对城乡居民收入差距基尼系数的贡献程度。

构建青海城乡居民收入差距变化的收入来源的目的：第一，分解出单个收入来源因素在“同期城乡差距”中所起到的贡献程度；第二，分解出单个收入来源因素在“跨时期城乡差距变化”中所起到的贡献程度。①

一、各项收入的贡献度理论

（一）单个收入来源因素对同期城乡差距的贡献程度

第i项收入来源因素在同期对城乡居民收入差距的贡献率可以表示为：

$$X_i = \frac{\Delta R_i}{\Delta R} = \frac{R_i^{urban} - R_i^{rural}}{R^{urban} - R^{rural}} (i = 1,2,3,)$$

其中，X_i 为第i中收入来源对同期城乡居民收入差距的贡献程度或贡献率，

① 杨涛．西藏城乡差距变化的收入来源构成及对策研究［J］．中国西藏，2010，（3）：21—26.

（Ri 为第 i 种收入来源在城乡之间的差额，（R 为人均总收入在城乡之间的差额，R_i^{urban} 和 R_i^{rural} 为第 i 种收入来源分别在城镇和农村的数额值，R^{ruban} 和 R^{rural} 为人均总收入在城乡之间的数额值。收入来源因素 i 共有 3 个，分别取工资性收入、经营性收入以及财产性收入与转移性收入之和。

（二）单个收入因素对跨时期城乡差距变化的贡献程度

单个收入因素对跨时期城乡差距变化的贡献程度的计算公式：

$$Y_i^{t,t-1} = \frac{\Delta R_i^t - \Delta R_i^{t-1}}{\Delta R^t - \Delta R^{t-1}} (i = 1,2,3)$$

其中，$Y_i^{t,t-1}$ 为为从 t－1 时期到 t 时期、第 i 种收入来源对城乡差额变化的贡献程度或贡献率，ΔR_i^t 和 ΔR_i^{t-1} 分别为 t 时期和 $t-1$ 时期第 i 种收入来源在城乡之间的差额，ΔR^t 和 ΔR^{t-1} 分别为 t 时期和 $t-l$ 时期城乡总收入差额。

据 1985—2012 青海省统计年鉴中的相关数据得表 5－4 和表 5－5 的计算结果：

表 5－4　单个收入来源因素对同期青海城乡居民收入差距的贡献（1985—2012 年）

指标		工资性收入	经营性收入	财产与转移性收入	总收入
1985	城乡差额（元）	718.10	－215.80	4.00	506.30
	贡献率（%）	141.83	－42.62	0.79	100.00
1990	城乡差额（元）	998.30	－493.30	217.10	776.10
	贡献率（%）	128.63	－63.56	27.97	100.00
1995	城乡差额（元）	2765.50	－878.60	463.00	2350.10
	贡献率（%）	117.68	－37.39	19.70	100.00
2000	城乡差额（元）	3294.70	－958.86	1370.20	3706.11
	贡献率（%）	88.90	－25.87	36.97	100.00
2005	城乡差额（元）	5052.53	－915.11	2464.20	6601.58
	贡献率（%）	76.54	－13.86	37.33	100.00
2011	城乡差额（元）	9628.57	－1034.20	4592.11	13186.48
	贡献率（%）	73.02	－7.84	34.82	100.00
2012	城乡差额（元）	10624.70	－1030.50	4788.00	14382.20
	贡献率（%）	73.87	－7.17	33.29	100.00

数据来源：据《青海省统计年鉴》相关年份数据整理得出①。

① 青海省统计局．青海统计年鉴 2013［Z］．北京：中国统计出版社，2013．

表 5-5 单个收入来源因素对跨时期青海城乡居民收入差距的贡献（1985—2012 年）

指标		工资性收入	经营性收入	财产和转移性收入	总收入
1985—1990	城乡差额（元）	280.20	-277.50	213.10	269.80
	贡献率（%）	103.85	-102.85	78.98	100.00
1990—1995	城乡差额（元）	1767.20	-385.30	245.90	1574.00
	贡献率（%）	112.27	-24.48	15.62	100.00
1995—2000	城乡差额（元）	529.20	-80.26	907.20	1356.01
	贡献率（%）	39.03	-5.92	66.90	100.00
2000—2005	城乡差额（元）	1757.83	43.75	1094.00	2895.47
	贡献率（%）	60.71	1.51	37.78	100.00
2005—2011	城乡差额（元）	4576.04	-119.09	2127.91	6584.90
	贡献率（%）	69.49	-1.81	32.31	100.00
2011—2012	城乡差额（元）	996.13	3.70	195.89	1195.72
	贡献率（%）	83.31	0.31	16.38	100.00

数据来源：据《青海省统计年鉴》相关年份数据整理得出①。

二、各项收入来源对青海省城乡居民收入差距的贡献

（一）工资性收入对缩小城乡居民收入差距的贡献

工资性收入一直是城镇居民收入的最主要来源，所占比重在 70% 以上。近几年来，工资性收入在农村居民收入中所占比重逐步上升，目前已占近 1/3 的比重，成为农民增收的重要途径。通过计算发现，工资性收入对青海省城乡居民收入差距的贡献最大，平均占据了各个收入来源贡献的 73% 以上。这是由于农村居民获得工资性收入的机会不像城镇居民那样普遍，这项收入在城乡居民收入构成中的比重也是存在着历史性的差别，这样的结果还是比较符合现实情况的。

（二）家庭经营性收入对缩小城乡居民收入差距的贡献

家庭经营性收入对缩小城乡居民收入差距的贡献，在城乡居民收入间的意义正好和工资性收入相反，它是农村居民最主要的收入来源，分析这项收入来源在城乡居民收入差距中的影响与对工资性收入的研究一样有意义。从表 5-3 和表 5-4可以看出，家庭经营收入对城乡居民收入差距的缩小作用是非常明显的，1990 年这项收入对城乡居民收入差距的缩小作用最强达 63.56%。这主要是因为

① 青海省统计局．青海统计年鉴 2013［Z］．北京：中国统计出版社，2013.

家庭经营性收入在农村居民收入中的地位比在城镇居民高，城镇居民的家庭经营性收入还没有成为收入的稳定来源，因此，家庭经营性收入对城乡之间收入差距发挥着较小的作用。

（三）转移和财产性收入对缩小城乡居民收入差距的贡献

青海地处西北欠发达地区，经济发展水平不高，因而财产性收入无论在城镇居民还是农村居民收入中所占比重都不高。转移性收入主要以政府转移支付为主，在居民收入构成中所占的比重也不是很大，但二者在城镇居民和农村居民收入中的地位却是大相径庭。由表5－1——表5－3可以看出，城镇居民转移和财产性收入无论是绝对值还是占总收入比重都要远高于农村居民。由于农村居民难以与城镇居民在就业、教育、住房等方面享受相同的待遇，户籍身份和所有制特征所造成的制度障碍是城乡居民收入差距日渐扩大的主要制度因素。为此，加大农村地区的转移性收入是缩小城乡居民收入差距的有效手段之一。从转移性和财产性收入对城乡居民收入差距的贡献可以看出，2000年以后，这两项收入的贡献率始终维持在30%以上，对城乡区域收入差距的拉大作用还是十分明显的。

三、基于贡献度研究结论

（一）各个收入对城乡居民收入差距的贡献度各不相同

在城乡居民的四项收入来源中，工资性收入对城乡居民收入差距的贡献率最高，其次是转移性和经营性收入，财产性收入对城乡居民收入差距的贡献率最小。

（二）各个收入因素对同期城乡居民收入差距影响不同

表5－3显示，工资（薪）收入在城镇居民收入来源中占有较大比例，经营性收入有助于减小城乡居民收入差距。因此，工资性收入和财产转移性收入始终是造成城乡差距的主要因素，而经营性收入则是缓解城乡收入差距的积极因素。例如1995年，城乡总收入差额为2350.10元，其中由工资性收入引发的城乡差距为2765.50元，占到同期城乡差距的117.68 %；由财产转移性收入差异引发的城乡差距为463.00元，占到同期城乡差距的19.70%；在经营性收入方面，农村居民经营收入超过了城镇居民878.60元，从而缓解了城乡差距。这证明了工资（薪）性收入倾向于扩大城乡居民收入差距，而经营性收入有利于缩小城乡居民收入差距。

（三）各个收入因素对城乡居民收入差距及其变化的影响不同

表5－4显示，1985—1990年间城乡总收入差距扩大了269.8元，其中工资

性收入差距扩大了 280.2 元，在城乡总收入差距扩大过程中的贡献率达 103.85%。农村经营性收入的增长，使得经营性收入在城乡之间的差额缩小了 277.5 元，从而起到了抑制城乡收入差距的作用，并在促进城乡总收入差距缩小过程中的贡献率达 102.85%。对应的，同期财产性转移性收入差距扩大了 1107 元，阻碍了城乡总收入差距的缩小。各个因素综合作用的最终结果表现为城乡总收入差距的扩大。

在青海省城乡总收入差距的因素中，与这一时期相类似，由于农村居民经营性收入一直快速增长，从而其在各个时期（除 2000 年、2005 年外）都促使了城乡总收入差距的缩小，工资性收入以及转移性和财产性收入对城乡居民收入差距的促进作用远大于经营性收入对收入差距的缩小作用。

第三节　不同来源收入对青海省城乡居民收入差距影响的实证研究与结果分析

一、青海省城乡居民收入差距影响因素指标体系建立及数据处理

（一）指标体系的构建

本文主要研究城乡之间不同来源的收入差异对城乡居民收入差距的影响，因此选取城镇居民与农村居民在工资性收入间的差额（X1）、经营性收入间的差额（X2）以及财产性与转移性收入之间的差额（X3）作为主要变量。为突出变量的相对变化对城乡居民收入差距的影响，本文对上述变量实施对数化处理。此外，为剔除收入来源之外的宏观因素的影响，模型还引入 CPI（X4）以及人均 GDP（X5）等宏观因素变量①。

（二）样本数据来源及处理

由图 5－1（c）可以看出，青海省城乡居民收入差距比自 2000 年起开始有逐渐下降的趋势，随着国家经济的发展，城乡居民的收入来源与之前相比已经有了较大幅度的改变，为了能够真实地反映现阶段不同来源的收入对青海省城乡居民收入差距的影响作用，本研究以 2000—2012 年《青海省统计年鉴》中的有关统计数据为原始数据，分析验证上述自变量与因变量城乡居民收入比之间的关系，有关计算分析在 SPSS19.0 上完成

① 夏斌、刘玲莉．我国城乡居民收入差距的影响因素的实证分析［J］．西北大学学报（哲学社会科学版），2008，（3）：96—100.

二、模型建立与验证

（一）模型建立

本文采用的模型关系如下：

$$Y_t = \beta_0 + \beta_1 \ln X_{1t} + \beta_2 \ln X_{2t} + \beta_3 \ln X_{3t} + \beta_4 \ln X_{4t} + \beta_5 X_5,$$
$$t = 2000, 2001, \cdots\cdots 2012。$$

其中，X_1 表示城乡居民的工资性收入差额；X_2 表示城乡居民的经营性收入差额；X_3 表示城乡居民的财产性与转移性收入差额；X_4 表示 CPI；X_5 表示人均 GDP；因变量 Y 表示城乡居民收入比。

（三）模型验证

从统计学角度来看，R 方、调整的 R 方越接近 1，表明模型的拟和效果越好；剩余标准差越小，说明建立的模型效果越好。在该模型中 R 方、调整的 R 方都十分接近于 1，说明该模型拟合效果非常好。F 检验的相伴随概率为 0.000，反映出：回归方程的高度线性；同时采用 5% 的统计显著性作为可以接受的标准。结果显示，X_2 和 X_4 的 t 统计量过低（t 检验的理论值为 2.365），没有通过 5% 的统计显著检验（见表 5－6）。但是考虑到本研究的目的，保留经营性收入这个变量作进一步的分析。

表 5－6　5 个变量的回归结果分析

模型汇总[b]

模型	R	R 方	调整 R 方	标准 估计的误差	Durbin－Watson
1	0.988[a]	0.975	0.958	0.03591	3.337

a. 预测变量：（常量），CPI，经营性收入，财产性与转移性收入，工资性收入，人均 GDP 元。
b. 因变量：收入差距比。

Anova[b]

模型		平方和	df	均方	F	Sig.
1	回归	0.357	5	0.071	55.382	0.000[a]
	残差	0.009	7	0.001		
	总计	0.366	12			

a. 预测变量：（常量），人均 GDP 元，经营性收入，财产性与转移性收入，工资性收入，CPI。
b. 因变量：收入差距比。

系数[a]

模型	非标准化系数		标准系数	t	Sig.
	B	标准误差	试用版		

续表

模型汇总[b]						
1	(常量)	-2.445	2.224		-1.099	0.308
	工资性收入	0.838	0.164	1.948	5.121	0.001
	经营性收入	-0.442	0.205	-0.195	-2.154	0.068
	财产性与转移性收入	0.229	0.094	0.505	2.448	0.044
	CPI	0.002	0.001	1.003	1.641	0.145
	人均 GDP 元	-7.056E-5	0.000	-3.767	-7.158	0.000

a. 因变量：收入差距比。

剔除 X4 变量后，继续进行参数估计，结果如表 5-7 所示。从回归结果看，变量 X_1、X_3、X_5 对 Y 影响较显著；调整的 R 方为 0.949，说明这三个变量很好地解释城乡居民收入差距 Y 的变化；F 检验的相伴随概率为 0.000，这说明变量间呈现出高度线性，回归方程高度显著；F 统计量为 56.588，D-W 值接近 2，说明回归模型的拟合效果很好，建立的回归模型有效。由此，得如下回归方程：

$$Y_t = -3.285 + 0.95\ln X_{1t} - 3.47\ln X_{2t} + 2.43\ln X_3 + (-5.731E-5)\ln X_5 + \varepsilon_t,$$

$$t = 2000, 2001, \cdots\cdots 2012$$

表 5-7 四个变量的回归结果输出

模型汇总[b]

模型	R	R 方	调整 R 方	标准 估计的误差	Durbin-Watson
1	0.983[a]	0.966	0.949	0.03953	2.550

a. 预测变量：(常量)，人均 GDP，经营性收入，财产性与转移性收入，工资性收入。
b. 因变量：收入差距比。

Anovab

模型		平方和	df	均方	F	Sig.
1	回归	0.354	4	0.088	56.588	0.000[a]
	残差	0.013	8	0.002		
	总计	0.366	12			

a. 预测变量：(常量)，人均 GDP，经营性收入，财产性与转移性收入，工资性收入。
b. 因变量：收入差距比。

系数[a]

模型	非标准化系数		标准系数	t	Sig.
	B	标准误差	试用版		

续表

模型汇总[b]						
1	（常量）	-3.284	2.382		-1.379	0.205
	工资性收入	0.950	0.164	2.208	5.800	0.000
	经营性收入	-0.347	0.216	-0.153	-1.602	0.148
	财产性与转移性收入	0.243	0.103	0.536	2.372	0.045
	人均 GDP	-5.731E-5	0.000	-3.060	-9.211	0.000

a. 因变量：收入差距比。

三、实证结论与政策建议

（一）实证结论

1. 工资性收入差距的增大不利于缩小城乡居民收入差距

这与之前的贡献率分析结果相一致。工资性收入差距系数（β_1）为 0.950，这意味着青海省城乡居民工资性收入差距每增加 1 元就会使城乡居民收入差距扩大 95 元，工资性收入方面存在的不平等会加剧城乡居民收入差距的扩大。

2. 经营性收入对于缩小城乡居民收入差距的作用比较显著

变量 X_2（经营性收入差额）的系数为 -0.153，这也符合之前的贡献率分析结论。表明青海省城乡居民经营性收入差距每增加 1 元，会使城乡居民收入差距缩小 15.3 元，这有助于提高农村居民人均纯收入，进而缩小城乡居民收入差距。

3. 财产性与转移性收入有扩大城乡居民收入差距的作用

财产性与转移性收入差额系数（β_3）为 0.243，这意味着该项收入是继工资性收入之后对青海省城乡居民收入差距影响较大的一项收入。

4. 经济发展水平的提高缩小了城乡居民收入差距

在模型中，人均 GDP 的回归系数为 -5.731E-5，系数为负值且数值很小。T 统计量通过检验，说明人均 GDP 对于城乡居民收入差距具有负向作用，即经济增长会缩小城乡居民的收入。

（二）政策建议

首先，从收入来源看，工资性收入对城乡居民收入差距的贡献最大，因此提高农牧居民的工资性收入是缩小城乡居民收入差距的主要着力点。在向市场农业转型的过程中，农村剩余劳动力与土地资源的稀缺性的矛盾越来越突出。要增加农民收入，必须加快农村剩余劳动力转移，通过进城务工增加工资性收入。长期以来的城乡二元结构导致城乡居民由于“身份”不同而出现的同工不同酬等歧视性待遇，因此，必须打破长期制约农村劳动力转移的城乡二元结构，通过户籍制度改革降低农村劳动力转移的制度门槛。同时，我们应该通过加强小城镇建设来发展县域经济和建立社会职业培训体系来提高人力资源水平，扩大农牧居民的就业途径。我们应立足青海，通过发展特色民族产业，比如藏毯、牛羊肉深加工、民族文化旅游等高原特色企业来带动农牧民就近就业，实现工资性收入快速稳定增长。

其次，应继续完善农村（牧区）基础设施等措施，发挥农牧民经营性收入缩小城乡居民收入差距的作用。经营性收入是农牧居民的主要生活来源，其中最重要的是农业收入和牧业收入。青海由于经济和地理等原因，基础设施明显落后于中东部地区，这很大程度上制约了农村经营性收入的提高。为此，必须坚持农村居民经营性收入在农牧民收入中的基础地位，通过加快农业基础设施建设，改善农牧业生产条件，同时，转变农牧业发展方式，加大农牧业育种和培养技术推广，鼓励通过合同订单、股份合作等方式，强化企业与农牧民之间稳定的利益联结机制，实现农牧民经营性收入的持续稳定增长是缩小青海城乡居民收入差距的重要途径。

再次，可以通过改变现有的农村土地制度，通过增加农村居民财产性收入来缩小城乡居民收入差距。城乡二元体制中的土地制度不仅抑制了农村剩余劳动力的转移，而且限制了农村承包土地的合理流转。西部大开发以来，随着青壮年进城务工，农村家庭承包的很大一部分土地出现闲置和荒废，使用效率相当低下。因此，必须对现有农村土地政策进行改革，允许农村土地通过转包、租赁、入股等方式实现对闲置土地的收益，增加农牧民的财产性收入。

最后，通过完善最低生活保障制度，通过加大社会保障的投入来增加农牧民的转移性收入。由于城乡二元体制，导致城乡居民在养老、医疗、住房、教育等方面存在巨大差异。城镇居民普遍享有养老保险、医疗保险、失业保险和住房公积金等现代社会保障制度，而绝大多数农牧民却难以享受。青海由于地处青藏高原，财政资金薄弱，应争取国家更多财政资金向青海民族地区倾斜。同时，加快完善社会保险、社会救助、“新五保”和新农村合作医疗等农村社会保障体系。通过支农补贴、生态补偿、林权改革等一系列措施增加农牧民转移性收入。

第六章　青海省城乡居民收入差距内在影响因素分析

居民收入差距是个老生常谈的话题，也是各级政府和学术界一直关注的热点问题。党的“十八大”再次提出缩小收入分配差距，提高人民生活水平，全面建设小康社会。根据“十八大”精神缩小居民收入差距，尤其是缩小城乡居民收入差距问题仍是中国各级政府今后工作的重中之重。青海作为西部地区经济比较落后的省份，总人口由1978年末的364.86万人发展到2013年末的577.8万人。截至2013年末，全省城镇人口达到280.3万人，全省城镇化率达到48.5%，城乡面貌发生巨大变化。在青海省城镇化率较高的地区为海西州和西宁市，其中海西州城镇人口为35.12万人，城镇化率为70.06%；西宁市城镇人口为153.74万人，城镇化率为67.80%。[①] 青海城乡人口之比由1978年的0.2284∶1，提高到2011年的0.8595∶1，按现行价格计算，城乡居民的收入差距由有记载的1984年的403.58元增加到2011年的10994.84元。城乡居民收入差距发生变化的原因有其内在的因素和外在的因素，内在的因素是收入来源，而外在的因素如劳动生产率的差异、农民的非农收入、经济的发展水平、教育发展水平等等。由于内在因素对城乡居民收入差距的影响具有不可忽视的重要意义，因此，本章将采用可比价对青海省城乡居民收入差距的内在影响因素进行分析判断，并针对性地提出解决问题的措施。这一章的分析与第二章采用的现价分析结论不一致，我们认为采用剔除物价上涨等因素影响后的可比价进行分析，结论更科学合理。但在研究中发现：采用可比价研究的城乡收入差距演化轨迹出现了自2007年农牧区居民的人均纯收入超过了城镇居民人均可支配收入，且城乡居民人均收入差距有持续拉大的趋势，这一结果与调研实际结果不符，可能的解释是统计年鉴中农牧区居民收入被高估了，这一结论与国内诸多学者认为农村居民收入被高估的结论一致。

---

① 青海新闻网．截至2013年末青海省常住人口达577.8万人［EB/OL］．http：//www.qh.xinhuanet.com/2014-01/22/c_119073218.htm.

第一节 青海省城乡居民收入差距发展轨迹及趋势分析

一、数据选取及测度方法

（一）数据选取

本章选取1990—2011年青海省不变价城镇居民人均可支配收入和农村居民人均纯收入数据，对青海省城乡居民收入差距的变动轨迹和变动趋势进行了分析，得出青海省城乡居民收入差距在逐年缩小，并在2008年以后出现了农村居民人均纯收入大于城镇居民人均可支配收入的变化，并且有逐年增大的趋势；通过回归分析得出，影响城乡居民收入差距变化的主要内在影响因素是财产性收入差距的变化。鉴于此，我们对青海省城乡居民进一步增收提出了一些可行性建议。

（二）城乡居民收入差距的测度方法

城乡居民收入差距测度有很多种方法，各级统计部门和理论界常用的主要方法有城乡居民收入之比、城乡居民收入之差、极差（系数）、基尼系数、泰尔指数和变异系数等。为了方便计算，本文用城乡居民收入之差来反映青海省城乡居民收入差距，计算公式为：

城乡居民收入差距 = 镇居民人均可支配收入 - 农村居民人均纯收入

（三）青海省城乡居民收入差距发展变化轨迹及趋势分析

由于资料所限，本文选取了1990—2011年青海省城镇居民人均可支配收入和农村居民人均纯收入，并按1990年可比价对原始资料进行整理和计算，其结果见图6－1和表6－1。

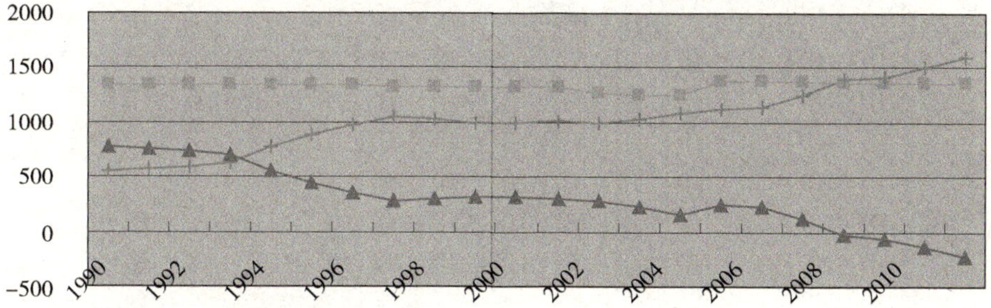

图6－1　1990—2011年青海省城乡居民收入差距

表6－1　1990—2011年青海省城乡居民收入　　单位：元

时间	城镇居民人均可支配收入	农村居民人均纯收入	城乡居民人均收入差距	时间	城镇居民人均可支配收入	农村居民人均纯收入	城乡居民人均收入差距
1990	1335.90	559.78	776.12	2001	1329.37	1020.47	308.89
1991	1335.95	574.36	761.60	2002	1272.32	996.22	276.10
1992	1334.64	590.33	744.31	2003	1259.48	1027.97	231.51
1993	1334.61	634.09	700.52	2004	1256.33	1092.14	164.18
1994	1336.06	768.67	567.39	2005	1372.06	1118.11	253.95
1995	1336.19	890.04	446.14	2006	1372.03	1137.17	234.87
1996	1336.18	975.49	360.68	2007	1371.96	1242.99	128.97
1997	1330.85	1051.26	279.59	2008	1365.38	1395.89	－30.51
1998	1330.61	1034.78	295.83	2009	1365.37	1419.63	－54.26
1999	1329.36	1002.34	327.02	2010	1365.42	1501.94	－136.52
2000	1329.28	1001.16	328.12	2011	1365.40	1598.09	－232.69

资料来源：经《青海统计年鉴（2012）》整理而来。

图6－1结合表6－1表明，在剔除物价上涨的因素后，青海省城乡居民收入差距的发展轨迹与第二章用现价统计的有着较大差异，本研究认为用可比价进行的测算演化轨迹更科学更合理，这一演化大致经历了以下五个阶段：

第一阶段（1990—1993年），缓慢下降阶段。

这一时期城镇居民人均可支配收入由1990年的1335.90元减少到1993年的1334.61元，虽然变化甚微，但总的趋势处于下降趋势。而农牧区居民人均纯收入由1990年的559.78元增加到1993年的634.09元，年均增长4.24%，表现为缓慢增长的态势，一增一减的叠加，导致青海省城乡居民收入差距由初始1990年的776.12元缩小到1993年的700.52元，年均缩小速度为3.36%，致使青海省城乡居民收入差距表现为下降的趋势。

第二阶段（1993—1997年），急剧下滑阶段。

这一阶段青海省城乡居民人均收入差距由1993年的700.52元经过4年，下降到1997年的279.59元，年均下降20.52%，处于急剧下滑趋势。发生这一变化主要是由于：该时期城镇居民人均可支配收入由1993年的1334.61元下降到1997年的1330.85元，年均下降0.07%。而农牧区居民人均纯收入由1993年的634.09元增加到1997年的1051.26元，年均增长13.47%。这一增一减剧烈变化，导致青海省城乡居民收入差距出现急剧下降的趋势。

第三阶段（1997—2004年），不甚明显的倒U型变化阶段。

这一阶段青海省城乡居民人均收入差距由1997年的279.59元先增加到2000年的328.12元，然后又快速下降到2004年的164.18元，经历了先升后降的变化，总体趋势处于下降变化，年均下降速度为7.32%。发生这一变化的原因是：青海省城镇居民人均可支配收入从1997年的1330.85元下降到2004年的1256.33元，年均下降0.82%。农牧区居民人均纯收入由1997年的1051.26元下降到996.22元（除2001年略有增长外），随后又增加到2004年的1092.14元，大致经历了先降后增的变化，年均增速0.55%，两者共同作用，致使青海省城乡居民人均收入差距呈现出这一不太明显的倒U现象。

第四阶段（2004—2007年），明显的倒U型变化阶段。

这一阶段青海省城乡居民人均收入差距由2004年的164.18元快速增加到2005年的253.95元，增速为54.67%，然后又迅速下降到2007年的128.97元，年均下降40.32%，经历了先飞速上升后急速下滑的变化，整体处于下降变化，年均下降速度为7.73%。发生此变化的原因是：这一时期青海省城镇居民人均可支配收入先由2004年的1256.33元增加到2005年的1372.06元，后又下降到2007年的1371.96元，是一个先增后减的变化过程，虽然变化幅度不大，但总体发展呈上升趋势，年均增长2.98%。而农牧区居民人均纯收入由2004年的1092.14元增加到2007年的1242.99元，呈持续增长的趋势，年均增速4.41%，两者共同作用结果是青海省城乡居民人均收入差距在短期内呈现倒U型变化。

第五阶段（2007—2011年），性质不同的下降阶段。

这一阶段青海省城乡居民人均收入差距由2007年的128.97元下降到2011年的-232.69元，以29.41%的速度进行下滑。同时从2008年开始以后各年城乡居民收入差距出现了负值，出现这种情况是由于：2007年以后的4年中，青海省城镇居民人均可支配收入在1365.37—1365.42元这个极小的范围内变化，近似为零的增长。而同时期，青海省农牧区居民的人均纯收入却在逐年增加，增长速度年平均为6.48%。从而导致城乡居民人均收入的进一步拉大，这次拉大和以前任何时期都有所不同的是，2007年以后的各年青海省农牧区居民的人均纯收入超过了城镇居民人均可支配收入，且城乡居民人均收入差距有持续拉大的趋势。

这一结果与第二章采用现价统计分析结果不符，造成这一现象可能的原因：一是统计年鉴中农牧区居民收入被高估了，这一结论与国内诸多学者认为农村居民收入被高估的结论一致；二是近年来“退耕还林”、“退牧还草”政策实施后，国家加大了补贴力度，农牧民短期内收入大幅增加导致的短期现象，但是这种没有后续产业发展支持的转移支付不可能长久，从长期来看，城乡居民收入差距还会继续扩大，这一结论与前面第二章和第三章分析结论一致；三是受2008年金融危机的影响，青海省经济受到冲击较大，企业经营困难，职工工资增长缓慢，而这一时期国家加大了对青海生态补偿，农业税的减免，大量建设项目的兴起农牧民外出打工增多，导致农村居民收入增长幅度超过城镇职工。

二、青海省城乡居民收入差距变化的原因分析

从实际收入来看，青海省城乡居民收入差距出现下降趋势，以及最近4年来农村居民人均收入超过城镇居民人均收入的原因，主要表现在以下几个方面：

（一）青海省城镇居民人均可支配收入发生如此变化的原因

上世纪90年代至2005年，在职职工和离退休职工连续多年工资增长偏慢，国有经济单位改制，就业率低，企业效益差，下岗职工多，职工奖金和非工资性收入减少，加之有些企业拖欠职工工资，以及居民从集体单位所得收入、再就业收入和财产收入减少，从而引起城镇居民人均收入缓慢下降。2005年以后，一是政策性调整使城镇居民工资性收入较快增长；二是经营性净收入大幅增长，对居民可支配收入的拉动力增强；三是由于社会保障制度的不断完善，离退休人员能够按月足额领取离退休金，同时，政府部门多次提高了在职人员和离退休人员的取暖费补贴，使转移性收入增长。多方面的举措的结果使城镇居民人均纯收入得到了一定增长。但是一直以来，城镇失业人员的存在是不容忽视的事实，例如2011年末青海省实有失业人数4.32万人，失业率3.80%，这部分下岗失业员收入没有保证，影响着城镇居民人均收入的提高。

物价水平居高不下，从另一个侧面反映了青海省城镇居民收入的下滑。由于青海地处西部腹地，自然环境恶劣，第一、二产业发展规模较小，经济发展相对比较落后，本地生产的产品很难自给自足，自给率低，对外依存度高，70%以上的生产和生活用品都需要来源于省外，加之近年来燃料价格的多次提高等，致使青海省的物价水平高于中国其他地区的物价水平，尤其是春季和冬季更为突出，即便是夏秋两季也在所难免。比如2012年9月青海省的物价水平居全国首位，居民消费价格排全国首位，达到104.4%。

（二）青海省农牧区居民人均纯收入增长速度高于城镇居民人均可支配收入增长速度

1994年以前，国家政策调整以及通货膨胀的影响，使得青海省农牧区经济发展在这一时期发展缓慢，继而农牧民收入增长放缓。从1994年开始至1997

年，青海省农业增产，农产品价格上涨，产业结构调整加快了非农产业的发展等一系列因素使得农牧区居民收入快速增加。1997—2004 年，主要是由于：一是青海农村牧区基础设施建设滞后，农牧业生产条件差，农牧民收入基数小、水平低，增收的基础不稳固。二是农牧民收入结构中，农业收入比重过大，家庭经营二、三产业收入比重偏低。三是结构性失衡决定了农牧民收入丰年增收、灾年减收的客观现实。生产资料价格上涨直接增大农牧民生产成本，抵消了收入，降低了生产效益，一定程度上削弱了农牧民增收效果。“十五”末到“十二五”初（2005—2011 年），一是各级政府出台了规范农牧民征地补贴，实施粮食直补、游牧民定居工程补贴、农资综合补贴、退耕还林还草、农牧区低保、社会救助、最低工资补贴、高龄老人生活补贴等一系列惠农政策。二是杂交油菜、脱毒马铃薯、牛羊肉、蔬菜等特色农牧业发展的推动。三是农牧民外出务工人员明显增多，农民工工资基本能按时兑现等原因所致工资性收入持续增加。四是非农产业的快速发展。

（三）抽样误差可能导致数据高估

众所周知，不论是城镇居民的生活数据还是农牧区居民的生活数据，都是通过抽样调查取得资料，虽然抽样调查在各种调查中的误差可以控制，但也不是万能的，当抽样方式选择不合适或取样不恰当时，其结果会大打折扣，会存在较大的误差。

第二节　青海省城乡居民收入差距内部影响实证分析

一、变量的选择、数据来源及模型建立

（一）变量选择及数据来源

本文城乡居民收入差距作为因变量（Y），以城乡居民人均工资收入差距（X_1）、人均经营净收入差距（X_2）、人均财产性收入差距（X_3）和人均转移性收入差距（X_4）作为自变量。选取 1990—2011 年青海省数据作为样本单位，数据来源于《青海统计年鉴（1991—2012）》或整理计算而来，所有数据均以 1990 年不变价进行调整。

（二）回归模型的建立

为了检验收入来源结构对青海省城乡居民收入差距的影响，我们建立如下回归模型。

$$Y = \beta_0 + \beta_1 X_1 + \beta_2 X_2 + \beta_3 X_3 + \beta_4 X_4 + \varepsilon_i \quad (1)$$

其中，回归模型（1）中 ε_i 为随机扰动项。

运用 EVIEWS4.1 软件对模型进行 OLS 参数估计，结果如下：

$$Y = -46.1556 + 1.1796X_1 + 1.2249X_2 + 4.8960X_3 + 1.1987X_4 \quad (2)$$

（11.1600）（7.7819）（2.6813）（5.6486）

$R^2 = 0.9692$　$\bar{R}^2 = 0.9620$　$F = 133.7854$　S. E. = 54.2049

（三）模型的检验

1. 模型的统计学检验

从 OLS 的结果可以看出，模型（2）的拟合优度为 0.9692，F 统计量的值为 133.7854，而 Prob（F - statistic）= 0.0000，表明拒绝原假设，接受备择假设，即表明回归模型对总平方和的解释能力达到 96.92%，回归模型线性关系是显著的。

2. 模型的计量经济学检验

从 OLS 的结果可以看出，可决系数为 0.997371，F 值 1214.078 显著大于给定显著性水平下的临界值，同时各个变量对应的偏回归系数的 t 值也是显著的，因此可以认为变量之间不存在多重共线性。

序列的异方差检验有 White 检验、Goldfeld - Quandt 检验、Glejser 检验、自回归条件异方差（ARCH）检验四种检验方法，本文用 White 检验法进行序列的异方差检验。结果见表 6 - 2。由于 White 统计量的相伴概率 0.303639 > 0.01，因此在 1% 的显著性水平下，模型不存在异方差。

表 6 - 2　模型残差自相关的 White 检验结果

F 统计量	1.229828	相伴概率	0.355275
White 统计量	9.477355	相伴概率	0.303639

而序列的相关性检验也有四种方法，分别为图示法、D. W（Durbin - Watson）检验法、LM 检验（亦称 BG 检验）法、Q 统计量检验法（见表 6 - 3）。本文用 LM 检验法进行序列的相关性检验，检验结果见表 3。因为 LM 统计量的相伴概率 0.256367 > 0.01，所以在 1% 的显著性水平下，表明青海省城乡居民收入差距与城乡居民人均工资收入差距、人均经营净收入差距、人均财产性收入差距和人均转移性收入差距回归模型的随机误差项不存在自相关性。

表 6 - 3　模型残差自相关的 LM 检验结果

F 统计量	1.059109	相伴概率	0.371317
LM 统计量	2.722294	相伴概率	0.256367

二、实证结论与相关建议

（一）实证结论

通过对青海省城乡居民收入差距发展变化轨迹和趋势分析以及城乡居民收入差距内部影响实证分析，得出以下结论：

1. 青海省城乡居民收入差距发展变化轨迹和趋势显示，青海省城乡居民收入差距处于下降的发展变化趋势，在这一变化过程中有个实质性的转折，2008年以前城镇居民人均收入大于农牧区居民人均收入，2008 年以后农牧区居民人均收入大于城镇居民人均收入，且有逐年增大的趋势。

2. 从回归模型（2）可以看出，青海省城乡居民收入差距与城乡居民人均工资收入差距、人均经营净收入差距、人均财产性收入差距和人均转移性收入差距成正向变化，这与经济理论当中的变化规律相一致。

3. 回归模型（2）表明，在其他条件既定的情况下，城乡居民人均工资收入差距、人均经营净收入差距、人均财产性收入差距和人均转移性收入差距分别每增加 1 元，城乡居民收入差距将会分别增加 1.18 元、1.22 元、4.90 元和 1.20 元。

4. 回归模型（2）反映了在所有影响青海城乡居民人均收入差距变化的因素中，人均财产性收入差距排第一位，接下来依次是人均经营净收入差距、人均转移性收入差距、人均工资收入差距。

（二）政策建议

针对青海省城乡居民收入的实际变化情况，我们认为不论是城镇居民还是农牧区居民的收入都有待于进一步的提高。

1. 进一步提高青海省城镇居民收入的建议

（1）实施城镇居民收入倍增计划，切实提高在岗职工的工资待遇水平。一是进一步提高青海省企业职工的工资标准，从而增加企业职工的收入水平。二是进一步完善公务员工资和事业单位收入分配制度，推进公共卫生与基层医疗卫生事业单位绩效工资的实施工作，继而提高公务员和事业单位职工工资水平。三是提高城镇在职职工的部分福利费用，以达到增加城镇居民的收入，比如独生子女费用，物价翻了几番，但相应的独生子女费没有变化。

（2）进一步加大对有困难企业的扶持力度，减少下岗人员数量，进而提高城镇居民收入。大部分困难企业主要面临的是融资难的问题，各级部门可以通过低息贷款、减免税收等措施帮助企业渡过难关，以确保企业员工保留岗位。

（3）继续加强就业扶持，增加已经毕业大学生和青海城镇下岗失业人员的收入水平。一是在上岗前相关部门要对已经毕业大学生和下岗失业人员进行就业指导，使他们更新就业观念，转变就业思想，端正就业态度，根据个人的能力不同选择合适的就业岗位，切勿挑三拣四，挑肥拣瘦。二是对文化层次相对较高的有能力自主创业的人员，政府加大创业基金及财政补贴低息甚至无息贷款鼓励其创业。三是对文化层次相对较低的人员，进行合适的就业培训，增强就业技能，以实现下一步的就业。

（4）继续完善社会保障力度，进一步提高城镇生活困难户的家庭收入和离退休人员的工资待遇水平。对于无劳动能力又无生活保证的城镇居民户，政府部门应继续加大其社会保障力度，同时端正基层工作人员尤其是街道居委会人员的工作作风，把已经就业而依然享受最低生活保障的人员除名，让真正符合享受最低生活保障条件的人员享受低保。离退休人员在青海省城镇居民中占相当比重，提高他们的待遇，就相应程度提高了城镇居民的收入。

（5）进一步健全会计制度，提高基层单位会计人员的思想素质和业务素质。青海基层单位会计人员的素质参差不齐，有些单位会计人员在实行新的税法制度以后，为了极少数的利益，仍然按老的税法制度给员工核算纳税，这样增加了员工纳税额度，减少了员工的实际收入。

2. 进一步提高青海省农牧区居民收入的建议

（1）建立促进农牧民增收的长效机制，健全农产品价格保护制度、完善诸如金融、法律、科技等服务体系措施，进一步提高农牧民家庭经营收入。一是以提高农牧民收入为目标，以高原特色现代农业示范园为引领，突出发展设施农业、特色农业、生态农业，做大做强畜牧养殖业和水产养殖业，努力提高农业生产整体效益。二是加大拓展农业功能的力度，创新农业经营模式，大力发展集生产、生态、文化、休闲、观光于一体的新型农业，实现经济效益、生态效益和社会效益的有机统一。三是继续推动完善农产品价格形成机制。积极协调和配合相关部门，健全完善最低收购价、临时收储等价格支持政策，完善生产、流通、加工环节的利益分配机制，加强农业产业损害监测预警体系建设，推动减免流通费用，让农牧民从价格上涨、产品增值中得到更多实惠。四是加大各级部门执法、监督力度，提高金融、科技、卫生等服务体系的服务功能。

（2）继续扩大农民工就业创业空间，从而提高农牧民工资性收入。一是鼓励农牧民进城创业。同时要求工商登记、税费减免、小额信贷、市场准入方面的创业扶持政策，其中对进城创办小型企业和从事个体经营的转移农牧民给予一定年限内的免缴登记类、证照类行政事业收费和减免企业所得税等特殊优惠。二是大力发展农村二、三产业，促进乡镇企业结构调整和产业优化升级，积极发展休闲农业、乡村旅游和农村服务业等劳动密集型产业，推进农民创业基地建设，促进农民就近就地就业。。三是对于没有就近就地创业或就业的农牧区剩余劳动力，通过当地政府牵头，有计划、有组织地对其进行免费培训，并向外地转移。同时，农牧区留守的老弱人员的生产、生活方面存在的困难问题，当地政府应协调各部门给予及时地很好地解决。

（3）继续加大各种惠农惠牧补贴和完善社会保障体系，进一步提高农牧民转移性收入和财产性收入。一是通过粮食直补、良种补贴、化肥和地膜补贴、农机购置补贴、生态补偿、土地流转、林权改革、征地补偿、宅基地置换等途径，拓宽农牧民增收渠道。二是不断扩大和提高农牧区养老标准、最低生活保障和农村新型医疗保障水平，同时加大对农村困难群众危房改造工程以及广大牧区游牧民定居工程等的投资力度，改善他们的生活条件，引导他们从传统的农牧业转到现代化农牧业或第二、三产业中就业。

第七章　青海省城乡居民收入差距预测及趋势分析

第一节　青海省城乡居民收入差距预测模型及数据来源

一、预测模型的介绍

（一）AR（P）模型

如果一个线性过程可表达为

$$y_t = \varphi_1 y_{t-1} + \varphi_2 y_{t-2} + \cdots + \varphi_p y_{t-p} + u_t \tag{1}$$

其中 φ_i（$i=1, 2, \cdots, p$）是自回归参数，u_t 是白噪声过程，则称 y_t 为 p 阶自回归过程，用 AR（P）表示。y_t 是由它的 p 个滞后变量的加权和以及 u_t 相加而成。

（二）Holt 双参数线性指数平滑法

Holt 双参数线性指数平滑法是可以有用不同的参数至原时间序列的趋势进行平滑，这种预测方法要用到两个参数 α、γ（从 0 到 1 取值）和三个方程式：

$$s_t = \alpha x_t + (1-\alpha)(s_{t-1} + b_{t-1}) \tag{2}$$

$$b_t = \gamma(s_t - s_{t-1}) + (1-\gamma)b_{t-1} \tag{3}$$

$$y_{t+m} = s_t + b_t m \tag{4}$$

式（2）是利用前一期的趋势值 b_{t-1} 直接修正 s_t，即将 b_{t-1} 加在前一平滑值 s_{t-1} 上，用来消除滞后，且使 s_t 值近似达到最新数值 x_t。式（3）用来修正趋势值 b_t，趋势值用相邻两次平滑值之差来表示。用（4）进行预测，预测值为基础值加上趋势值乘以预测值超前期数。

（三）曲线估计

本研究中根据因变量数据不同、模型检验的可靠性以及模型的复杂程度等因素，我们主要选择了二次曲线和三次曲线两种预测模型作为预测模型。

二次曲线模型的表达式为：

$$y = \beta_0 + \beta_1 t + \beta_2 t^2 + \varepsilon \tag{5}$$

三次曲线模型的表达式为：

$$y = \beta_0 + \beta_1 t + \beta_2 t^2 + \beta_3 t^3 + \varepsilon \tag{6}$$

其中，y 为因变量，自变量 t 为时间序列号，β_i（$i=0, 1, 2, 3$），ε 为随机扰动项。

（四）预测精度

通常测定预测精度的方法有平均误差、平均绝对误差、平均相对误差、预测误差的方差和标准差。考虑到预测结果的精确度和可靠性以及计算的方便，我们选择平均相对误差来衡量预测的精确度。计算公式为：

$$MAPE = \frac{1}{n}\sum_{i=1}^{n}\left|\frac{y_i - \hat{y}_i}{y_i}\right| \tag{7}$$

二、变量的选择和数据来源

（一）变量的选择

本研究对城乡居民人均收入主要是以现行价格和不变价格两种价格形式分别进行预测，所以选择变量为城镇居民人均可支配收入和农村居民人均纯收入。预测完后，用预测后的城镇居民人均可支配收入减去预测后的农村居民人均纯收入即为预测后的城乡居民收入差距。

（二）数据来源

现行价格 1984—2012 年的城镇居民人均可支配收入和农村居民人均纯收入数据来源于《青海统计年鉴 2013》，不变价格 1984—2012 年的城镇居民人均可支配收入和农村居民人均纯收入数据是以 1984 年为基期，对上述数据进行整理而来。

第二节　青海省城乡居民收入差距模型预测和趋势分析

借助 Excel、Eviews4.1 或 SPSS19.0 软件，对 1984—2012 年的数据建立预测模型。

一、现行价格城乡居民收入差距预测

1. 现行价格的城镇居民人均可支配收入（Y_1）预测

（1）AR（p）模型的建立

对现行价格的城镇居民人均支配收入进行相关图和 Q 统计量，如图 7－1

所示。

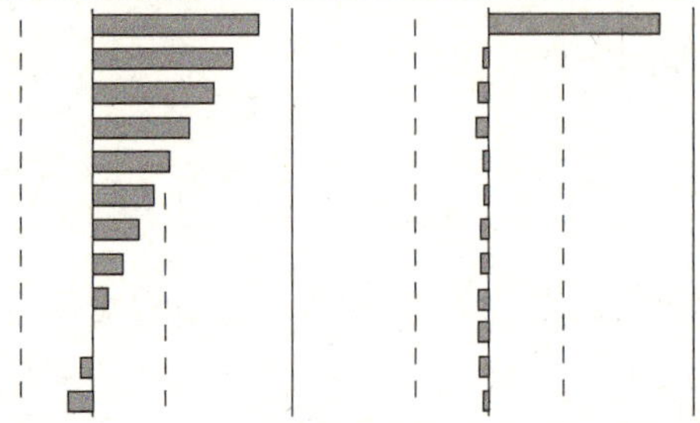

	AC	PAC	Q-Stat	Prob
1	0.861	0.861	23.057	0.000
2	0.736	-0.018	40.578	0.000
3	0.617	-0.050	53.365	0.000
4	0.500	-0.060	62.129	0.000
5	0.397	-0.027	67.873	0.000
6	0.306	-0.019	71.448	0.000
7	0.223	-0.037	73.432	0.000
8	0.144	-0.047	74.308	0.000
9	0.070	-0.051	74.528	0.000
10	0.001	-0.051	74.528	0.000
11	-0.065	-0.054	74.734	0.000
12	-0.119	-0.028	75.474	0.000

图 7-1　现行价格的城镇居民人均支配收入相关图和 Q 统计量

由图 7-1 可以看出，从 1 阶至 12 阶的 Q 统计量相应的概率值均小于 0.01，现行价格城镇居民人均支配收入序列 5 阶以后的自相关函数（AC）趋于 0，偏自相关函数在 1 阶后 PAC 趋于 0，因此可以建立 AR（1）模型，模型拟合结果为：

$$y_t = -369.3354 + 1.104788 y_{t-1} \qquad (8)$$

(−0.619946)（115.3744）

$R^2 = 0.998125$，$F = 13311.26$，Prob（F − statistic）$= 0.000000$，D. W = 1.225973，S. E. = 190.7639

模型（8）中除了常数项以外 AR（1）参数估计值的 t 统计量很显著，而且 F − statistic = 13311.26，其相应的概率值 P 非常小，从而表明所估计的 AR（1）模型整体上是非常显著的。因此将 AR 模型中的常数项去掉，重新建立模型结果（9）式。

$$y_t = 1.109686 y_{t-1} \qquad (9)$$

(190.2717)

$R^2 = 0.998094$，D. W = 1.207787，S. E. = 188.6302

模型（9）所示的估计结果显示，去掉常数项后的 AR（1）模型的参数估计值是显著的，模型的拟合优度 R − squared = 0.998094，非常接近于 1，表明模型拟合效果很好，在 $\alpha = 0.01$ 的显著性水平下，查 D − W 临界值检验表知，$d_L = 1.10$，$d_U = 1.24$，由于 $4 - d_U = 2.76$ 大于 D. W = 1.207787，认为 AR 模型的估计结果的残差不存在自相关，AR（1）模型是平稳的，即该模型是可用的。

（2）建立 Holt 双参数线性指数平滑法模型

对指数平滑法中的各种平滑方法对青海现行价格的城镇居民人均支配收入进行预测，结果发现 Holt 双参数线性指数平滑法预测误差最小，建模结果如表 7

-1。

由表 7-1 中拟合优度 $R^2=0.998$ 可以看出，Holt 双参数线性指数平滑法建立青海现行价格的城镇居民人均可支配收入模型非常符合实际情况，并且所有数据中没有离群值（孤立点）。

表 7-1　模型统计量

模型	预测变量数	模型拟合统计量								Ljung-Box Q (18)			离群值数
		平稳的R方	R方	RMSE	MAPE	MAE	MaxAPE	MaxAE	正态化的 BIC	统计量	DF	Sig.	
现价城镇居民人均可支配收入	0	-.107	.998	214.264	3.458	156.248	13.276	585.408	10.967	18.641	16	.288	0

（3）二次曲线模型

运用已知数据，我们建立多种曲线模型进行比较发现，二次曲线模型效果最佳，其模拟结果见为：

$$y = 884.928 - 43.231t + 17.697t^2 \quad (10)$$

$R^2=0.991$，$F=1281.565$，$Sig.\ F=0.000$

由模型（10）可以看出，二次曲线模型的拟合度 $R^2=0.991$，$F=1281.565$，$Sig.\ F=0.000$，表明用该模型进行预测效果很好。

（4）三种模型对青海省现价城镇居民人均可支配收入预测结果

表 7-2　三种模型对青海省现价城镇居民人均可支配收入预测结果 单位：元，%

时间	Y_1	AR（1）模型		Holt 模型		二次曲线模型	
		预测值	MAPE	预测值	MAPE	预测值	MAPE
2009	12691.85	9892.37	22.06	13020.67	2.59	12038.46	5.15
2010	13854.99	11007.53	20.55	14393.12	3.88	13411.18	3.20
2011	15603.31	12248.40	21.50	15765.57	1.04	14940.42	4.25
2012	17566.28	13629.15	22.41	17138.03	2.44	16644.05	5.25

表 7-2 表明，三种模型预测结果，Holt 模型预测的 MAPE 平均结果最小，因此我们选择 Holt 模型对现价青海城镇居民人均可支配收入进行预测，其结果如表 7-3。

表 7－3　Holt 模型预测现价青海城镇居民人均可支配收入　　单位：元

时间	2013	2014	2015	2016	2017	2018	2019	2020
$\hat{Y}_1$	19529.29	21492.39	23455.48	25418.58	27381.67	29344.77	31307.86	33270.95

2. 现行价格农村居民人均纯收入（Y_2）预测

（1）AR（p）模型的建立

对现行青海现行价格的农村居民人均纯收入进行相关图和 Q 统计量，如图 7－2所示。

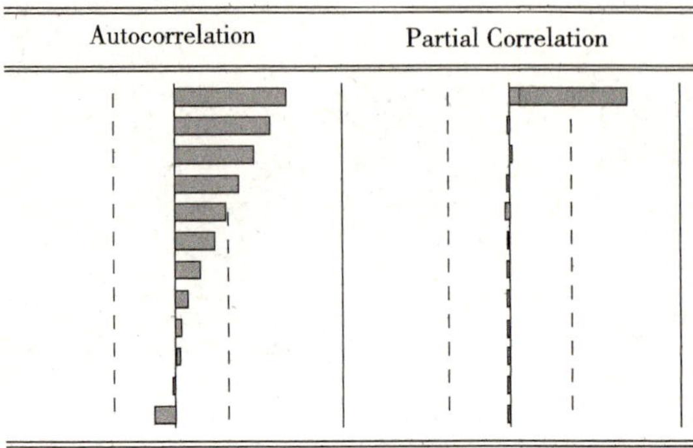

	AC	PAC	Q-Stat	Prob
1	0.823	0.823	21.729	0.000
2	0.671	−0.018	36.721	0.000
3	0.551	0.012	47.222	0.000
4	0.450	−0.008	54.507	0.000
5	0.355	−0.040	59.217	0.000
6	0.272	−0.021	62.102	0.000
7	0.204	−0.010	63.801	0.000
8	0.140	−0.037	64.635	0.000
9	0.079	−0.038	64.914	0.000
10	0.025	−0.030	64.944	0.000
11	−0.023	−0.035	64.970	0.000
12	−0.066	−0.036	65.203	0.000

图 7－2　现行价格的农村居民人均纯收入相关图和 Q 统计量

从图 7－2 可以看出，从 1 阶至 12 阶的 Q 统计量相应的概率值均小于 0.01，现行价格的农村居民人均纯收入序列从 6 阶开始以后的自相关函数（AC）趋于 0，偏自相关函数从 2 阶开始以后的 PAC 趋于 0，因此可以建立 AR（1）模型，模型拟合结果为：

$$y_t = 371.8952 + 1.105715 y_{t-1} \tag{11}$$

（2.390138）（76.34633）

$R^2 = 0.995559$，$F = 5828.763$，Prob（F－statistic）＝0.000000，D. W ＝1.030985，S. E. ＝90.31775

模型（11）显示，AR（1）模型所有参数估计值是显著的，模型的拟合优度 R－squared＝0.995559，非常接近于 1，表明模型拟合效果很好，在 $\alpha = 0.01$ 的显著性水平下，查 D－W 临界值检验表知，$d_L = 1.10$，$d_U = 1.24$，由于 $4 - d_U = 2.76$ 大于 D. W＝1.030985，认为 AR 模型的估计结果的残差不存在自相关，AR（1）模型是平稳的，即该模型是可用的。

（2）建立 Holt 双参数线性指数平滑法模型

对指数平滑法中的各种平滑方法对青海现行价格的农村居民人均纯收入进行预测，结果发现 Holt 双参数线性指数平滑法预测误差最小，建模结果如表 7－4。

表 7-4 模型统计量

模型	预测变量数	模型拟合统计量								Ljung-Box Q (18)			离群值数
		平稳的R方	R方	RMSE	MAPE	MAE	MaxAPE	MaxAE	正态化的BIC	统计量	DF	Sig.	
现价农村居民人均纯收入	0	-.078	.995	93.163	5.796	65.069	27.057	244.507	9.301	12.176	16	.732	0

由表 7-4 中拟合优度 $R^2=0.995$ 可以看出，Holt 双参数线性指数平滑法建立青海现行价格青海农村居民人均纯收入模型非常符合实际情况，并且所有数据中没有离群值（孤立点）。

（3）三次曲线模型

建立现行价格青海农村居民人均纯收入模型时，我们运用已知数据，建立多种曲线模型进行比较发现，三次曲线模型效果最佳，其模拟结果为：

$$y=-63.352+174.975t-12.852t^2+0.443t^3 \quad (12)$$

$R^2=0.985$，$F=542.755$，Sig. $F=0.000$

建立现行价格青海农村居民人均纯收入模型时，我们运用已知数据，建立多种曲线模型进行比较发现，三次曲线模型效果最佳，其模拟结果模型（12）。

由模型（12）可以看出，三次曲线模型的拟合度 $R^2=0.985$，$F=542.755$，Sig. $F=0.000$，表明用该模型进行预测效果很好。

（4）三种模型对现行价格的农村居民人均纯收入结果

表 7-5 三种模型对青海省现行价格的农村居民人均纯收入预测结果

单位：元，%

时间	Y_2	AR（1）模型		Holt 模型		二次曲线模型	
		预测值	MAPE	预测值	MAPE	预测值	MAPE
2009	3346.15	3483.87	4.12	3439.17	2.78	3581.30	7.03
2010	3862.68	3813.56	1.27	3637.94	5.82	4008.17	3.77
2011	4608.47	4411.26	4.28	4363.96	5.31	4481.07	2.76
2012	5364.38	5274.25	1.68	5346.83	0.33	5002.67	6.74
平均	——	——	2.84	——	3.56	——	5.08

表 7-5 表明，三种模型预测结果，AR（1）模型预测的 MAPE 平均值最小，因此我们选择 AR（1）模型对青海省现行价格的农村居民人均纯收入进行预测，其结果如表 7-6。

表 7－6 AR（1）模型预测现行价格的农村居民人均纯收入预测结果 单位：元

时间	2013	2014	2015	2016	2017	2018	2019	2020
$\hat{Y}_2$	6579.29	7985.12	9611.87	11494.28	13672.50	16193.02	19109.65	22484.63

3. 现行价格城乡居民收入差距预测

城乡居民收入差距的计算方法有很多，在此我们用差值法进行计算，即：

城乡居民收入差距 = 城镇居民人均支配收入 － 农村居民人均纯收入

2013—2020年青海省现行价格城乡居民收入差距预测结果见表 7－7。

表 7－7 2013—2020 年青海省现行价格城乡居民收入差距预测结果 单位：元

时间	2013	2014	2015	2016	2017	2018	2019	2020
$\hat{Y}_1$	19529.29	21492.39	23455.48	25418.58	27381.67	29344.77	31307.86	33270.95
$\hat{Y}_2$	6579.29	7985.12	9611.87	11494.28	13672.50	16193.02	19109.65	22484.63
$\hat{Y}_1 - \hat{Y}_2$	12950.00	13507.27	13843.61	13924.3	13709.17	13151.75	12198.21	10786.32

二、不变价格城乡居民收入差距预测

1. 不变价格的城镇居民人均可支配收入（Y_3）预测

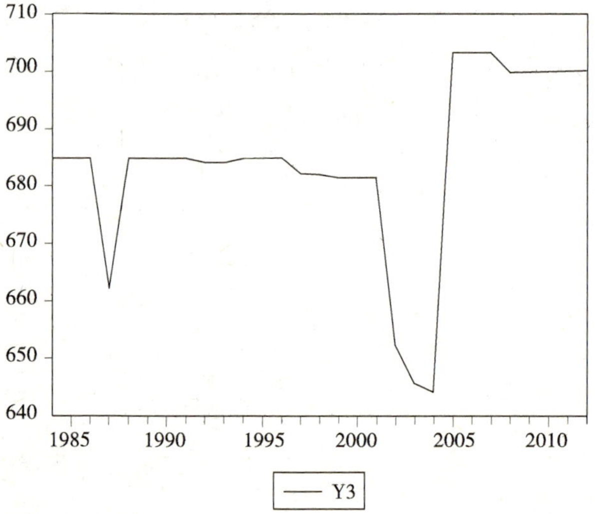

图 7－3 不变价格的城镇居民人均可支配收入曲线图

由图 7－3 可以看出，不变价格的城镇居民人均可支配收入变化曲线规律不明显，我们试图用传统时间序列中的趋势外推法和平稳时间序列模型对其进行预测，但建立的模型都不理想，因此本研究运用非季节性指数平滑法的 4 种方法进行预测，结果见表 7－8。

表 7－8　非季节性指数平滑法对不变价格青海城镇居民人均可支配收入预测结果

单位：元，%

时间	Y_3	Holt 线性模型		Brown 线性（B）模型		阻尼趋势（D）模型	
		预测值	MAPE	预测值	MAPE	预测值	MAPE
2009	699.83	700.72	0.13	700.00	0.02	700.70	0.12
2010	699.86	700.42	0.08	702.63	0.40	700.39	0.08
2011	699.85	700.41	0.08	703.99	0.59	700.39	0.08
2012	699.85	700.40	0.08	704.54	0.67	700.38	0.08
平均	——	——	0.09	——	0.42	——	0.09

表 7－8 显示，除 Brown 线性（B）模型预测的 MAPE 平均值比较大外，其余两种模型预测的 MAPE 平均值相等，且较小，因此我们选择 Holt 模型和阻尼趋势（D）模型的预测结果的平均值作为青海省现价城镇居民人均可支配收入的预测值，结果如表 7－9。

表 7－9　Holt 模型预测现价青海城镇居民人均可支配收入　　单位：元

时间	2013	2014	2015	2016	2017	2018	2019	2020
Holt	700.41	700.90	701.40	701.90	702.40	702.90	703.40	703.90
Brown	700.38	700.85	701.33	701.80	702.27	702.75	703.22	703.69
$\hat{Y}_3$	700.40	700.88	701.37	701.85	702.34	702.83	703.31	703.80

2. 不变价格农村居民人均纯收入（Y_4）预测

（1）AR（p）模型的建立

对不变价格青海农村居民人均纯收入进行相关图和 Q 统计量，如图 7－4 所示。

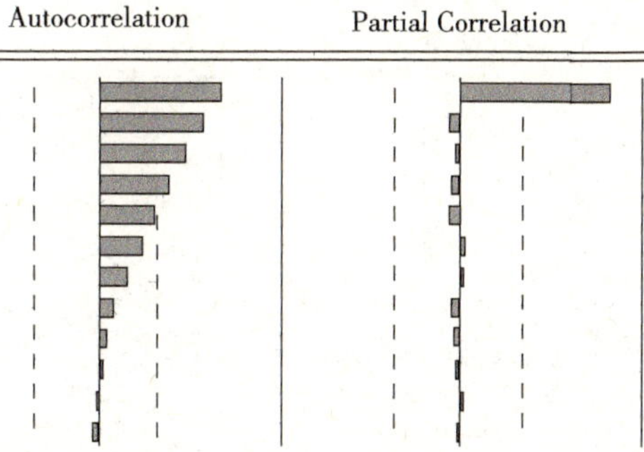

	AC	PAC	Q-Stat	Prob
1	0.884	0.884	25.107	0.000
2	0.758	−0.110	44.243	0.000
3	0.636	−0.049	58.246	0.000
4	0.517	−0.066	67.855	0.000
5	0.396	−0.088	73.718	0.000
6	0.301	0.040	77.261	0.000
7	0.228	0.017	79.390	0.000
8	0.153	−0.083	80.386	0.000
9	0.079	−0.055	80.667	0.000
10	0.020	−0.012	80.686	0.000
11	−0.021	0.023	80.708	0.000
12	−0.057	−0.022	80.879	0.000

图 7－4　现行价格的农村居民人均纯收入相关图和 Q 统计量

从图 7－4 可以看出，从 1 阶至 12 阶的 Q 统计量相应的概率值均小于 0.01，现行价格的农村居民人均纯收入序列从 6 阶开始以后的自相关函数（AC）趋于 0，偏自相关函数从 2 阶开始以后的 PAC 趋于 0，因此可以建立 AR（1）模型，模型拟合结果为：

$$y = -757.0968 + 1.023872y_{t-1} \tag{13}$$

（－0.490689）（40.49221）

$R^2=0.984390$，F＝1639.619，Prob（F－statistic）＝0.000000，

D.W＝1.130989，S.E.＝35.75934

模型（13）中除了常数项以外 AR（1）参数估计值的 t 统计量很显著，而且 F－statistic＝13311.26，其相应的概率值 P 非常小，从而表明所估计的 AR（1）。

模型整体上是非常显著的。因此将 AR（1）模型中的常数项去掉，重新建立模型结果见模型（14）。

$$y = 1.047023y_{t-1} \tag{14}$$

（－0.490689）（40.49221）

$R^2=983808$，D.W＝1.117217，35.73927

模型（14）显示，AR（1）模型所有参数估计值是显著的，模型的拟合优度 R－squared＝0.983808，非常接近于 1，表明模型拟合效果很好，在 $\alpha=0.01$ 的显著性水平下，查 D－W 临界值检验表知，$d_L=1.10$，$d_U=1.24$，由于 $4-d_U=2.76$ 大于 D.W＝1.117217，认为 AR 模型的估计结果的残差不存在自相关，AR（1）模型是平稳的，即该模型是可用的。

（2）建立 Holt 双参数线性指数平滑法模型

运用指数平滑法中的各种平滑方法对不变价格的青海农村居民人均纯收入进行预测，结果发现 Holt 双参数线性指数平滑法预测误差最小，建模结果如表7－10。

表 7－10　模型统计量

模型	预测变量数	模型拟合统计量								Ljung－Box Q（18）			离群值数
		平稳的R方	R方	RMSE	MAPE	MAE	MaxAPE	MaxAE	正态化的 BIC	统计量	DF	Sig.	
不变价农村居民人均纯收入	0	.069	.985	35.565	3.686	26.216	12.950	75.287	7.375	20.698	16	.190	0

由表 7－10 中拟合优度 $R^2=0.985$ 可以看出，Holt 双参数线性指数平滑法建

立青海不变价格的青海农村居民人均纯收入模型非常符合实际情况，并且所有数据中没有离群值（孤立点）。

（3）三次曲线模型

建立不变价青海农村居民人均纯收入模型时，我们运用已知数据，建立多种曲线模型进行比较，发现三次曲线模型效果最佳，其模拟结果见模型（15）。

$$y = 156.345 + 53.830t - 1.959t^2 + 0.047t^3 \quad (15)$$

$R^2 = 0.960$，F = 201.998，Sig. F = 0.000

由表模型（15）可以看出，三次曲线模型的拟合度 $R^2 = 0.960$，F = 201.998，Sig. F = 0.000，表明用该模型进行预测效果很好。

（4）三种模型对现行价格的农村居民人均纯收入结果

表 7－11　三种模型对不变价格青海农村居民人均纯收入预测结果

单位：元，%

时间	Y_2	AR（1）模型		Holt 模型		三次曲线模型	
		预测值	MAPE	预测值	MAPE	预测值	MAPE
2009	1066.98	887.05	16.86	1140.14	6.86	1062.35	0.43
2010	1128.85	928.76	17.73	1114.10	1.31	1111.94	1.50
2011	1201.11	972.44	19.04	1184.81	1.36	1165.26	2.98
2012	1238.38	1018.17	17.78	1266.85	2.30	1222.61	1.27
平均	——	——	17.85	——	2.95	——	1.55

表 7－11 表明，三种模型预测结果，三次曲线模型的 MAPE 结果平均值最小，因此我们选择三次曲线模型对不变价格青海农村居民人均纯收入进行预测，其结果如表 7－12。

表 7－12　AR 模型预测现行价格的农村居民人均纯收入预测结果

单位：元

时间	2013	2014	2015	2016	2017	2018	2019	2020
$\hat{Y}_4$	1277.15	1342.65	1412.99	1488.42	1569.25	1655.75	1748.19	1846.88

3. 不变价格城乡居民收入差距预测

城乡居民收入差距的计算方法有很多，在此我们依然用差值法进行计算，2013—2020 年不变价格青海城乡居民收入差距预测结果见表 7－13。

表 7－13　2013—2020 年青海省现行价格城乡居民收入差距预测结果　单位：元

时间	2013	2014	2015	2016	2017	2018	2019	2020
$\hat{Y}_3$	700.40	700.88	701.37	701.85	702.34	702.83	703.31	703.80
$\hat{Y}_4$	1277.15	1342.65	1412.99	1488.42	1569.25	1655.75	1748.19	1846.88
$\hat{Y}_3-\hat{Y}_4$	－576.75	－641.77	－711.62	－786.57	－866.91	－952.92	－1044.88	－1143.08

三、两种不同价格城乡居民收入差距预测结论

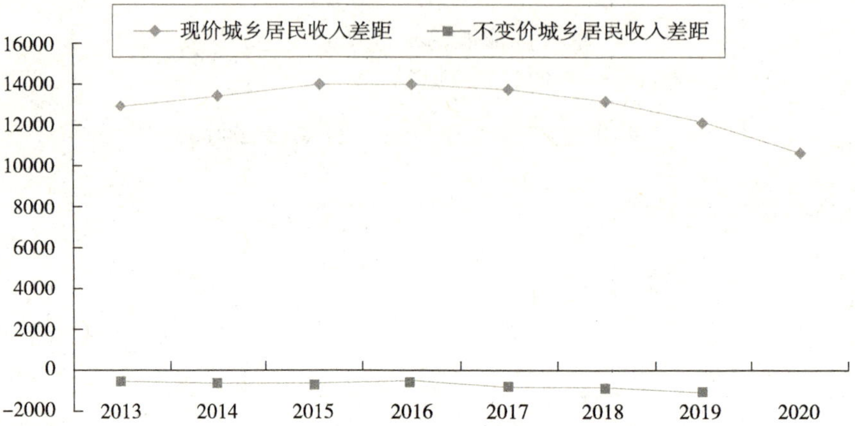

图 7－5　两种不同价格城乡居民收入差距预测曲线

由图 7－5 可以看出，现行价青海城乡居民收入差距在未来 8 年呈现先扩大后缩小的趋势，变化速度较快，且城镇居民人均可支配收入大于农村人均纯收入。而不变价青海城乡居民收入差距在未来 8 年呈现扩大的趋势，扩大速度缓慢，且农村人均纯收入大于城镇居民人均可支配收入。

我们认为不变价格城乡居民收入差距更符合青海的实际，其原因是：一是不变价城乡居民收入差距剔除了物价上涨的因素，更易于切近现实；二是随着农牧民工资性收入和经营性收入的增加，收入增长幅度将会大于城镇居民。

第八章　缩小青海城乡居民收入差距的政策建议

改革开放30多年来，我国经济和社会发展取得了巨大的成就。随着我国经济的增长和社会结构的变迁，在改革过程中长期积累的各种矛盾也日益显现出来，社会公平问题逐步上升为突出的问题，不断扩大的城乡居民收入差距就是表现之一，它制约了我国经济社会的发展。尤其是地区发展不平衡和城乡发展的不平衡日趋严重，如果不采取措施，则有迅速向两极分化和向社会承受极限接近的危险（王艺明、蔡翔①，2010）。

中国社会科学院发布的2013年社会蓝皮书——《2013年中国社会形势分析与预测》称，中国收入分配不平等程度总体上仍在继续提高，城乡居民收入差距有反弹的风险。

如果不能处理好城乡居民收入差距问题，使广大劳动者公平、公正地享受改革和发展的成果，必然会导致社会矛盾加剧，不仅破坏经济发展的环境，而且不利于我国和谐社会的建立。过大的城乡居民收入差距不仅影响到西部地区经济发展的效率和可持续性，而且也会成为社会和政治不稳定的潜在因素。因此，缩小西部民族地区城乡居民收入差距刻不容缓。

青海是12个西部省区之一，同时也是少数民族地区，是藏族的第二大聚集区，是藏区的典型代表。改革开放以来青海的经济发展速度很快，2004年人均GDP已经超过1000美元，但与快速发展相伴随的突出问题就是收入差距持续扩大。国际发展经验表明，当人均GDP位于1000美元左右时，收入差距扩大很可能影响经济的长期增长。目前，青海的城乡居民收入差距已经居全国其他省份前列，引起了省内社会各界的高度重视。

城乡居民收入差距问题一直以来为各国学者和政府所关注。在我国，2011年“收入分配”登上两会热点榜首，2012年十八大报告中再次强调了“要调整

① 王艺明、蔡翔．财政支出结构与城乡收入差距——基于东、中、西部地区省级面板数据的经验分析[J]．财经科学，2010（8）：49－57.

收入分配，缩小城乡差距”。随着我国经济社会发展的速度加快，近十几年来，人们普遍可以感受到中国的贫富差距越来越大，城乡居民收入差距扩大化越来越突出，并且城市居民占有的各项有利资源远远多于农民。总的来说，不管学者们从什么角度出发，我国城乡居民收入差距世界最高现在已经是不争的事实。城乡居民收入差距会进一步造成收入分配不公，这不仅仅是一个社会公平和公正问题，还可能造成社会内需不足，从而成为制约经济增长的一个关键因素。消除两极分化，最终实现共同富裕，是社会主义的本质要求，这既体现了最广大人民群众的根本利益，也是中国共产党实施一切决策和举措的中心。为了实现这一目标，党中央在新时期提出了社会主义和谐社会的奋斗目标，大力倡导公平正义，从而建立一个民主法制、公平正义、诚信友爱、充满活力、人和自然和谐相处的社会，这是对以往思想的继承和发展。

当然，我们也应该看到：缩小城乡居民收入差距是一个长期而艰苦的历史过程，不可能一蹴而就，想要在短期内彻底消除城乡居民收入差距是不现实的。①

因此，本章正是在这一背景下，基于国际经验来研究青海缩小城乡居民收入差距的对策。

第一节　治理城乡居民收入差距的国际经验②

一、发达国家经验：以美国和日本为例

美国、日本等经济发达国家工业化早已完成，目前已经相继进入后工业化阶段，城乡居民收入差距的历史变迁应该能够反映从工业化到后工业化阶段城乡居民收入差距变迁的轨迹。

（一）美国

20 世纪 30 ~ 70 年代，美国的城乡居民收入差距有所波动，但总体上经历了一个不断缩小的过程（城乡收入比从 1935 年的 2. 49，下降到 1971 年的 1. 28③）。20 世纪 80 年代以来，美国的城市居民的收入略高于农户的收入，两者的比值基本保持稳定（维持在 1. 3 左右）。以家庭收入的中位数衡量，1995 ~ 2001 年，美

---

① 张鑫. 中国城乡居民收入差距及其成因的演化路径研究［M］. 北京：经济管理出版社，2011：187.

② 本节参考了黄素心、王春雷. 广西城乡收入差距治理方略研究［M］. 北京：经济科学出版社，2012：63－80.

③ 徐绪塑. 美国农业生产效率［M］. 北京：农业出版社，1981：22.

国城市家庭收入的中位数是农户家庭收入中位数的 1.3 倍左右①，虽有变化，但变化不大。

曾国安和胡晶晶（2008）认为，就美国农村居民收入来看，以农场家庭收入来衡量符合“双农”特征的农村居民的收入比用中位数收入家庭来衡量更为合理。他们指出，从农场家庭收入来看，1960 年美国农场家庭平均收入为 4054 美元，全国家庭平均收入为 6227 美元，前者相当于后者的 65%；到 20 世纪 70 年代初期，部分年份农场家庭收入高于全国家庭收入；20 世纪 90 年代中期后，农场家庭平均收入则一直超过全国家庭收入的平均水平。2006 年，美国农场家庭收入达到 77654 美元，而全国家庭收入仅为 66570 美元，前者是后者的 1.17 倍。因此，从农场家庭收入来看，农村居民家庭收入应该是超过城市居民家庭收入的。②

从相关文献来看，美国在治理城乡差距方面已经取得了较好绩效，并且随着工业化和城市化的完成，城乡居民收入差距开始缩小并趋于稳定，而且二者差距不大，从曾国安和胡晶晶（2008）的研究可以看出：目前美国农户收入甚至略高于城市居民收入。结合文献可以把美国治理城乡居民收入差距的经验归纳为三点：

1. 稳定农产品价格，对农户直接补贴

20 世纪 30 年代以来，美国相继出台了三项政策，以稳定农产品价格，即 1933 年的《农业调整法》、1973 年的农产品目标价格和 1996 年《联邦农业完善与改革法》，其目的是采取保护性收购和农产品价格支持的手段，调控农产品市场价格，保持农产品价格的相对稳定，以此稳定和提高农民收入。对农产品的价格支持是 20 世纪运用时间最长和应用范围最广的政策。但其可能会对农产品市场带来一定的负面影响，后来在 WTO 的农业协议下，这一政策得到了限制。

美国对农民收入支持的另一个重要方法，是对农民进行各种形式的直接经济补贴。1980～1995 年，美国政府补贴与农场净收入的比值一直在 0.2 左右，部分年份甚至超过 0.3，而 1983 年这一比值达到了 0.655，可见政府对农场的补贴一直比较高，并可以根据不同年份进行调整，确保了农户收入的稳定。2000 年美国政府支付给农民的直接补贴超过了 100 亿美元。③

2. 发展规模农业，并鼓励农民发展农业外经济

从 20 世纪中期起，美国加强了农业固定投资、农业技术投入和农民职业教

① 赵宏. 城乡收入差距问题研究：国际经验和中国案例［D］. 华东理工大学，2011.

② 曾国安、胡晶晶. 城乡居民收入差距的国际比较［J］. 山东社会科学，2008（10）：47－53.

③ 编辑部. 美国六项措施缩小城乡收入差距［J］. 上海农村经济，2010（10）：48.

育投入，每年的农业固定投资比重都大于同期的农业增加值比重，并呈持续的上升趋势。针对农民的职业技术教育收到了很好的效果，提高了农民的技能和素质，农业生产率得到大幅提高，逐步建立了美国特色的高科技和机械化的现代农业。随着工业化的完成，二元经济结构得到彻底转变，农村人口大幅度减少，专业从事农业的劳动力则更少。农业就业人员比重从1880年的50%降到1900年的39%，到1940年降至20%，到1980年仅为3%。[①] 20世纪30年代末，美国农业人口占总人口的比重为25%，农民年人均农业产值约6000美元。到1950年，农业人口已下降至17%，农民年人均农业产值近1万美元，到21世纪初达到23万美元。与此同时，家庭农场的经营规模逐步扩大，家庭农场数量逐步减少。1935年，美国有680万个家庭农场，到20世纪90年代初减至200万个左右。

此外，美国鼓励农民发展农业外经济，增加农业外兼业收入，美国农场的非农收入不断增加。除了占农场总数16%的大农场以农业收入为主外，其余84%的中小农场收入来源均以非农业收入为主。

3. 建设“都市化的村庄”

自20世纪30年代以来，美国一直重视农村的道路、水电、排灌、市场等基础设施及教育、文化、卫生等社会事业建设，为农村发展和缩小城乡差距提供了基础保障。当城市化达到一定程度后，开始出现逆城市化的倾向，即所谓的郊区化。从20世纪50年代后期起，美国政府制定了一系列优惠的郊区税收政策，鼓励工厂和居民从都市迁往郊区。此时，农民流向城市，市中心的富有阶层开始离开喧嚣的市中心搬迁到乡村定居。当郊区化到达一定程度后，在郊区出现了大量城市化服务，郊区本身也逐步开始城市化。1968年，美国国会通过“新城镇开发法”，又于20世纪80年代提出建设“都市化的村庄”。此时，所谓的大都市化开始逐步实现。当大都市化达到一定程度后，城乡之间的人口流动就实现了一个动态平衡，城乡间在基础设施、服务体系和市政管理方面的巨大鸿沟早已不复存在。

美国在长期的发展中还注意到了村镇原有景观被破坏的威胁，为防止在现代化的过程中牺牲农村，马萨诸塞州于1984年成立“乡村中心”，专门研究农村面临的特殊问题。成立后，他们编写乡村规划的实用手册，指明如何通过创造性的建设规划，实现保留乡村特色的目标，帮助村镇确定最合适建房的区域和值得长期保留的村镇的风貌，开展乡镇规划效果的讨论会，甚至出版了乡村景观特色及

① 高帆．论二元经济结构的转化趋向［J］．经济研究，2005（9）：91－102.

规划、设计的期刊。[①]

（二）日本

日本是一个后期的工业化国家，其在工业化过程中，城乡居民收入差距的变化经历了从工业化国家到后工业化国家的完整过程。自1885年以来，日本城乡居民收入差距的演变大体上经历了以下几个时期：第一个时期为1885年至20世纪30年代。总体趋势是城乡居民收入差距不断扩大，1885年日本非农业与农业家庭收入之比为1.32，1900年上升至1.92，1910年上升至2.13，1930年上升至3.13；第二个时期是50年代，这个时期是城乡居民收入差距处于高位的时期，城乡居民人均可支配收入之比高达1.40倍以上；第三个时期是20世纪60年代至70年代初，在这个时期城乡居民收入差距不断缩小，1961年日本城乡居民人均可支配收入之比为1.44，1969年下降至1.07，1972年降至0.97，城乡居民收入已无差距；第四个时期是20世纪70年代中期以来的时期，尽管这个时期城乡居民收入差距也在不断发生变化，但城乡居民人均可支配收入之比始终位于0.86~0.97的范围之内，变化幅度比较小。从城乡居民收入差距水平来看，日本正经历从“农城均富”型向“农富城穷”型的转换。[②]

“二战”后的日本与我国国情有许多相似之处，比如为了经济的发展，都集中有限的财力、物力和人力资源进行工业化建设，自觉不自觉地走上了“挖乡补城，以农哺工”的发展之路。[③] 但是，战后日本经历了由城乡二元对立到一体化治理的成功转型。日本的成功会给我们带来宝贵的经验与启示：

1. 依托地方自治制度和“农协”，提升乡村地区的政策影响力

农村地区要发展，关键在于其政策影响力的提升；而政策影响力的提升，又取决于该地区的居民能否获得与城市同等的参政权、话语权以及强势的议价能力。日本在这方面主要通过地方自治和建立农业协同组合（简称“农协”）来保证农村地区居民的权益，收到了良好的效果。

首先，地方自治制度是推动日本城乡一体化治理的强劲动力。该制度从法律层面肯定了城乡平等的政治地位，强化了乡村政权的事权和财权，确保了乡村政府能够自主、有效地处理当地的社会公共事务，有利于加强该地区的建设和管理，切实提升公共产品和公共服务的供给能力。由于各地方长官及民意代表由居民直接选举产生，受当地居民的直接监督，乡村政权与居民间的关系十分密切，

---

① 陈东湘．国外及我国台湾地区的乡村建设评述［J］．科技经济市场，2009（11）：85－86.

② 曾国安、胡晶晶．城乡居民收入差距的国际比较［J］．山东社会科学，2008（10）：47－53.

③ 孔祥利．战后日本城乡一体化治理的演进历程及启示［J］．新视野，2008（6）：94－96.

促进了地方行政事务的科学化和合理化。

其次，通过建立“农协”提升农民的政治博弈能力。“农协”是日本农民在生产和经营活动中形成的自我管理的一种互助性组织。“农协”肩负着生产组织和利益表达的双重功能。早期的“农协”专注于生产、流通领域的联合，力求通过统一提供机械设施服务，垄断农产品的生产、加工和销售，来维护农民的合法权益。近年来，“农协”的合作领域还拓展到了农村的生活和金融领域。通过综合农协，农民的剩余资金进入农协的合作信用系统，农民的生产资料和消费资料全部通过农协系统统一采购，变相驱逐了城市金融资本和商业资本，保护了日本农民的利益。① 拥有800多万成员的“农协”历来是自民党执政的基础。资料显示，在“农协”的长期作用下，自民党内部农村出生的议员比例一直高达60%以上。② 作为政府重要的压力团体，它不断敦促政府形成保护农业生产、促进农民生活水平提高的政策。

2. 财政支持与技术援助相结合，走特色农业发展道路

日本人将他们的农业做精做细，发展特色农产品，这方面的经验非常值得我们学习。日本政府向来对本国农业给予充分的财政支持，除了有稳定的农业补贴和贷款之外，对农村的转移支付力度也非常大。据统计，1960年日本农业预算为1386.4亿日元，到1980年已增至3.1兆日元，20年间增长了21.4倍。20世纪90年代以来，日本政府年均农业预算基本都维持在3兆日元以上。针对山区、半山区农民，日本政府还额外给予直接收入支付，目的是平衡山区、半山区农民和平原地区农民在生产收入与成本上的差距。

为提高农业生产率，日本政府给本国农民以持续的技术援助。早期主要专注于农业的良种化、科学化和机械化，寻求土地生产率和农业生产边际效率的提升，现阶段倡导以健康、环境、自然为导向的生态农业，致力于环境、效率与地域之间的平衡。

为形成区域特色产品，日本在20世纪80年代开始实施“一村一品”建设。“一村一品”运动起源于日本大分县，为该县培育出香菇种植、烧酒酿造等一批知名品牌，在日本全国产生了积极的影响，并受到了许多发展中国家的欢迎。“一村一品”运动的精髓就是“因地制宜，发挥优势”，品牌可以是蔬菜、粮食等，也可以是工业、教育等其他方面的成果。③ 打造出的“品”是具产业化、专

① 孔祥利．战后日本城乡一体化治理的演进历程及启示［J］．新视野，2008（6）：94－96.

② 吴寄南等．新世纪日本的行政改革［M］．北京：时事出版社，2005.

③ 蒋家明．借鉴日本“一村一品”经验加快社会主义新农村建设［J］．人力资源开发，2009（5）：88－89.

业化、信息化为一身的产品，是一个地方的象征，代表一个地方的社会经济发展水平，也能代表这个地方在每一个地区乃至全国和全世界市场上的声誉，同时还能反映这个地方的精神风貌。①“一村一品”运动是日本农业产业化的成功模式，它的实施不仅增加了农民的收入，还使设施农业、生态农业、观光农业有机统一，形成了人与自然良性互动，经济与社会协调发展的局面。

3. 在农村实现工业化和生活现代化

日本在20世纪60年代以后乡村城市化速度飞速发展，农村地区人口外流情况严重。为此，日本政府制定了有名的农村整备计划，先后出台了《町村合并法》、《过疏法》等一系列政策法规，目的是以此控制大城市的盲目发展，引导工业的合理分布，促进农村的开发，口号是：“在农村实现工业化和生活现代化”。②

日本先后出台了《新全国综合开发计划》（1969）、《农村地区工业导入促进法》（1971）等法律法规，有计划地将工业引入农村，鼓励农民兼业化。具体包括组织农民外出打工、发展农村家庭工业、鼓励农民在乡务工以及离村就职等。经过多年的发展，农民的兼业率已由1950年的50%上升至今天的85%，真正从事农业生产的农民不足4%。农民的高兼业化率提高了农民的收入水平，现今农业外收入已达农家庭总收入的80%左右，同时还帮助农村居民在价值观和生活方式上向城市靠拢，这是日本农村工业化完成的重要标志。③

为实现农村生活现代化，缩小城乡在教育、医疗、社会保障等方面的差距，战后日本开展了长期的农村社会化服务体系建设。这个体系先后实施农业结构改善事业，加大对农村教育、医疗和其他公共福利的投入力度，推行町村事业和环境整治工程，极大地缩小了城乡公共服务水平方面的差距。同时，由于不存在人口身份上的差别和歧视，在基本公共服务趋同的情况下，城乡人口之间的双向流动不断增强，城乡界限变得越来越模糊。

二、新型工业化国家和地区经验：以韩国和中国台湾为例

韩国和中国台湾地区同为亚洲“四小龙”，是新兴工业化国家（地区）的代表，在工业化过程中都实现了高经济增长和低收入差距。由于与中国大陆地理位置相近，在文化上又存在相当深厚的历史渊源，所以，分析韩国和中国台湾在工

① 胡青．日本“一村一品”运动对我国少数民族地区文化建设的启示［J］．学术探索，2006（6）：137－140.

② 赵宏．城乡收入差距问题研究：国际经验和中国案例［D］．华东理工大学，2011.

③ 孔祥利．战后日本城乡一体化治理的演进历程及启示［J］．新视野，2008（6）：94－96.

业化过程中缩小城乡差距的主要措施，对于祖国大陆较有借鉴意义。

（一）韩国

韩国是后发国家实施工业化成功的典范。20 世纪 60 年代，韩国实行出口导向战略，大力推进工业化，经济发展进入腾飞期。随着工业迅速发展，工农业发展差距迅速拉大，在第一个五年计划期间（1962—1966 年），工业的增长速度为 7.8%，而农业的增长速度仅为 5.3%，第二个五年计划期间（1967—1971 年），工业的增长速度为 10.5%，农业只有 2.5%，与此同时，韩国城乡居民收入差距也迅速扩大。1962 年农户年均收入是城市居民的 71%，1970 年下降到 61%，其中 67% 的农户年平均收入不到城市居民的 50%。① 由于城乡居民收入差距的不断扩大，韩国城乡居民消费差距也越来越大。城市化工业化的深入，吸引了大量农村人口向城市流入。由于农村人口流动不合理，导致农村人口老龄化和妇女化，加上农业机械化滞后，严重阻碍了农业发展，使城乡差距不断扩大；同时，农村人口的大量流失也导致了就业、治安等一系列严峻的社会问题，社会矛盾日益加剧。②

为了缩小城乡差距，1970 年在朴正熙总统亲自倡导下，韩国政府启动了一场“以工哺农，以工建农”模式的“新村运动”，开始对整个农村社会经济进行改革。“新村运动”拉开了韩国近 30 多年来缩小城乡差距、工农协调发展的帷幕，其城乡二元经济结构逐步得到转变。进入 20 世纪 70 年代之后，农民收入快速增长，农户年平均收入由 1970 年的 824 美元，增加到 1978 年的 3893 美元③，年均递增 18.8%；1970—1979 年农村居民户均收入的增长速度甚至超过了城市居民，城乡居民户均收入差距也随之不断缩小，在 20 世纪 70 年代中期和 80 年代末的部分年份，农民收入甚至略超过城市居民。④韩国城乡居民消费差距也相应出现了缩小的趋势，农村家庭人均生活消费与城市家庭人均生活消费之比从 1970 年的 0.6283 上升到 1980 年的 0.8989。⑤

进入 20 世纪 90 年代后，新村运动处于消退期，由于经济全球化和韩国农村劳动力结构老化，城乡居民收入差距又出现了扩大的现象，但差距并不明显。城市与农村家庭收入比 1990 年为 1.03，1995 年为 1.06，2004 年为 1.19。从长期来看，韩国城乡居民收入已经处于一个较为稳定的低差距状态。

---

① 张红宇．平抑城乡居民收入差距的国际经验及启示［J］．世界农业，2004（4）。

② 袁岳驷等．韩国缩小城乡差距的经验［J］．南方农村，2010（1）：59－63.

③ 尹保云．韩国为什么成功？朴正熙政权与韩国现代化［M］．北京：文津出版社，1993：206

④ 宋丙洛．韩国经济的崛起［M］．北京：商务印书馆，1994：182.

⑤ 曾国安、胡晶晶．城乡居民收入差距的国际比较［J］．山东社会科学，2008（10）：47－53.

韩国在缩小城乡居民收入差距方面比较有特色的措施主要有三项值得我们借鉴：

1. 发展农村合作组织，促进农村金融事业发展

1961 年，韩国农协与农业银行合并成为具有综合协调和服务职能的综合农协。农协是韩国农村经济和社会发展的支柱，其职能主要突出在促进农村流通业和金融业的发展两个方面。在金融方面，基层农协的“互助金融”业务，为农民提供大量生产与生活所需资金，有力地推动了农业与农村经济的发展。据统计，1973—1982 年的 10 年间，互助金融业的资金拥有量和贷出金额分别增长 37.5% 和 34.4%①，为农村地区和农业的发展注入了大量资金。

2. 号召国民消费本国农产品

“实现粮食自给、增加农民收入”是韩国农业政策的基本目标。但受先天自然客观因素限制，韩国的农业很脆弱，属于典型的小规模农业，长期以来都依赖于政府的扶持。这种扶持除了体现在对粮食生产实行高额补贴，对进口农产品实行配额制度以及高额关税之外，还体现在号召国民消费本国产品上。韩国国民的爱国情怀很深，对本国农产品的消费，体现的是“身土不二”的思想，始终相信本国产的农产品才是最适合本国国民体质的。尽管国内农产品的价格很高，但销售仍然没有问题。

3. 普及和发展特色化的农村教育，促进农村人力资本提高

韩国的农村教育主要分为三个方面：农村基础教育、农业教育、新村教育。其中又以后两种独具特色。农业教育分为 4H 教育、农渔民后继者教育和专业农民教育。4H 教育主要面向农村青少年，使农民具有聪明的头脑（Head）、身心健康（Heart）、健康的身体（Health）、较强的动手能力（Hand）。农渔民后继者教育是专门对农业后备劳动者的技术教育，以培养和扶持大批年轻力壮的农民从事农业。专业农民教育是在后继者教育基础上更高层次的农民教育，重点培养和扶持具有较高产业化经营和管理水平、具备国际市场竞争实力的专业种养大户。新村教育是新村运动的核心，主要通过对国民进行伦理道德方面的精神教育，来振奋民族精神，统一国民思想意识。新村教育的最大特色在于，农民自己上台讲述农民成功事例和亲身感受、体会，并通过真挚、双向讨论共同取得进步。

韩国经过全方面、多举措的努力，通过新村运动及一系列改革实现了城乡居民收入、医疗、教育和福利等方面差距的全面缩小，初步达到了工农、城乡同步协调发展的目标。但是，新村运动也存在一些不足，主要体现为政府干预过多，

---

① 袁岳驷等．韩国缩小城乡差距的经验［J］．南方农村，2010（1）：59－63.

农民缺乏自主性。新村运动属于政府主导的运动，带有浓烈的政治色彩。政府的强力推进使运动过于行政化，浪费了国家的人、财、物等。同时，政府干预太多，限制了农民自主性、创造性的发挥，助长了农民对政府的依赖性。由于新村运动中政府的投资有限，住房改造工程还导致了农民的大量负债。由于农村劳动力大量流失，致使农村人口老龄化和妇女化、劳动力质量下降，使得韩国农业继续衰弱。近年来农业生产率较低，农产品自给率下降，农产品价格不稳定，农民收入始终处于低增长状态，农业的可持续发展问题依然存在。①

（二）中国台湾

在中国台湾地区20世纪50年代快速工业化的过程中，城乡居民收入差距也经历了一个由小到大、再由大到小的变化过程。② 从非农家与农家人均所得来看，大体经历了三个典型的时期：一是20世纪70年代中期以前，这个时期，差距拉大，差距水平最大；二是20世纪70年代中期至80年代中期，这个时期，差距缩小，差距水平在三个时期中居中；三是20世纪80年代中期以后，这个时期，差距进一步缩小，差距水平最小。③

台湾地区在工业化过程中，采取了工农业均衡发展的模式，在工业迅速发展的同时创造了“农业奇迹”。据统计，过去20年台湾地区三大产业结构变化较发展中国家要急剧得多。1981年台湾地区三大产业结构之比为7.3∶45.5∶47.2，2000年转变为2.1∶32.3∶65.6，这个结构状态接近美国、法国和日本的水平，但达到这样一个结构水平，台湾地区仅用了20年的时间。台湾地区农业比重下降的间接原因是工商业的迅猛发展导致相对比重下降，而实际上农业发展势头是良好的。农业总产值从1981年的2385亿元，增加到2000年的3644亿元（新台币），增长0.6倍。从1980年开始，台湾地区城市居民收入与农民收入的比例就保持在1.3倍左右，与发达国家（地区）相比较也属于中低水平，说明台湾地区收入差距较为合理。④

总结起来，台湾地区在农业改革、中小企业发展、教育、农村社会保障制度建设和农业财政金融投入上的诸多举措都富有成效，对祖国大陆缩小城乡差距特别具有借鉴意义。主要包括以下几个方面：

1. 实施农地重划和科技兴农，提高劳动生产率

中国台湾是个山多平地少，小农耕种、田块细碎的地区，农地重划对台湾农

---

① 袁岳驷等．韩国缩小城乡差距的经验［J］．南方农村，2010（1）：59－63.

② 曾国安、胡晶晶．城乡居民收入差距的国际比较［J］．山东社会科学，2008（10）：47－53.

③ 台湾省“农委会”统计室．农业统计要览1994［M］．台北：台湾“行政院农委会”，1994：48.

④ 葛立祥．借鉴台湾经验：缩小大陆城乡差距［J］．亚太经济，2009（2）：112－116.

业的专业化和机械化起到了决定性的作用。20 世纪 50 年代，台湾当局曾进行了第一次农业土地改革，其绩效一直延续到 60 年代。但随着台湾社会经济的发展，台湾农业又出现了一些新问题。从 1981 年起，台湾当局进行了第二次土地改革，以扩大农场规模、实行农地重划和整治为主要内容，很好地解决了机械化与田块分散的矛盾，大大加快了农业机械化进程，基本奠定了台湾地区农业的框架。1970 年，台湾制定实施了“加速推行农业机械化方案”，在 4 年时间中拨款 15 亿元 ~20 亿元（新台币）资助农机推广。至农地重划末期的 1986 年，台湾拥有各类农业机械 27.5 万台，其中机械耕地达 97.9%、机插（秧）98%、机收（割）97.2%、稻谷干燥 66.6%、玉米脱粒 90%，农业生产的全过程基本实现了机械化。① 随着农业劳动力转移，台湾从 20 世纪 80 年代中期开始，加快农业科技升级、培育核心农民、发展精致农业，带动了农业劳动生产率的大幅度提高，提高了农民的收入。20 年间，台湾每个农民创造的农业产值从 1981 年的 19 万元（新台币）快速上升到 2000 年的 49.2 万元（新台币），增长了 1.6 倍。特别是 90 年代，农业劳动生产率平均每年以 2 万元（新台币）的幅度增长。②

2. 鼓励中小企业快速发展，为农业劳动力的转移提供出路

中国台湾地区中小企业是农业转移出来劳动力的主要就业渠道。受技术、资金等因素的限制，绝大多数中小企业从事劳动密集型产业，从而吸纳了众多的就业者。20 世纪 50 ~60 年代，中小企业就业人数占台湾地区总就业人数的 85%，20 世纪 70 ~80 年代则占 70% 左右，1993 年为 80%。③ 统计资料显示，台湾地区农业部门 50 多年来转移出来的劳动力达到 400 万人左右，大部分在中小企业实现了就业。由于中小企业吸收了大量农业部门转移出来的劳动力，使得台湾地区从 1953—1991 年的平均失业率仅为 2.39%。④ 据 2000 年相关统计资料，台湾地区中小企业占全部企业的 98.8%，就业人数占台湾地区总就业人数的 78.06%，创造了 52% 的生产总值和 44.15% 的营业税收。台湾总人口为 2300 多万人，中小企业超过 90 万家，两者之比为 24 : 1，也就是说，平均 24 人就有一家企业和一个老板。⑤

---

① 黎元生．台湾工业化进程中农业结构的升级及其动因［J］．台湾研究，2002（1）：6 -9.

② 葛立祥．借鉴台湾经验：缩小大陆城乡差距［J］．亚太经济，2009（2）：112 -116.

③ 舒萍．中小企业“质的飞跃”初论［J］．南开学报（哲学社会科学版），2000（6）：80 -85.

④ 葛立祥．借鉴台湾经验：缩小大陆城乡差距［J］．亚太经济，2009（2）：112 -116.

⑤ 陈文强．台湾经济快速发展时期贫富差距的控制及启示［EB/OL］．中国城市发展网 http://www.chinacity.org.cn/csfz/csjj/58678.html，2010 -01 -14.

三、发展中国家经验：以拉美为例

巴西、阿根廷等新兴国家与中国同为发展中国家，在缩小收入分配差距方面面临着相似的挑战，这些国家在城市化和工业化过程中走过的道路可以为我们提供成功的经验和失败的教训。

（一）巴西

巴西是南美洲最大的经济体，也是金砖四国之一。1970 年巴西城市家庭平均年收入为 28669 克鲁扎多，而农村家庭平均年收入为 7569 克鲁扎多，两者比值为 3. 73∶1；1988 年巴西城市居民家庭平均收入为 34828 克鲁扎多，农村居民家庭平均年收入为 10780 克鲁扎多，两者比值为 3. 23∶1。[①] 在城市迅速发展和城市人口迅速增加的同时，巴西的城乡差距、贫富差距日益拉大，二元经济十分典型。与此同时，在农业发展的过程中，农村面貌却没有什么变化。在机械化大农场的影响下，土地规模较小的农户在激烈的市场竞争中破产，不得不变卖土地，流落他乡，成为无地农民，并在大城市形成了贫民窟，给社会治安和稳定带来了不利影响。农村教育落后，医疗卫生缺乏，缺水、缺电现象，农民生存环境和发展环境恶化。[②]

20 世纪 90 年代以后，巴西开始重新审视农业和农村发展思路，出台了一系列政策，以土地改革为核心，重点解决农村贫困问题。为了留住农村人口，在土地方面采取了两大措施：一是给无地的农民重新分配土地，让他们有地可耕；二是鼓励农业发达地区农民到边远地区开垦荒地，扩大“农业疆界”。政府通过法律对大农场兼并土地进行限制，对他们的闲置土地进行强制征收，然后分配给无地的农民。无地农民不仅可以得到土地，还可以得到安家费和基本的食品补贴。1996 年，巴西政府出台了“强化家庭农业计划”，旨在帮助在市场竞争中处于不利地位的家庭农户，对他们进行资金和技术支持，比如，提供低息贷款，减免土地税；鼓励农民参加农村养老保险和农业保险，等等。根据这一计划，政府贷款利率比正常的农业贷款利率低 3 个百分点。农民用这些钱购买生产资料，然后可以用农产品偿还，从而解决了农民的生产资金之急，调动了农民生产的积极性。[③] 为解决农户家庭的后顾之忧，巴西建立了城乡一体的、相对完善的社会保障制度，农村居民失业也可以领取失业金，农村居民享受全民统一的医疗健康制

---

① 李红涛等．中国与巴西农村发展中几个问题的比较与启示［J］．世界农业，2008（9）：37－39.

② 乌裕尔．巴西的城乡差距和对策［J］．农村、农业、农民（B 版），2007（1）．

③ 乌裕尔．巴西的城乡差距和对策［J］．农村、农业、农民（B 版），2007（1）．

度。农村养老金制度规定，只要农民按每年农产品销售额的 2.1% 缴纳社会保障金，就可以享受退休金、疾病和工伤事故补贴、家庭困难补贴、带薪产假以及领取抚恤金等福利待遇。[①]

目前巴西 1.86 亿人中只有不到 3000 万人口没有进入中产阶级，只占人口比重的 15% 以下。巴西过去通过快速城市化的正向作用已完全显现出来：一方面，大量人口集中转移到城市，产生强大的规模集聚效应；另一方面，农村大块的土地被置换出来，用于发展现代农业，使巴西出现繁荣景象：大都市容纳绝大多数人口，有利于基础设施等公共品服务提供；而农村大片土地连块，可以进行规模经营，产生规模报酬递增效应。巴西农业也屡创佳绩，短期内成为世界上最重要的农业出口大国，在不到 30 年的时间内，巴西从一个粮食进口国转变为世界大粮仓之一，目前已变成过去全球主要粮食出口五大俱乐部的强大竞争对手（美国、加拿大、澳大利亚、阿根廷与欧盟过去是世界五大粮食出口国），2009 年农产品出口总额达 279 亿美元，进出口顺差近 200 亿美元，合 1200 多亿元人民币。[②] 2008 年的抽样调查显示，巴西城乡居民收入比已缩小为 2.02 倍[③]，缩小趋势十分明显。

（二）其他南美国家

除了巴西之外，总体而言，其他拉美国家的收入分配差距也出现了逐步缩小的良好势头。2002 ~ 2008 年，拉美地区的总体平均基尼系数从 0.55 下降到 0.52；其中，阿根廷的基尼系数由 2002 年的 0.578 下降到 2006 年的 0.519，委内瑞拉的基尼系数由 2002 年的 0.5 下降到 2008 年的 0.412，下降幅度均超过 10%；玻利维亚、尼加拉瓜和巴拉圭下降的幅度也超过了 7%。[④]

根据拉美经委会的统计，拉美国家公共社会开支占 GDP 的比重（拉美 21 国加权平均）持续上升，1990—1991 年为 12.5%，2000 ~ 2001 年为 15.5%，2006 ~ 2007 年上升到 17.4%。同时，拉美国家注重调整社会开支的构成，加大对中低收入阶层和穷人受益项目的资金投入，提高用于初、中级教育、基本医疗服务和基本设施的比重。例如，巴西的全民免费医疗制度已覆盖了大多数的居民。公立医疗机构对病人实行免费治疗，住院患者还可以免费享受一日三餐。医院所有费

① 李红涛等. 中国与巴西农村发展中几个问题的比较与启示 [J]. 世界农业，2008 (9)：37 – 39.

② 郑风田. 巴西贫民窟被误读，中国贫富差距成世界笑谈 [EB/OL]. 凤凰网财经，http：//fiance. ifeng. com/opinion/fhzl/20101202/2992426. shtml，2010 – 12 – 02.

③ 巴西贫富差距过大，75% 的家庭每月入不敷出 [EB/OL]. 浙江在线 www. zjiol. com. cn，2009 – 06 – 24 转引自赵宏. 城乡居民收入差距问题研究：国际经验和中国案例 [D]. 华东理工大学，2011.

④ 赵雪峰. 拉美国家缩小收入差距的社会政策及启示 [J]. 中国经贸导刊，2011 (5)：45 – 47.

用由政府支出。为了让民众买得起药，巴西政府推行“人民药店”制度：联邦政府指定全国最大的公共卫生研究机构“奥斯瓦尔多基金会”统一为人民药店采购所需药品，“奥斯瓦尔多基金会”通过举行药品采购招标会的方式统一采购药品，然后将这些药品批发给人民药店，从而有效地降低药价。20 世纪 90 年代以来，为了应对突出的贫困问题，拉美各国出台了各种形式的反贫困计划或生产发展计划，例如阿根廷的户主计划、墨西哥的“机会”计划、智利的团结计划、厄瓜多尔的人力发展补助计划、秘鲁的“洪托斯”计划、尼加拉瓜的粮食生产计划、玻利维亚的“农村革命”计划等等，这些有针对性的社会计划为贫困和弱势人群提供了必要的社会保护。①

第二节　基于国际经验的缩小青海城乡居民收入差距的对策②

一、造成青海省城乡居民收入差距拉大的主要原因

从前文的研究可知，目前青海省城乡居民收入差距主要存在三个方面的问题：一是城乡之间存在明显的生产性收入差距和非生产性收入差距；二是城乡居民收入比逐步缩小但城乡居民收入差额却在扩大；三是农民之间的收入差距：县域农民收入远远低于市各区农民的收入。

上述问题存在的主要原因可以归纳为以下几点：

（一）自然性因素的影响：农村（牧区）的自然情况以及农业（牧业）产业的自然属性是导致城乡居民收入差距形成以及不断扩大的基本因素。

（二）政策性因素的影响：受城乡二元结构的影响，宏观财政投资政策不利于农（牧）业和农村（牧区）经济的发展，很多投资资金基本偏向了城市，这种城市偏向的财政政策不仅无助于解决城乡居民收入差距问题，反而强化了城乡居民收入差距。

（三）制度性因素的影响：一是城乡有别的户籍制度，城乡户籍制度的改革仍然没有改变与农（牧）民有关的相应制度：一方面造成农（牧）民就业同工不同酬的现象，严重的甚至不能及时或直接拿到工资，严重挫伤农（牧）民进城务工的积极性，致使大量的剩余劳动力滞留在农村，影响了农（牧）民的工

① 赵雪峰．拉美国家缩小收入差距的社会政策及启示［J］．中国经贸导刊，2011（5）：45－47.

② 本节参考了黄素心、王春雷．广西城乡收入差距治理方略研究［M］．北京：经济科学出版社，2012：63－80.

资性收入；另一方面，农（牧）民工在城市里还受到社会保障、义务教育、公共服务和权益保护等方面的歧视性待遇，使农（牧）民发展的成本加大。由此附加在城乡户籍上城乡居民利益失衡等，形成实际上的人身等级，致使城里人不愿意到农村去，由户籍形成的人口壁垒，在客观上维持着城乡壁垒，这也造成了农（牧）民收入不稳定且偏低。二是社会保障制度不够完善，由于在现行的社会保障体制下，社会保障支出资金主要来源于财政，城市偏向的财政政策必然导致政府在城乡居民社会保障支出上也不可避免地存在着巨大的差异，表现为城市形成了以就业为前提、社会保险为核心的较为完整的社会保障模式；农村（牧区）形成了以家庭保障为主、集体保障为依托的较低层次的社会保障模式。

（四）其他非正常因素：一是农（牧）民自身劳动文化素质造成收入不高；二是农（牧）业生产资料价格的上涨导致成本加大，导致农（牧）民收入下降；三是农（牧）民缺乏非农产业的补充性收入。

二、基于国际经验的缩小青海城乡居民收入差距的主要对策建议

要缩小青海省城乡居民收入差距，首先是理念要先行，也就是说，政府首先要认识到当前城乡居民收入差距的潜在危险；其次是对症下药，根据对城乡居民收入差距产生的原因进行分析，提出相应的解决对策。

（一）用好、落实国家各项方针政策，继续加快发展经济

加快经济发展是增加收入水平、缩小城乡差距的必要途径。经济发展是一切社会发展的基础，是每一个国家和地区追求的共同目标，只有发展经济，把蛋糕做大，才能为收入分配提供物质基础和经济保障。青海省经济基础薄弱、生态脆弱，这就决定了不可能走高污染、高能耗的发展道路，只能结合地区实际情况，科学认识优势和不足，转变经济发展方式，提升集约化水平，突出生态效应，用好、落实国家出台的西部大开发、支持藏区发展等政策，继续推动全省经济特别是广大牧区经济持续、健康、稳定、快速发展，配合当前实施的游牧民定居工程、林权制度改革、扶贫开发、草原生态补偿奖励机制等惠民政策，坚定不移的走特色经济发展道路，使广大群众能共享改革开放成果。

（二）调整农（牧）业结构，推进农（牧）业产业化经营

缩小城乡居民收入差距的首要任务是大力发展农村牧区经济，为农牧区居民增收奠定经济基础。针对青海省的自然环境，农（牧）民的持续增收需要政府积极的促进农牧业发展及加强农牧业基础设施建设，要不断地调整优化农牧业结构，大力发展现代农牧业，对应用新技术、改良土壤、兴修水利设施等农业基础

建设给予大量的财政投入和转移性支持。借鉴美国经验，积极落实良种补贴、粮食直补等一系列支农政策。积极推进农牧业产业化经营，以产业化为重要途径，提高农牧产品进入市场的竞争力。

加快现代农牧业发展，形成产业互动，确保农牧民经营性收入增长，促进农牧业的新型工业化建设。只有“新型工业化”才能为青海农牧区剩余劳动力转移提供足够的就业空间，才能推动二元经济结构顺利转换；也只有“新型工业化”，才能使农牧业占GDP份额与农牧业就业人口同步下降，使农牧业劳动生产率得以提高，最终从根本上扭转城乡居民收入差距扩大的困境。

（三）增加农村（牧区）建设资金的投入力度

在现行的财政政策下，财政对农村（牧区）支出的资金主要用于农田水利设施、农村（牧区）交通运输、仓储设施、农牧产品市场及农牧业气象服务设施等。农村（牧区）基础设施的落后：一方面不利于农牧业和农村（牧区）经济的发展，从而不利于农村（牧区）居民收入的增长；另一方面减弱了农村（牧区）居民抵抗自然灾害的能力，加大了灾害对农牧业生产的危害，强化了农村（牧区）居民因灾、因病致贫的现象，并且不利于提高农牧业技术水平，阻碍了农牧业生产效率的提高。青海省农村（牧区）建设资金存在严重的不足，公共基础设施建设还需要投入大量的资金，这就需要充分发挥政府的财政职能，通过适宜的财政支出政策，加快对农村（牧区）的公共财政投入及提供有效的公共产品供给，利用财政调节城乡居民收入差距，切实减轻农（牧）民负担，为农村（牧区）居民提供平等的发展环境，在促进农（牧）民增收的同时，提升农村（牧区）居民的生活水平。具体需要做到：第一，重点围绕促进农牧业生产、农机购置、“家电下乡”和“现代农牧业装备进农（牧）家”，扩大和完善对农牧民的直接补贴政策。第二，继续深化社保制度改革，建立真正的城乡一体化社会保障制度。①虽然近几年来青海城乡社保制度一体化取得了很大进展，已经实现了城乡社会保障制度全覆盖，在失业救助如岗位补贴、社会保险补贴、职业技能和创业培训补贴等方面基本实现城乡同等待遇，但在基本医疗保险等制度和管理上依然存在城乡分割，在基本养老、医疗保险、社会救助等方面的筹资

① 目前城乡居民收入差距持续扩大，但农村牧区的贫穷并不是穷在没肉吃、没衣穿、没房住的层面，而是存在看不起大病、孩子上不起大学等问题。可以说，如果解决了这些问题，即使城乡居民收入有差距，也没多大关系，因为在农村牧区生活成本相对较低的情况下，这种差距应该是能够被理解和接受的。所以，现阶段我们的当务之急，是两只手都快速行动起来，一方面通过降低农民种粮成本和提高农民工待遇来增加农民收入，另一方面，是健全农村牧区社会保障以解决农牧民的后顾之忧。可以说，完善农村牧区社会保障体系，是缩小城乡差距，给农牧民增收的最好方式。

和待遇给付上仍然存在相当大的差别，因此应进一步整合制度和管理，如将“新农合”由卫生部门转交人力资源和社会保障部门，实现与城镇基本医疗统一管理，并实施全市统筹，统一缴费；在待遇给付上，应逐步提高农村（牧区）居民养老、医疗、社会救助保障水平，进一步缩小城乡差距；应建立城乡一体的就业失业管理制度，设立镇村农牧民就业服务机构，加强对农牧民就业服务，促进农村（牧区）劳动力转移就业。第三，加大对农村（牧区）教育、科技、文化娱乐、卫生等公共服务设施建设的投入。目前青海农村（牧区）居民所享有的公共服务设施的数量和质量都远远低于城镇居民，因此应加大公共财政在这些方面的投入，提高农村（牧区）基础教育、职业教育质量，加强对农牧业科技、文化娱乐等方面的服务，促进城乡公共服务均等化发展。

同时，加大“三农”的现代服务业投入资金，扶持建立起健全的农村（牧区）现代化服务体系，利用现代化信息技术和网络技术在城乡之间、共农（牧）业之间以市场为纽带，建立起各种要素畅通流动的渠道，实现城乡产业结构同步升级，城乡经济均衡发展，最终缩小城乡居民收入差距。

（四）继续推进城市化进程，消除不合理的户籍制度，建立城乡一体化的劳动力市场

目前，青海省在城市化过程中产生的劳动力流动更多地体现为“农村（牧区）精英的城市化”，农村（牧区）精英和少数富裕农（牧）民将已经积累的物质资本和人力资本一并带入城市，使得城乡居民收入差距拉大。造成这种现状的原因主要是制度因素：一是城乡二元户籍制度；二是分割的劳动力市场。只有继续深化改革户籍制度，剥离户口的福利含义，最终把户籍制度变成一种单纯的人口登记制度，并在此基础上建立城乡一体化的劳动力市场，使得农（牧）民有责任在城市平等就业、获得公平福利待遇及获得在城市安家乐业的机会。这样的城市化进程才能促进人口的合理迁移，减少农村（牧区）人口，城市化产生的劳动力流动才有可能通过要素报酬的均等化，实现缩小城乡居民收入差距。

同时，在城镇和农村（牧区）设立专门为农牧民提供劳动就业服务的机构，主要抓好劳动政策法规咨询、就业培训信息和职业指导、职业介绍等多种服务，并运用现代化手段实现城乡劳动力资源与就业用工岗位信息的快速有效对接，降低农村（牧区）剩余劳动力向城镇转移的交易成本。此外，还需要建立保障农牧民合法权益的机制，主要包括：一是建立农牧民工资按时发放和合理增长的长效机制，实行农牧民工资保障金制度，从制度上加强管理，杜绝欠薪行为，并按照“同工同酬”的原则是农牧民工资与城镇居民工资同步增长；二是加强农牧民用工企业劳动合同执行情况的监督，建立高效便捷的劳动仲裁制度，并针对农

牧民群体提供法律援助，使劳动违法行为得到及时纠正和处罚，确保国家支持农牧区劳动力向城镇转移的各项优惠政策落到实处。①

此外，在推进城镇化建设过程中，充分尊重农牧民意愿②，解除农牧民后顾之忧，防止“半城市化”③ 现象出现，同时推进新型农村（牧区）社区建设。

（五）适当调整政府支出结构和方向，增加对农村（牧区）基础设施的投资力度

地方财政支出和固定资产投资严重的城镇倾向已经被证实：这种“劫贫济富”式的政府经济干预，使得原本就脆弱的农村（牧区）经济越发难以跟上城镇快速增长的脚步。为缩小城乡差距，应积极借鉴韩国和中国台湾地区经验，一方面要适时调整政府支出的结构和方向，将财政支出更多地转移支付到农村（牧区），利用工业反哺农牧业，增加对农村（牧区）农田（牧场）水利、道路交通、信息建设等基础设施的投资力度；另一方面，更多的政府财力需要用于支持乡镇企业发展，促进农（牧）民从农牧业向工业转移。只有这样，农村（牧区）剩余劳动力才能得到有效吸纳。

（六）加快农村（牧区）金融体系建设，加大对农村（牧区）生产生活的支持力度

农牧业贷款比例的提高，有助于缩小城乡居民收入差距。大量文献证实了关于“农村地区资金大量外流和贷款难问题是农村经济发展直接障碍”的判断。为解决这一问题，应加快农村（牧区）金融体系建设，调整金融机构的准入政策，放开农村（牧区）金融市场，通过适度的财政或税收手段对农村（牧区）金融机构进行补贴，并完善各项制度，严厉打击各种逃废金融债务的行为，降低农村（牧区）金融机构的贷款风险。因此，应该做到：一是完善农牧区金融组织，一方面加强正规金融组织对农牧区的服务，另一方面要规范非正规金融组织；二是创新农牧区金融产品；三是实施差别化货币政策。

---

① 参考张鑫．中国城乡居民收入差距及其成因的演化路径研究［M］．北京：经济管理出版社，2011：193－194.

② 在城镇化建设进程中，应该尊重农牧民意愿，对于不愿意离开故土的农牧民，应该推进农牧区社区建设。在建设农牧区社区时，应因地制宜、分类指导、分步推进，可分三类进行试点，具体包括：新城区规划范围内的农村（牧区）社区；小城镇、开发区周边和中心村的农村（牧区）社区；规划保留的传统农村（牧区）社区。在农村（牧区）社区建设中，通过促进村庄向社区的转变，推进城乡社区一体化进程，缩小城乡差距。

③ “半城市化”是指农牧民离开乡村（牧区）到城市就业与生活，但他们在工资收入、教育、社会保障、住房等许多方面并不能与城市居民享有同等待遇，未能真正融入城市社会，从而引发各种社会矛盾。

（七）加快农牧业结构升级，促进第三产业发展，吸纳农村（牧区）的剩余劳动力

第二和第三产业的发展均有利于缩小城乡居民收入差距，特别是第三产业发展将为农村（牧区）地区吸纳大量的剩余劳动力，对提高农村（牧区）居民收入，缩小城乡差距将具有重要意义。

同时，重视农牧区职业教育与创业培训，为第三产业发展提供人力资本，通过职业技术的培训，使劳动力具备基本的创业技能，促进第三产业发展，吸收农牧区剩余劳动力。

（八）因地制宜地选择农牧业发展模式

对于平原地区，可以借鉴美国、巴西的经验，通过土地流转等方式，将耕地（草场）资源适度集中和整合，以发挥规模农牧业的优势；对于占比超过七成的丘陵山地，应借鉴日韩经验，发展特色农业和精致农业，做足“山”的文章，因地制宜，发挥优势，在质量和特色上出效益，实现农村（牧区）地区农牧业收入的提升。

（九）稳定农牧产品价格，确保农（牧）民收入

农牧产品生产周期长，价格除了受供求关系影响之外，天气、自然灾害等偶然因素的影响非常大，因此价格波动频繁。频繁变动的农牧产品价格时常带给农（牧）民扭曲的价格信号，增产还是减产难以抉择，收入带有极大的不确定性。为确保农（牧）民收入，保护农牧业生产积极性，几乎所有国家和地区的政府都采取了保护性收购、农牧产品价格支持或者直接补贴的手段。除了政府的力量，像日本和韩国这样的国家，由农牧民组成的互助组织“农（牧）协”还具有强势的议价能力，保证了农牧产品价格的稳定。这些国际经验和做法均非常值得青海借鉴。

（十）扶持农村（牧区）地区发展农牧业外经济，增加非农收入

随着工业化和城市化的不断推进，农村（牧区）地区专业从事农牧业的人口数量会呈逐渐减少的趋势，如20世纪30年代末美国农业人口占总人口的比重为25%，1950年下降至17%，1980年仅为3%；日本目前真正从事农业生产的农民不足4%。如何在农村（牧区）发展农业外经济，实现农村（牧区）剩余劳动力的就业并增加非农收入，成为缩小城乡居民收入差距的关键。青海是少数民族聚居区，农村（牧区）地区分布着大大小小四十多个民族的居民，少数民族文化资源丰富，是一笔不可多得的非物质文化遗产。在发展农村（牧区）非农（牧）经济时，更应当用好这笔文化财富，依托当地民族特色，推出自已的“一

村一品”。这里的“一品”不局限于农（牧）副产品，也包括轻工产品、手工制品以及文化产品和服务等。目前，由青海各地政府牵头，已经有一批民族特色文化旅游产品得到保护和开发，在区内小有名气。

（十一）在民族区域自治框架下对城乡一体化治理进行先行先试

综观美国、日本以及欧洲各国的城市化进程，我们会发现一个城乡自动均衡的规律：在城市化早期，人口转移基本是单向的，主要是由乡村向城市流动；当城市化达到一定程度后，开始出现逆城市化的倾向，即所谓的郊区化，此时农民流向城市，而市中心的富有阶层离开喧嚣的市中心搬迁到乡村定居，当郊区化达到一定程度后，在郊区出现了大量城市化服务，郊区本身也城市化了，此时就实现了所谓的大都市化；当该国城市化达到一定程度后，城乡之间的人口流动就实现了一个动态平衡——城乡居民收入没有明显差距，从表面上看城乡人口数量也不再有明显变化，但事实上存在双向人口流动。

城乡人口的双向流动需要一个基本前提，即城乡一体化治理——乡村要和城市法律地位、居民政治权利、治理模式等保持一致，否则人口双向流动就会存在人为障碍。城乡一体化治理的优越性在于既能够保证乡村财力，又促进了乡村民主，还会促进城乡关系实现自动均衡。通过城乡一体治理，西方发达国家有的已经基本达到这种自动均衡，有的还正处在自动均衡的实现过程之中，这种治理模式经过时间的考验，证明其具有极强的适应能力，也具有普遍推广的价值和可行性。

因此，青海可在民族区域自治的框架内，申请在小范围内先行先试城乡一体化治理模式，实现农村和城市地区在法律地位、居民权利等方面的统一，解除人口双向流动的制度障碍，争取通过城乡一体治理促进城乡关系实现自动均衡。相关实践经验将成为我国，特别是欠发达地区和少数民族地区调节城乡居民收入分配差距和促进社会公平的重要样本，具有十分重要的现实意义。

（十二）重视农村（牧区）民生体系建设，实施科教兴农（牧）

包括社会保障、医疗、教育、交通、通信、生态环境等内容在内的民生发展情况往往难以非常直观地统计在城乡居民收入的数值当中，但是农村（牧区）民生工程发展如何，是一国或地区农村（牧区）居民是否享有幸福感的重要参考指标，也是农村（牧区）地区能否吸引人才、留住人才的关键环节之一。美国建设了“都市化的村庄”，日本倡导农村生活现代化，韩国在新村运动中大力改善农民的居住环境，这些都给农村地区居民的生活带来极大的舒适和便利；由于采取城乡一体化治理，这些国家的农村居民享受到与城市居民相同的养老和医疗保障，农村地区的儿童和青少年也受到高水平的义务教育及有特色的职业教育，解除了农民的后顾之忧，给农村地区的青少年与城市孩子同等的发展机会。

因此，青海需要不断拓宽思路，克服基础差、资金缺等各种困难，加速农村（牧区）基础设施和社会保障体系的建设工作，只有这样，才能逐步实现农村（牧区）地区居民的安居乐业，不断缩小城乡居民之间的收入和福利差距。

（十三）进一步完善生态补偿机制，促进三江源地区生态移民稳步增收①

三江源地区实施生态移民工程后，大量牧民撤离核心保护区进行集中安置，自身存在的一些特殊问题没有得到彻底解决。一是缺少稳定的生活收入来源。牧民迁移之后，原有的草场实行退牧还草，失去了放牧、养殖、农副产品采摘等基本生活来源，生活支出急剧增加。目前主要依靠国家给予的退牧还草补助维持生计，等到退牧还草等政策有效期结束后，移民的长远生计缺乏保障。二是在短时间内难以适应新的社会环境和社会方式。三江源地区牧民绝大多数从事畜牧业，主要以游牧为主。移民搬迁后，实现了从游牧向定居转化，但是由于移民中大部分牧民群众不会讲或说不好汉语，与外界接触沟通和获取市场信息能力弱，就业技能单一，很难找到稳定的工作和收入来源。三是后续产业发展难度比较大。由于三江源地区位置偏远、交通不便，再加上高海拔和恶劣气候条件，产业发展的成本高，远离主要消费市场，而当地的市场容量和消费水平较低，特色优势产业的发展难以做大做强，资源优势难以转化为产业优势和经济优势。四是移民存在返牧的可能。三江源地区的移民主要迁移到县城、州府所在地及附近州县等城镇，解决了“定居”的问题，但由于难以从根本上解决这部分移民的就业和基本生计问题，存在移民回流的潜在因素，“移得出、稳得住、能致富”将面临挑战。

因此，省委省政府应该积极向国家层面要政策，增加三江源地区农牧民转移支付收入：（1）呼吁国家将青海省列为生态文明先行试验区，将“三江源”设立为国家生态补偿示范区。研究制定《三江源自然保护区生态补偿条例》，建立和完善三江源生态补偿的长效机制。

（2）切实加大对青海“三江源”生态补偿的投入力度。“三江源”不仅仅是青海的“三江源”，更是中华民族的“三江源”，也是世界的“三江源”。目前，

① 参考民革青海省委员会调研报告．关于建设国家生态文明先行试验区大力推进三江源生态补偿机制建设的调研报告［R］．2013 年 11 月 13 日。

青海省每年只能安排25亿元资金落实其中的几项补偿政策。如果全面实施“三江源”生态补偿机制，每年共需要资金50亿元。若剔除中央已落实草原生态保护补助奖励资金后，尚有30亿元的资金缺口。考虑“三江源”地区特殊困难，省政府及有关部门要加大工作力度，争取在中央财政预算专项中设置青海“三江源”生态补偿科目，从国家层面帮助青海加快建立和完善“三江源”生态补偿机制。

（3）创新生态补偿方式，提高生态补偿标准。三江源头的生态保护与建设，受益的是整个国家，特别是广大的下游经济发达地区，建立生态补偿机制应是国家的战略决策，省政府及有关部门要呼吁国家充分运用经济手段和法律手段，探索多元化生态补偿方式，搭建协商平台，完善支持政策，鼓励和引导开发地、受益地区与生态保护地区、流域上游与下游建立横向补偿关系，采取资金补助、对口协作、产业转移、人才培训、共建园区等方式，实施横向生态补偿。积极探索碳汇交易、排污权交易、水权交易等补偿方式，拓展生态补偿资金渠道；尽快研究开征水资源税、环境税等，筹集生态保护及生态补偿资金。通过设立多元化的三江源生态补偿基金，鼓励社会力量支持三江源生态保护和建设工作。要充分考虑物价、人口等因素，动态调整和提高农牧民生态补偿标准，实施生态补偿的联动机制。

（4）研究制定《三江源自然保护区生态补偿条例》，建立和完善三江源生态补偿的长效机制。目前，国家对三江源生态环境的保护是以项目方式进行，而且项目只注重环境保护，没有考虑当地农牧民的生产生活及资源开发，项目结束则补偿中止。为确保生态补偿的延续性和有效性，呼吁国家应通过条例形式，在法规上明确生态补偿的基本原则、补偿范围、补偿对象、资金来源、补偿标准，以及相关利益主体的权利义务、考核评估办法等，为生态补偿机制顺利实施提供法律保障。

同时，省委省政府应该做到：鼓励和扶持特色优势产业的发展。三江源地区中的自然保护区应当属于禁止开发区域，外围的生态功能区属于限制开发区域。由于三江源地区面积较大，涉及的县乡和人口数量众多，不可能也没有必要因国家财政转移支付来供养而限制或禁止这些地区的发展。为了增强自我发展能力，在限制开发区域和禁止开发区域内的实验区和缓冲区允许因地制宜发展一些资源环境能够承载的特色产业，有助于增加就业、提高收入、保持社会稳定。因此，通过综合运用财政补贴、低息和贴息贷款、税费减免、生态标识等多种优惠手段，重点扶持生态旅游、农牧产品加工、藏药、民族手工业等行业的发展，吸引国内外各类投资者进入。对于限制开发区域的优势矿产资源开发，应本着集约式开发利用的原则，稳步有序合理开发，促进资源优势转化为经济优势。通过发展特色优势产业来增加农牧民收入。

第九章　研究总结与展望

第一节　研究总结

一、研究特色和主要建树

（一）从收入来源视角挖掘造成青海城乡居民收入差距拉大的根源

在第五章中系统从收入来源的角度对青海省城乡居民收入差距进行实证分析。将城乡居民收入来源分为工资性收入、经营性收入、财产性收入和转移性收入4个部分，首先研究各项收入分别占城乡居民收入的比重，分析其对城乡居民的重要度和稳定性；其次分析单个收入来源对城乡居民收入的贡献程度，得出工资性收入对城乡居民收入差距贡献率最高，转移性收入和经营性收入次之，财产性收入贡献最小。最后建立数理统计模型，以4项收入的差额、CPI和人均GDP为自变量，城乡居民收入比为因变量，通过计量分析得出工资性收入、财产性收入和转移性收入的增大不利于缩小城乡居民收入差距，经营性收入的作用不显著，经济发展水平可以缩小城乡居民收入差距。

研究发现：在城乡居民的四项收入来源中，工资性收入对城乡居民收入差距的贡献率最高，其次是转移性和经营性收入，财产性收入对城乡居民收入差距的贡献率最小。

（二）重视实证分析，通过大量数据和建模进行分析，强调研究结论的科学性

从第三章开始，系统整理了统计数据，共同统计数据分析城乡居民收入差距的演化情况；第四章对西部五省城乡居民收入差距进行了比较；第五章进一步分析了各项收入来源的贡献度；第六章分析城乡居民收入差距的内在因素，找出缩小青海城乡居民收入的关键，弥补了第五章的不足，通过利用不变价格（剔除价格上涨因素）分析城乡居民收入差距的轨迹和各因素影响程度，得出青海城乡居

民收入差距打造经历了五个阶段，大致表现为“下降——急剧下滑——不明显倒U变化——明显倒U变化——性质不同”五个阶段并分析了相关原因；第七章对青海省城乡居民收入差距进行了预测和趋势分析。

研究发现：我们按照现行价预测青海城乡居民收入差距在未来8年将呈现先扩大后缩小的趋势，变化速度较快，且城镇居民人均可支配收入大于农村人均纯收入。而以不变价对青海城乡居民收入差距进行预测，在未来8年将呈现扩大的趋势，扩大速度缓慢，且农村人均纯收入大于城镇居民人均可支配收入。出现这样不同的结果，我们认为不变价格城乡居民收入差距更符合青海的实际，其原因是：一是不变价城乡居民收入差距剔除了物价上涨的因素，更易于切近现实；二是随着农牧民工资性收入和经营性收入的增加，收入增长幅度将会大于城镇居民。

（三）首次通过多模型对青海城乡居民收入差距进行预测

在第五章我们采用AR（1）模型、Holt模型和二次曲线模型三种模型进行预测比较，选取最佳模型进行预测。分别采用现行价格和不变价格进行了预测，并进行结果比较，认为采用不变价预测结果更为科学合理。

（四）基于国际经验并结合青海省情提出来具有可操作性的政策建议

在研究过程中我们深深感到，青海城乡居民收入差距格局的形成，既与全国经济社会改革过程中的制度因素有关，也有其自身的特点。未来青海区域发展战略和政策的制定必须充分考虑这一基本前提，在尊重全国收入分配形势“共性”的同时，认清青海城乡居民收入差距的“个性”。本研究报告运用统计学和计量经济学的研究方法，在清楚认识青海城乡居民收入差距状态和主要体现形式的基础上，分析城乡差距拉大的政策和制度原因、影响因素，综合考虑城乡差距的全国“共性”与青海“个性”，判断“十二五”时期或更长时期内青海城乡居民收入差距方面的基本态势，将治理城乡居民收入差距的国际经验与少数民族地区实际相结合。

在第八章中结合国际治理城乡居民收入差距的经验，站在一个较高的高度，从国际视野来学习治理城乡居民收入差距的国际经验。将青海城乡居民收入差距原因归纳为：自然性因素、政策性因素、制度性因素和其他因素，通过分析我国以往的政策和制度，找出了导致城乡居民收入扩大的关键因素，并结合国际经验提出了13条既符合青海省情和区域特点，又切实可行的政策建议。

二、研究价值及社会影响

党的十八届三中全会通过的《中共中央关于全面深化改革若干重大问题的决

定》指出："城乡二元结构是制约城乡发展一体化的主要障碍。必须健全体制机制，形成以工促农、以城带乡、工农互惠、城乡一体的新型工农城乡关系，让广大农民平等参与现代化进程、共同分享现代化成果。"所以，解决城乡二元结构是深化改革、全面建设小康社会所需要解决的重要问题。

青海脆弱的生态环境、多民族聚居、多宗教并存，多文化、多生态、多资源、多体制共生成为青海显著的人文社会特点，这一特征决定了解决青海城乡居民收入差距问题的复杂性和特殊性。青海城乡居民收入差距问题的解决必须以经济发展、生态安全、社会稳定为根本目标，在这一目标之下探寻青海缩小城乡居民收入差距的实现路径具有重要的理论价值和实践意义。当前青海省城乡收入差距问题十分严重，这不仅影响着农牧区经济的发展，在一定程度上也影响了城市经济的发展。城乡收入差距的持续拉大，不仅影响青海的经济发展，也威胁到青海藏区的社会稳定和民族团结。

因此，本研究提出的13条政策建议，可以有效避免城乡居民收入差距进一步恶化，有助于促进城乡居民收入分配公平。

第二节　研究展望

青海城乡居民收入差距问题涉及面广，情况复杂，影响因素也在不断发展变化，因此，对这一问题的研究是一个不断深化的过程，作者也将继续关注并深入研究这一问题。

我们在调研中发现，按照统计数据分析城乡收入差距不甚准确，由于青海是典型的三元社会（城镇、农村和牧区），采用公共统计数据分析城乡收入差距是必掩盖了事实真相，而且我们在调研中也发现，城乡收入实际差距比统计数据要大很多。因此，在后续研究中，可在以下方面做进一步探讨：

一是需要编制"城镇居民收入状况调查问卷""农村居民收入状况调查问卷"和"牧民收入状况调查问卷"，对青海城镇居民、农民和牧民进行入户调查，获取一手资料，填补以往受限于公共统计数据而无法进行的一些研究，揭示青海省城乡居民收入差距的实质。

二是将青海城乡居民收入差距对藏区社会稳定相结合进行研究，并对影响青海城镇居民、农牧民收入水平的特征性因素进行探索性研究。

三是对青海城乡居民收入满意度进行测算和比较研究，系统研究生态移民后牧民的收入满意度对生活满意度的相关性分析和回归分析，寻找收入满意度对生态移民整体福利的影响程度。

附录一：调查问卷

城市居民调查问卷

城乡居民收入差距问题问卷调查1

本调查的主要目的是为了了解目前城市居民的基本生活状态及其对城乡居民收入差距问题的看法，所调查资料无任何商业用途，仅为学术研究提供素材，也将有助于政府合理制定城乡统筹规划。请真实回答你的想法。谢谢配合！

调查对象：接受本调查的应为城镇居民，年龄在20岁以上，最好是一个家庭中的核心人物。

一、基本信息部分

1. 你的性别（男　　女），民族________________
2. 你的年龄（20～29岁，30～39岁，40～49岁，50～59岁，60岁以上）
3. 你家庭的人口数（1人 2人 3人 4人 5人及以上）
4. 你的文化程度是
   （1）小学或以下（2）初中、高中（包括中专、职高、技校等）
   （3）大专及以上
5. 你现在的居住地是在青海省________________市（州、县）。

二、问题部分

1. 你觉得目前农村与城市相比各方面存在的差距大吗？( )
   （1）非常大（2）比较大（3）一般（4）不太大
2. 你觉得这样的差距合理吗？( )

（1）很不合理（2）不太合理（3）基本合理（4）完全合理

3. 现在有大量的农村居民进入城市，你认为总体来说是（ ）

（1）利大于弊（2）弊大于利（3）利弊相当（4）说不好

4. 你认为取消户口制度，让人口可以自由流动，这个政策好吗？（ ）

（1）好（2）不好（3）无所谓

5. 如果条件许可，你会考虑住到农村去吗？（ ）

（1）不会（2）可能会（3）没想过

6. 对于目前居民之间出现的贫富分化逐渐扩大的现象，你可以接受吗？（ ）

（1）可以接受（2）基本可以接受（3）不太能接受（4）完全不能接受

7. 你认为现阶段政府在收入分配政策上，首先应该考虑的是（ ）

（1）完善社会保障政策，保障大多数人的基本生活（2）打击非法收入、惩治腐败、改变垄断状况等（3）作好贫困人口的救济、扶助工作（4）其他

8. 你们家的家庭年收入一般在（ ）左右

（1）1万元以下（2）1～3万元（3）3～5万元（4）5～10万元

（5）10万元以上

9. 你对这样的收入状况满意吗？（ ）

（1）满意（2）比较满意（3）一般（4）不够满意（5）很不满意

10. 你们家庭中的主要收入来源是（ ）（选两个）

（1）工资、奖金等收入（2）经营性收入（例如，从事工、商、服务业经营）

（3）利息、股息等财产性收入　（4）捐助、馈赠性收入（5）其他

11. 你家庭日常开支中最大的支出主要用于（ ）（按重要程度选三项）

（1）吃穿等开支（2）孩子教育支出（3）医疗支出（4）还贷支出

（5）娱乐、旅游等支出（6）其他

12. 你家里有以下哪些物品？（可以多选）（ ）

（1）电视机（2）电脑（3）空调（4）小轿车（5）电话（6）电冰箱

（7）洗衣机（8）以上都没有

13. 如果你有多余的钱，你首先会做什么？（ ）

（1）改善生活条件（用于吃穿等）（2）去旅游、娱乐（3）存银行

（4）做一些投资（如买股票、做生意等）（5）其他

14. 你觉得现在贷款容易吗？（ ）

（1）比较容易（2）不太容易（3）太难了（4）不知道

15. 你有没有向银行贷过款？（ ）

（1）从来没有，以后也不会（2）从来没有，但以后可能会尝试

（3）已经贷过或正在贷款

16. 你会买保险吗？（任一种保险形式均可）（ ）

（1）从来没有，以后也不会（2）从来没有，但以后可能会尝试

（3）已经买过或现在正在用

17. 你认为城乡差距是否应该缩小，如果是，有什么好的办法和建议？

青海省城镇家庭收入问卷调查2

1. 您居住的地点属于（ ）

（1）省城（2）地级市（3）县级市（4）其他

2. 您家有几口人？＿＿＿＿＿，其中劳动力人口（有收入的）有＿＿＿＿＿

3. 家庭主要劳动力的性别＿＿＿＿＿＿＿

（1）男（2）女

4. 家庭主要劳动力的年龄＿＿＿＿＿＿＿

（1）30岁以下（2）30～39（3）40～49（4）50～59（5）60岁及以上

5. 家庭主要劳动力的文化程度＿＿＿＿＿＿＿

（1）小学或以下（2）初中（包括中专）（3）高中（包括职高、技校等）

（4）大专（5）大学及以上

6. 家庭主要劳动力的职业＿＿＿＿＿＿＿

（1）国家机关、党群组织、企业、事业单位负责人（2）专业技术人员

（3）办事人员及其他人员（4）商业、服务业人员（5）其他

7. 家庭主要劳动力的职称＿＿＿＿＿＿＿

（1）无职称（2）初级（3）中级（4）副高级（5）高级及以上

8. 家庭主要劳动力的职务＿＿＿＿＿＿＿

（1）无（2）科级及以下（3）处级（4）厅局级及以上

9. 家庭主要劳动力工作的行业＿＿＿＿＿＿＿

（1）制造、建筑业（2）电力、煤气、水的生产供应业（3）交通、邮电、通信业（4）金融、保险业（5）房地产业（6）教育、文艺、广播、电视、电影业（7）批零贸易、餐饮业（8）卫生、体育、社会福利业（9）其他

10. 家庭主要劳动力所在行业的经济类型＿＿＿＿＿＿＿

（1）国有经济（2）集体经济（3）私有经济（包括民营）（4）港、澳、台经济（包括合资、合作、独资经营）（5）外商经济（外国投资者在内地开办的，包括合资、合作、独资经营的企业）

11. 家庭主要劳动力的年收入大概在（ ）万元

（1）1万元以下（2）1～2万元（3）2～3万元（4）3～4万元（5）4～5万元（6）5～6万元（7）6～8万元（8）8～10万元（9）10万元以上

12. 您家庭年收入的来源构成如何？请完成以下表格。如果可能请给出一个相对确切的数值，否则给出一个区间值，如 5000～6000 元。区间尽可能小，没有的项目请填 0。

工薪收入（包括工资、奖金、津贴等）	
自已开厂、经商、运输、服务等经营性收入	
财产性收入（指房租、股票、利息等的收入）	
转移性收入（国家补贴、救济、亲戚赠送等收入）	
其他收入	
家庭全年总收入（扣税后）	

13. 您对您的家庭收入满意吗？您对目前的收入分配制度有何看法？

农村（牧区）居民调查问卷

城乡居民收入差距问题问卷调查1

本调查的主要目的是为了了解目前农村居民的一些基本生活状况及其对城乡差距的一些看法，调查资料无任何商业用途，仅为学术研究提供素材，并为有关部门合理制定城乡统筹规划提供依据。请真实回答你的想法。谢谢配合！

调查对象：接受本调查的应为当地的农村居民，年龄在20岁以上，最好是一个家庭中的核心人物。

一、基本信息部分

1. 你的性别（男 女），民族__________
2. 你的年龄（20 ~29岁，30~39岁，40~49岁，50~59岁，60岁以上）
3. 你家庭的人口数（1人 2人 3人 4人 5人及以上）
4. 你的文化程度是

（1）小学或以下（2）初中、高中（包括中专、职高、技校等）

（3）大专及以上

5. 你现在的居住地是在青海省__________市（州、县）

二、问题部分

1. 你觉得目前农村与城市相比各方面存在的差距大吗？( )

（1）非常大（2）比较大（3）一般（4）不太大

2. 你觉得这样的差距合理吗？( )

（1）很不合理（2）不太合理（3）基本合理（4）完全合理

3. 你认为农村居民与城市居民相比，最大的不平等表现在（ ）方面（选两个）

（1）社会保障（2）教育（3）公共设施（4）就业制度（5）其他

4. 如果可能，你们目前最希望得到改善的是（ ）(选两个答案)

（1）农产品收购价格有较大提高（2）发展农村教育（3）解决农村医疗保障问题（4）对农村的交通、公共设施进行改造（5）其他

5. 如果有条件，你会考虑到城市去（包括县城）生活吗？( )

（1）会（2）不会（3）没想过

6. 你认为取消户口制度，让人口可以自由流动，这个政策好吗？( )

（1）好（2）不好（3）无所谓

7. 对于目前居民之间出现的贫富分化逐渐扩大的现象，你有何看法？( )

（1）没什么看法，很正常（2）基本可以接受（3）不太能接受（4）完全不能接受

8. 你认为现阶段政府在收入分配政策上，首先应该（ ）

（1）完善社会保障政策，保障大多数人的基本生活

（2）打击非法收入、惩治腐败、改变垄断状况等

（3）作好贫困人口的救济、辅助工作（4）其他

9. 你认为现在国家对农村、农业、农民的关心、支持程度如何？( )

（1）名义上、实际上都做得很好（2）名义上好，实际上不够

（3）名义、实际都不够（4）其他

10. 国家取消农业税后，对你的家庭收入提高有帮助吗？( )

（1）没有啥影响（2）有一点帮助（3）帮助很大（4）不知道这件事

11. 你们家庭的年收入一般在（ ）左右

（1）1 万元以下（2）1 ~3 万元（3）3 ~5 万元（4）5 ~10 万元

（5）10 万元以上

12. 你对这样的收入状况满意吗？( )

（1）满意（2）比较满意（3）一般（4）不够满意（5）很不满意

13. 你的家庭收入的主要来源是（ ）(选两个)

（1）种植农产品的收入（2）从事家庭副业或外出打工收入

（3）利息、股息等财产性收入（4）救济、扶助收入（5）其他

14. 你们的家庭支出中，用得最多的在哪些方面？( )（按重要程度选 3 项）

（1）吃穿等日常开支（2）孩子教育支出（3）看病（4）建房支出（5）购买化肥、农药、农业生产工具等支出（6）其他

15. 你家里有以下哪些用品？(可以多选)( )

（1）电视机（2）电脑（3）空调（4）小轿车（5）电话（6）电冰箱（7）洗衣机（8）以上都没有

16. 如果你有多余的钱，你首先会做什么？( )

（1）改善生活条件（用于吃穿等）(2）去旅游、娱乐（3）存银行（4）做一些投资（如买股票、做生意等）(5）其他

17. 在农村贷款容易吗？( )

（1）比较容易（2）不太容易（3）太难了（4）不知道

18. 你有没有向银行贷过款？( )

（1）从来没有，以后也不会（2）从来没有，但如果可以就会尝试（3）已经贷过或正在贷款

19. 你会买保险吗？(任一种保险形式均可)( )

（1）从来没有，以后也不会（2）从来没有，以后可能会尝试

（3）已经买过或现在正在用

20. 你希望政府应该采取怎样的途径或政策来逐步缩小城乡差距？

青海省农（牧）户家庭收入问卷调查2

1．您的家庭所在地是青海省＿＿＿＿＿＿县（市、州）

2．您居住的地点属于（ ）（可以多选）

（1）平原（2）山区（3）丘陵（4）少数民族积聚地区（5）城郊

3．您家有几口人？＿＿＿＿，其中劳动力人口（有收入的）有＿＿＿＿人

4．家庭主要劳动力的性别＿＿＿＿＿＿；年龄＿＿＿＿＿＿

（1）30岁以下（2）30~39（3）40~49（4）50~59（5）60岁及以上

5．家庭主要劳动力的文化程度＿＿＿＿＿＿

（1）小学或以下（2）初中（包括中专）（3）高中（包括职高、技校等）（4）大专（5）大学及以上

6．家庭主要劳动力所从事的工作（ ）（指一年中大多数时间所主要从事的工作）

（1）农、林、牧、渔业劳动（2）当地或外地打工（3）自主从事农业生产以外的经营、服务性工作（4）其他7．您家庭自有的生产性用地（包括闲置）有＿＿＿＿＿＿亩（如果没有请填0），租用的土地＿＿＿＿＿＿亩（如果没有，也请填0）。

8．您家庭拥有的生产性固定资产价值大概在（ ）万元

（1）1万元以下（2）1~2万元（3）2~3万元（4）3~4万元

（5）4~5万元（6）5~10万元（7）10万元以上（8）其他

9．您的家庭年纯收入（家庭总收入中扣除生产和非生产经营费用支出以及缴纳税款等以后的收入）大概在（ ）万元

（1）1万元以下（2）1~2万元（3）2~3万元（4）3~4万元

（5）4~5万元（6）5~7万元（7）7~10万元（8）10万元以上

10．您的家庭年收入的来源构成如何？请完成以下表格，如果可能请给出一个相对确切的数值，否则给出一个区间值，如2000~3000元。区间尽可能小，没有的项目请填0。

家庭年收入的主要构成大概的收入额（元）

从事农、林、牧、渔等获耿的收入	大概的收入额（元）
自已开厂、经商、运输、服务等经营性收入	
外出打工的收入	

本地企业打工的收入	
出租房子或场地获得的收入	
股票、资本投资、利息等财产性收入	
耕地转包收入	
来自国家、县或乡村的各种补贴收入	
其中：粮食补贴	
良种补贴	
其他收入	
家庭年收入合计	

11．对您家庭目前的收入状况满意吗？谈谈你对提高农民收入的建议。

附录二：专题调研报告

果洛地区贫困问题调查研究报告[①]

摘　要：贫困问题事关社会稳定，贫困的存在已经成为影响地区经济社会发展的重要制约因素。党的十七大明确了“绝对贫困现象基本消除”的奋斗目标，提出了“加强对革命老区、民族地区、边疆地区、贫困地区发展的扶持力度”，十八大报告提出了全面建设小康社会的伟大目标，并强调“采取对口支援等多种形式，加大对革命老区、民族地区、贫困地区扶持力度”，将扶贫提升到一个新的高度。尽管中国各级政府通过多种措施在缓解贫困方面取得了瞩目成就，但在历史因素、现实因素、未来发展趋势的相互影响下，由于自然、经济、社会、个人等原因，西部民族地区的贫困问题一直十分突出，反贫困问题成为西部地区经济社会发展、改善民生的重点和难点问题，重视贫困问题的研究，把握贫困问题的规律，对于寻求更加合理的反贫困对策，很有必要，也尤为重要。

果洛藏族自治州地处青藏高原腹地，母亲河黄河发源地，属于安多藏区，是格萨尔文化的发祥地，也是全国最贫困的地区之一。改革开放30多年来，果洛地区经济社会持续发展，贫困问题也变得日益突出。笔者以历年数据和资料为依据，通过调查研究，客观分析果洛地区贫困的现状、特点，为脱贫致富所做的努力，以及仍存在的问题，结合国内外关于扶贫研究的相关理论，探索果洛地区贫困的成因，结合地区实际情况，积极探寻解决贫困问题的对策建议。

关键词：果洛地区　城乡差距　贫困问题

一、果洛州贫困现状及基本特征

贫困本身是一个历史概念，具有绝对和相对双重属性。不同时期、地域和发

---

① 本调研报告由国家统计局果洛调查队陈兴涛老师负责完成。本报告获得2015年度青海省统计系统调研报告一等奖。

展阶段，贫困人口的标准、构成、致贫原因及消除贫困的具体目标也不一样。国家统计局对贫困的界定是："贫困一般是指物质生活困难，即一个人或一个家庭的生活水平达不到一种社会可接受的最低标准，他们缺乏某些必要的生活资料和服务，生活处于困难境地"。贫困人口主要包括低收入人群以及三无人员（无劳动能力、无经济来源、无法定赡养人、抚养人、扶养人）。果洛州属青藏高原传统牧区，长期以来，受区域整体贫困与民族地区发展滞后并存、经济建设落后与生态环境脆弱并存、人口素质偏低与公共服务滞后并存"三重矛盾"的制约，一直是青海省最贫穷的地区，贫困问题长期困扰着当地居民。综合来看，果洛地区的贫困问题主要呈现以下特征，见表一。

表一　截至2015年上半年果洛州低收入人口情况统计表

地区	扶贫户		五保户		农村低保户		城市低保户	
	户数	人数	户数	人数	户数	人数	户数	人数
果洛州	5715	21934	2917	2917	6922	18600	3993	10616
玛沁县	802	2975	431	431	1341	3370	1629	5148
班玛县	973	3788	676	676	1034	2920	551	1233
甘德县	1382	5302	489	489	1293	3460	416	1235
达日县	1099	4671	618	618	1233	3410	456	1038
久治县	809	3146	502	502	986	3020	317	630
玛多县	650	2052	201	201	1035	2420	564	1332

注：玛沁县五保户数据中包含州本级人数和户数。

（一）贫困人口众多

果洛属于青藏高原连片贫困地带，经过多方面的努力，贫困人口呈逐年减少趋势，但贫困人口数量依然众多，按照人均年收入2300元标准划分，到2014年末，仍有贫困户5715户，贫困人口21934人，占全州总人口的11.30%，这一比例高于青海省近一个百分点，远高于全国平均水平。

（二）贫困程度深

长期的贫困，致使贫困程度不断加深，很多困难群众只能维持基本生计，2014年末，纳入全州城镇最低生活保障的住户多达3927户、10596人，占非农业总人口的23.04%；农村居民最低生活保障户多达6716户、18600人，占农业总人口的12.55%，全州五保户、低保户所占比例仍然极高，见表二所示。

表二　果洛州六县贫困人口比例情况

单位:%

地区	贫困人口占总人口比例	五保、低保人口占总人数比例
玛沁县	5.56	16.74
班玛县	13.42	17.10
甘德县	14.31	14.00
达日县	14.02	15.20
久治县	11.56	15.26
玛多县	13.80	26.58

资料来源：作者整理。

（三）贫困人口分布广

贫困人口分布广，州属六县均为贫困县，其中甘德、达日、玛多三县为国家级贫困县，玛沁、班玛、久治三县为省级贫困县，经过多年的扶贫开发，贫困村数量有所减少，但到2014年末，全州仍然有74个贫困村（牧委会），占全部牧委会总数的39.36%。贫困人口占全县总人口比例情况，除玛沁县稍低外，其他五县均较高，且县与县之间无明显差别。

（四）返贫现象严重

在上世纪80年代初期，黄河源头第一县—玛多县人均收入高达520元，是当时的全国首富县。由于过度放牧、滥采滥挖矿产等原因，生态环境急剧恶化，大片草原沙化，河流断流，湖泊干涸，如今，这个县已经由当初的富裕县沦为国家级贫困县，被迫进行生态移民，成了青海省重点扶助县，也是三江源自然保护和建设工程的重点整治区域，成为生态恶化返贫最典型的例证。由于生态脆弱，类似于玛多县这种人为因素造成的返贫现象在果洛州其他地方也不同程度的存在。此外，遇灾即返贫、遇疾病即返贫等症状“反复发作”，返贫率居高不下，加重了扶贫难度。

（五）隐性贫困问题突出

随着高校的持续扩招，“就业难”的问题越来越严重，果洛地区学生也未能幸免。在中央和地方有关部门的共同努力下，各种促进高校毕业生就业的措施相继出台，但由于工作岗位数量有限，许多未就业大学生分别以见习生、西部志愿者（含“青南计划志愿者”）、三支一扶、大学生村官等身份走上就业岗位，月收入均在1300元左右，仅略高于果洛地区最低工资标准，实际处于半就业状态。

为保护三江源地区生态环境，也为解决草场退化区群众生产生活困难，2003

年起，国家陆续在三江源地区开展生态保护和建设工程，大批生态移民随之产生。由于后续产业未取得实质性进展、自身文化素质所限等原因，移民收入基本来自于国家的各项补贴。

暂时未完全就业的大中专毕业生以及众多生态移民，徘徊在贫穷与温饱之间，形成大量的隐形贫困人口。

（六）多种贫困类型并存

按照国内专家学者的划分，贫困主要分为环境恶劣型、优质资源短缺型和积弱型三种类型。其中，环境型贫困是因自然条件恶劣，灾害频发，高寒缺氧等因素造成的；优质资源短缺型贫困是因为科技教育、城镇化、工业化、人力资本、融资能力等软资源短缺所致；积弱型贫困是因为历史原因和环境因素导致的经济起步晚、基础差，加上文化素质低、技能缺乏、观念落后等因素造成的贫困。综合来看，果洛地区三种类型的贫困同时存在，且相互叠加，造成了贫困的复杂性、多元性和广泛性，也给扶贫攻坚带来不少困难。

二、扶贫攻坚所做的努力

（一）制度扶贫方面

多年来，果洛州以改善农牧民生产生活条件和解决温饱问题为重点，把保护生态、扶贫帮困、发展经济作为重要抓手，认真开展扶贫工作，特别是“八七扶贫攻坚计划”后，扶贫工作步伐不断加快，扶贫开发已从以解决温饱为主要任务的阶段，转入巩固温饱成果、加快脱贫致富、改善生态环境、提高发展能力、缩小发展差距的新阶段。贫困村人均收入由2001年的725元增加到2010年的1499元，年均增长8.41%，贫困人口由2001年的63866人减少到2010年的32970人。2011年《中国农村扶贫开发纲要（2011－2020）年》实施以来，按照新标准统计，贫困人口从2010年的62000人减少到2013年的31166人，贫困村人均收入从2010年1499元增加到2014年的2460元，年均增长13.18%。四年内累计完成扶贫项目投资37008.06万元，受益人口累计达到26602户、111737人；社会扶贫参与度不断加大，帮扶资金累计达到4452.82万元，为困难群众脱贫起到了重要作用。

2014年异地扶贫搬迁项目稳步推进，落实易地扶贫搬迁资金5957万元，较上年增长131.88%，户均资金由上一年的3万元涨到4万元，项目覆盖到全州六县未实施易地扶贫搬迁的所有贫困村。

（二）社会保障方面

社会保障作为社会的安全网和减震器，在保障低收入群众的生产生活方面也发挥了积极的作用。各级人力资源和社会保障机构，积极组织广大低收入群众参加医疗保险、养老保险等各类社会保险，将低收入者纳入到医疗保险保障范围，进一步完善社会保障制度，有效缓解了广大低收入群体的生活压力。2014 年，果洛州参加城镇职工基本养老保险 7750 人，参加城乡基本养老保险 90763 人，参加城镇职工基本医疗保险 16069 人；参加城镇居民医疗保险 14877 人，参保率达到 98.00%，参加农村牧区合作医疗的农牧民 148319 人，参合率 99.47%，其中，达日、玛多两县，农村牧区合作医疗参合率已经达到 100%，实现全覆盖。

（三）社会救济方面

社会救济工作经过多年的发展已形成一套相对完整的体系，城镇最低生活保障、农村最低生活保障以及五保户、扶贫低保等社会救济制度在全州范围内逐步建立，为保障社会弱势群体的基本生活权益、促进社会的稳定和发展发挥了积极作用。到 2015 年上半年，全州纳入社会救济的情况为：五保户 2917 户、2917 人，城镇低保户 3993 户、10616 人，农村低保户 6922 户、18600 人。低保户的补贴标准也有所增加，城镇低保户每人每月补贴标准由上一年的 358 元增长到 378 元，农村低保户每人每月补贴标准由上一年 190 元增长到 210 元。

（四）改善居住环境方面

在提高居民收入、扩大社会保障范围的同时，地方政府严格落实上级要求，积极改善城乡居民低收入环境。改善人居环境方面主要包括游牧民定居工程和城镇保障性住房建设两项。

从 2009 起，果洛开始实施游牧民定居工程，截止 2014 年底，经过近六年的努力，通过上级下达、州县配套和牧户自筹等方式，已累计完成了 22562 户的游牧民定居建设任务。游牧民定居工程的顺利实施，有效改善了农村低收入群体在内的牧民群众生活条件，告别了逐水草而居，世代居住帐篷的日子，人居环境和生存条件得到根本性改变，加速了牧区群众传统观念意识以及生活方式的转变，生活条件和质量得到大幅提高。

与游牧民定居工程相对应，以廉租房、城市棚户区改造、公共租赁房为主要建设项目的城镇保障性住房于 2008 年陆续开工建设，其中：廉租房于 2008 年开工建设，截止 2014 年底，共建设完成廉租房 7515 套，已分配入住 5193 套；城市棚户区改造任务于 2010 年、2011 年、2014 年三年完成全部改造任务 5841 户；公租房建设于 2010 年 –2014 年内完成，共建设公共租赁房 2739 套，截止 2014 年底，已入住 1955 套。城镇保障性住房作为全州重要的“民心工程”和“民生工程”，有效缓解了城镇困难群众和低收入群众的住房难问题。

（五）生态移民方面

为缓解三江源生态移民群众生活困难问题，在积极扶持和开发移民后续产业、加强技术培训、促进就业的同时，各级政府严格落实和发放移民生活补贴，截止到2014年底，共兑现饲料粮补助资金35189.7万元（2011年底截止，后转入其他补贴项目中），发放燃料补助3965.4万元，发放生态移民困难生活补助7150.5万元，三类补助人均受惠总金额已达到近三万元。有效改善了移民群众特别是困难移民群众生产生活条件。

三、仍存在的困难和问题

（一）经济发展水平依然较落后

“经济基础决定上层建筑”，贫困问题的改善同样需要一定的经济基础作保障，没有一定的物质条件作支撑，扶贫无疑变成了“空中楼阁”。由于基础薄弱、起步晚、底子薄、结构单一、科技含量低等原因，到现阶段，果洛地区经济发展水平依然落后（见表三），2014年，果洛GDP只有34.07亿元，全省八个地区中再次位列最后（见图一），仅相当于西宁的3.16%，只有海西州的二十分之一；人均GDP占有量在省内仅略高于同为三江源地区的玉树州，只有海西州的七分之一，而且，无论是经济总量还是人均发展状况，均处于较低水平。没有良好的经济基础保证，扶贫之路显得困难重重。

表三　2014年青海省八个地区主要经济指标对比

地区	*年度GDP（亿元）	社会固定资产投资（亿元）	社会消费品零售总额（亿元）	公共财政预算收入（亿元）	公共财政支出（亿元）	三产所占比重（%）	农牧民人均纯收入（元）	城镇居民人均可支配收入（元）
西宁	1077.14	1176.61	412.86	83.88	248.14	44.44	10097.35	21290.61
海东	377.71	508.09	71.44	17.26	180.00	22.65	6978.71	20513.62
海西	560.05	538.42	73.99	49.41	132.01	18.93	10293.72	25452.78
海南	130.72	185.50	22.07	7.08	85.87	26.59	8050.35	20567.78
海北	106.62	108.75	16.87	6.15	62.05	28.84	9726.31	24664.27
黄南	68.83	64.17	7.55	2.50	57.20	34.76	5653.79	22645.35
果洛	34.07	58.41	4.65	2.30	58.88	37.21	4827.36	21637.95
玉树	56.49	40.12	5.17	3.14	69.97	17.92	4637.92	23346.65

注：GDP数据为现价值，暂未剔除价格因素。

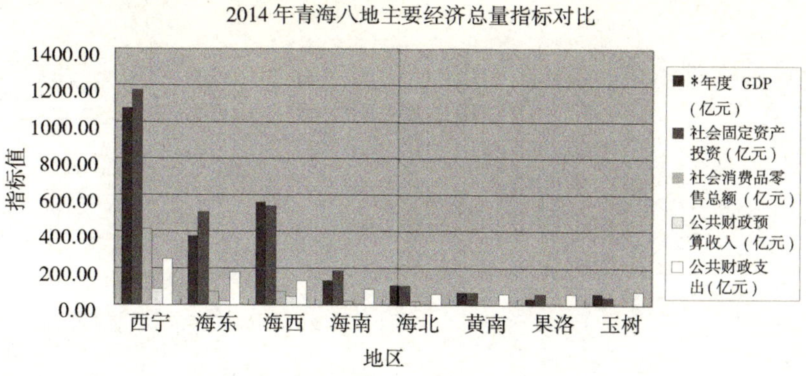

图一 2014 年青海八地主要经济总量指标对比

资料来源：作者绘制。

（二）地方财政困难

大部分扶贫资金及教育、社会保障、医疗卫生等民生工程发展资金有相当一部分取决于地方财力情况。果洛地方财政收入和支出虽然多年来保持持续增长趋势，但由于基数小、来源少等原因，总额度依然很少，2014 年果洛州地方公共财政预算收入 23048 万元，全省八个地区中再次垫底，公共财政支出 588816 万元，仅略高于黄南州居倒数第二位。地方财政“捉襟见肘”，扶贫等民生资金投入有限，只能解决一般的生产生活问题，没有能力搞关键性的基础设施建设和产业开发，扶贫工作没有足够的财力支撑，明显后劲不足。

（三）贫富差距逐步扩大

在果洛城乡居民收入均保持较快增长的同时，城乡居民收入差距也在逐步扩大，城乡“剪刀差”越来越明显，2014 年，城镇居民可支配收入是农牧民人均纯收入的 4.48 倍，考虑到教育、医疗、社保等差别，城乡实际差距更大（见图二）。同时，同样是贫困程度相对严重的果洛牧区，出产冬虫夏草的地方农牧民收入远远高于没有虫草可采区域的居民收入，大部分没有虫草地区的牧民群众生活状况与少数衣食无忧的“草二代”奢华生活形成强烈反差。收入差距扩大，一定程度抑制了经济的发展，粉饰了牧区的整体贫困程度，也为社会稳定和民生问题埋下诸多隐患。

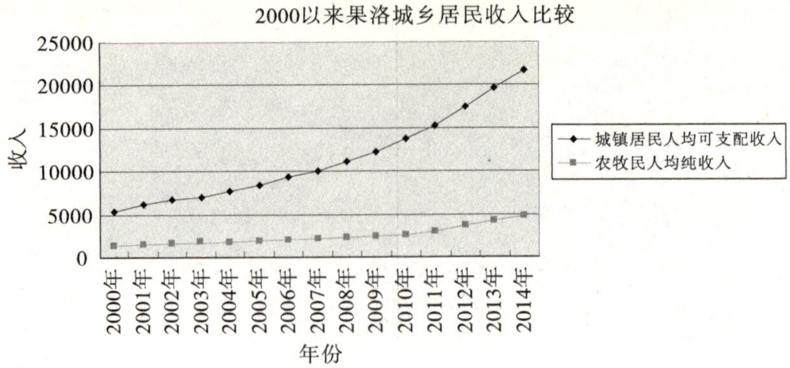

图二　2000 年以来果洛城乡居民收入比较

（四）教育发展水平落后

在多方共同努力下，教育事业经过几十年的发展，虽然取得了一定的成效，但整体发展水平依然落后，才刚刚攻克“两基”，教育还未完成全面“普九”任务，2014 年，学龄儿童入学率为 99.76%，适龄少年初中入学率只有 97.03%，农牧民子女入学率只有 96.0% 左右。教育行业人才缺乏，教育的辐射带动作用未能有效发挥，受教育意识薄弱，加之果洛籍大中专毕业生就业率极低，严重影响了教育工作的积极性和主动性。在贫困人口分布较集中的广大农牧区和移民安置区，仍有许多成年人不识字（包括民族文字），不会说汉语，语言障碍依然明显，受教育意识缺乏，农牧民群众文化素质普遍不高，移民群众的整体文化水平就更低了，无法掌握较高技能，大多只能从事简单的体力劳动，文化程度低，反贫困的智力支撑弱，严重制约了自身生产技能的提升和生活状态的改善。此外，教学观念亟需改变。当前果洛地区大部分学校仍然为纯藏语教学，高中毕业后，仅有青海民族大学、西藏大学等少数高校的有限几个专业，实用性弱，就业面窄，离开藏区后，难以立足，限制了自身生活水平的提高，也是果洛籍高校毕业生就业率低的原因之一。

（五）移民后续产业单一，产业链短，后期发展能力不足

自三江源保护和建设工程实施以来，国家先后投入大量资金，扶持和帮助包括果洛在内的广大三江源地区发展经济，近几年，果洛地区经济连续多年保持两位数的增长，但移民后续产业实质性进展不大，后续产业依然单一，产业链仍然较短。大量资金的投入，对三江源地区经济社会发展起到了积极作用，但也在一定程度上掩盖了三江源区经济自我发展能力薄弱的实情，随着三江源保护和建设工程的稳步推进，国家对三江源地区后期直接投资必将逐步减少，投资后劲不足，本来后续产业就发育不良，没有了雄厚资金的支持，地区经济社会及移民后

续产业发展必将受到严重影响，移民群众摆脱贫困难度更大。

（六）社会事业发展仍处于低水平

除教育事业外，其他社会事业发展也同样处于低水平。由于基础弱，起点低，社会事业发展依然严重滞后：科技水平低，专业人才缺乏；广播和电视覆盖率分别为96.5%和98.2%，节目不丰富，文化事业没有根本改善；每千人口卫生技术人员仅为3.86人，每千人口病床位数只有4.49张，卫生事业发展现状同样不佳。众多社会事业发展指标值远远低于西部地区平均水平，在低收入人群集中居住区域，各项社会事业发展就更加落后了，社会事业发展滞后，再加之自然条件极为恶劣，短期内全面实现脱贫致富是不可能实现的。

（七）扶贫政策的贯彻落实中存在问题

由于工作繁琐、审核把关难度大，监督机制不是很透明，对扶贫公平的重视程度不够，出现“伪低保户”、“伪贫困生”问题，加之低保退出机制不健全，一些陷入困境的群众无法及时纳入低保保障，而一些已经脱贫的人员中仍然有继续领取低保补助现象存在，虽不是普遍现象，但也暴露出现行扶贫政策的一些弊端和缺陷，侵占了真实贫困人群应享有的权利，剥夺了有限的扶贫资金，严重影响了社会公平。

四、主要参考理论简介

（一）贫困的界定与分类

1. 贫困线、相对贫困与绝对贫困

贫困线是一个国家或地区用来区分居民贫困与否的临界线。国内外关于贫困线的确定方法很多，使用最广泛的有市场菜篮法、恩格尔系数法、国际贫困标准法三种。

相对贫困是一个比较而言的贫困状态，是指当个人或家庭的收入比社会平均水平少到一定程度时，所表现出来的贫困状况，它是根据低收入者与社会其它成员的收入差距来判断贫困的。2011年实施的《中国农村扶贫开发纲要（2011－2020）年》中，将新的贫困线标准定为年人均收入2300元，实际上是在参考全国城乡居民收入水平基础上，使用国际贫困标准法划定的相对贫困线。绝对贫困也称生存贫困，即个人与家庭所得不能维持其基本的生存需要，一般低于贫困线。本文所研究的贫困，主要是指绝对贫困。

2. 广义的贫困与狭义的贫困

广义的贫困是指人们在生产生活过程中，面临精神、物质等各方面资源匮乏，而导致的总体生活质量贫困的总称。广义的贫困不仅要求注意物质生活水平，更要求注重教育、环境、医疗、健康等综合发展。广义贫困是贫困研究中必须考虑的一个方面。

狭义的贫困特指物质生活不能满足基本的生产生活需要，而导致的只能处于维持基本的生理需求状态，它仅仅要求提高生活水平，没有要求全面提高生活质量。狭义的贫困是本文研究的重点。

（二）主要参考理论简介

1. 西方反贫困理论

涓滴效应理论：指在经济发展过程中并不给予贫困阶层、弱势群体或贫困地区特别的优待，而是由优先发展起来的群体或地区通过消费、就业等方面惠及贫困阶层或地区，带动其发展和富裕，从而更好地促进经济增长，是我国“先富带动后富，最终实现共同富裕”的理论基础。

贫困人口理论：该观点是从晚育、禁欲等道德层面上对人口增长进行限制，认为较低的社会阶层应对社会弊端承担主要责任，建议国家取消对贫民的救济，因为社会救济会减轻贫困人口的生活压力，促进贫困人口的增加。该理论带有浓厚的资本主义色彩，但其分析方法和部分结论仍然具有现实意义，成为我国计划生育政策直接理论来源，也是后期人力资本反贫困理论以及实施科教兴国战略、发展义务教育的理论基础。

恶性循环理论：该理论认为发展中国家长期陷入贫困是由于一连串较低的投入－产出行为造成的，人均收入低、储蓄少，社会再生产投资不足，生产规模难以扩大，产出长期处于低水平，居民收入水平低下。该理论与马克思的资本积累和资本循环与周转类似，是贫困循环论的理论依据。

阿玛蒂亚贫困观：认为贫困的原因主要在于权力造成的分配不公平，是收入再分配的反贫困理论基础，也是我国加强收入分配与税收、缩小行业差距、缩小城乡差距的政策依据，也为大力发展社会保障和公共事业提供了理论支持。

贫困文化理论：与主流文化相脱离的贫困亚文化控制着人的思想，通过行为习惯、风俗、价值观等在相对封闭的区域内传播，形成恶性循环，主张通过宣传教育等方式，树立正确的人生观、价值观、发展观，消除“等、要、靠”之类的惰性思想。该理论得到专家学者广泛认可，是分析贫困的重要理论参考。

此外，马克思主义哲学、经济学部分内容和分析方法也为本文提供了理论参考。

2. 中国反贫困理论

我国贫困问题的研究主要集中在政府的宏观经济调控、政府扶贫开发制度、反贫困措施等方面，相对完备的理论主要有：

地缘经济理论：该理论认为，地理环境、自然状况、政策差异等因素是造成贫困的主要原因，消除地缘经济导致的贫困，需从社会保障入手，配合扶贫政策措施，促进贫困地域的经济发展，是西部大开发等区域发展政策制定的依据。

文化生成论：与西方的贫困文化理论相似，认为贫困群体中存在一种亚文化，受其影响，贫困群体陷入贫困中无法自拔，脱贫的关键在于切断这种亚文化的传播，主张实施教育救助、教育福利等积极的教育政策。

五、果洛地区贫困问题产生的根源探索

贫困的根源问题，中外学者一直有不同的见解，果洛地区贫困问题，是综合的，是多方面的，也是整个藏区贫困的一个缩影，作者通过实地调研，结合实际情况，从宏观、中观、微观三个层次，进行探索分析。

（一）社会发育层次低，生产力发展水平落后

果洛州是一个特殊的民族经济文化区域，2014 年迎来建政六十周年，历史上没有完全被独立的政权统治，建政初期依然处于部落头人管理形式的半封建社会，长期完整保存着该区域民族社会经济发展的特色样式和民族固有的文化传统。解放后，果洛州实现了政治制度的快速变革，实现了政治上的平等，但经济发展有它自身的过程和规律，不可能像政治制度一样“一步跨千年”，经过六十年的发展，经济依然落后，生产力水平依然低下。生产力与生产关系、经济基础与上层建筑一定程度上不相适应。到现阶段，果洛广大牧区传统生产生活方式没有实质性的改变，部分地区甚至延续着解放前的陈规陋习。传统的社会经济形态与工业文明和信息文明带来的技术和社会进步相比，反差极大，形成了巨大的历史鸿沟，而历史鸿沟的逾越在短时间内是不可能完成的。社会发育层次低，生产力落后，传统经济形态的影响在果洛各地不同程度的存在，是果洛地区长期贫困的根本原因。

（二）现代化进程伴随着贫困等社会问题

改革开放以后，随着现代化进程快速推进，在告别平均主义和“大锅饭”后，按照“先富带动后富，最终实现共同富裕”的指导思想，现代化稳步推进，由于资源占有情况、个人努力程度、经营情况等存在较大差别，贫富差距逐步拉大，但现实的情况并没有像“涓滴效应理论”说设想的那样，财富自动由富裕区域或群体流向贫困地区和弱势群体手中，而是贫富差距逐渐拉大，城乡二元经济格局也随之产生，两极分化逐渐明显，特别是市场经济体制基本确立以后，贫困问题开始变得更加突出。贫困问题成为现代化建设的伴生产物。

（三）体制转轨导致社会分层

市场经济确立后，随着经济体制改革，按照政企分开的原则，企业脱离行政

职能后，独立经营、自负盈亏，加之私营经济逐渐发展壮大，部分国有企业因为经营不善、竞争力不足，纷纷倒闭，如原果洛州属的奶粉厂、皮革厂、肉联厂等国有企业，在上世纪90年代体制改革中，因管理体制改革、经营不善等多种原因，昔日红红火火景象一去不复返，相继破产后，大部分职工因文化程度不高，不具备新岗位要求的技能，赖以生存的企业消亡后，生活瞬间陷入低谷，形成大批城镇贫困人口。

（四）恶劣的自然环境

按照马克思生产力决定论，自然环境对生产关系起不了决定作用，但对贫困的影响还是十分明显的，特别是对城镇化不太发达的中国广大西部地区。果洛州地处中国西部，青藏高原腹地，平均海拔4000多米，山大沟深，全区均为高原大陆性气候，自然环境恶劣，除部分河谷外，均为单一的高山高寒草地，部分地区甚至被列为“最不适宜人类居住的地方”，生态环境极其脆弱，严重抑制了三大产业的发展，恶劣的自然环境成为连片贫困、重复返贫的因素之一。

（五）劳动者整体素质偏低

果洛劳动者接受教育的时间短，平均受教育程度明显低于全省、全国平均水平，文盲率较高（见图三），广大贫困人口中，特别是牧区贫困人口中，文化水平普遍较低，约60%只有基本识字和小学民族文化水平，低水平的文化素质使得贫困劳动力难以适应简单劳动之外的工作要求，只能靠低水平就业来获得微薄的收入，想进一步提高自己的劳动技能来致富的想法较难实现，反贫困手段有限。除文化知识水平低、劳动技能单一等因素外，语言交往、民族习惯等也是影响果洛地区劳动力流动的重要原因，制约了劳动力转移，也限制了自身生活水平的改善。

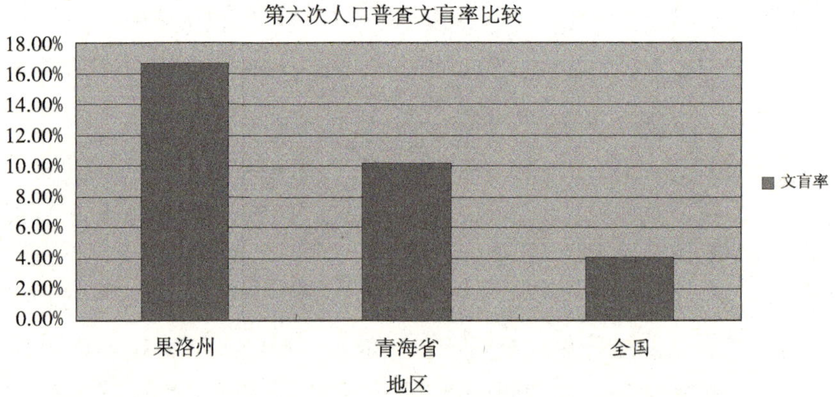

图三　第六次人口普查文盲率比较

（六）负面传统文化的影响

由于长期的生产生活习惯，藏区群众乐天知命的意识普遍存在，满足于自给自足、自我封闭的自然经济结构中，排外思想仍较明显，回避甚至害怕竞争，等、要、靠的思想依然严重。藏民族全民信仰佛教，以求的精神上的安慰和解脱，但却将过多的精力、物力、财力放在宗教活动上。在广大藏区，在建筑施工中，进度最快、规模最为宏达的、人气最旺的，毫无疑问都是各类宗教建筑，也从侧面说明了这一点。宗教信仰一定程度满足了人民群众精神生活的需要，但对宗教的笃信也在一定程度上制约了经济和社会的发展。在果洛州寺院分布最集中的班玛县，僧侣人口占总人口的比例高达23%，不仅造成人力资源的严重浪费，恶化了当地群众的生活状况，还为社会稳定埋下诸多隐患。

另外，藏族群众多喜欢将财富穿在身上，黄金、白银、珊瑚等饰品是群众们的最爱，消费观念狭隘，无经商观念，没有资本积累和投资意识，是整个藏区的共同特点。

听天由命的人生观、得过且过的生活观、崇拜神灵的文化观、穿金戴银的财富观等等，文化失落，精神萎靡，宁愿苦熬，不愿苦干，陈旧观念的束缚，思想上和发展意识上的诟病，是长期贫困、连片贫困的主要原因。

（七）基础设施发展严重滞后

“要致富、先修路”，这句上世纪90年代流行语，反映了民众对公共道路为主要内容的基础设施建设与脱贫致富之间密切关系的朴素认识。如今，基础设施所涵盖的范围越来越广泛。伴随改革开放的大潮，借助国家西部大开发和支持藏区发展等政策的春风，果洛地区近年来基础设施建设取得了明显成效，然而与中东部地区及省内相对发达地区相比，差距依然十分明显。城镇规模小且分散，公路通车里程短且等级低，通信服务覆盖面小且信号质量差，电力设施落后且供电能力弱等等。大部分牧区至今未通电，无通信信号，基本处于与世隔绝的生活状态。基础设施薄弱，阻隔了同外界的紧密联系，也是致贫的因素之一。

（八）各类疾病频发

在果洛州，因病致贫、因病返贫的现象较为普遍。全州范围内，肝炎、结核病、高原性心脏病等疾病，以及包虫病、布病、饮茶性氟中毒、碘缺乏症等地方性疾病发病率极高，尤其是包虫病发病率高达5.77%，发病率之高在全国范围内都是罕见的。许多疾病具有传染性和不可治愈性，加之医疗卫生事业发展水平不高，疾病成为人们陷入贫困泥潭无法自拔的重要原因。

（九）贫穷也是贫困的根源

贫穷是因也是果。在广大贫穷落后地区，因为没有钱，就没有投资，没有投资就没有发展，没有发展就无法脱贫。因为贫穷，儿童失学甚至辍学；因为贫穷，人们的生产生活难以抵制自然灾害的破坏和影响；因为贫穷，不少群众看不到希望，精神萎靡、一蹶不振……陷入贫穷的恶性循环中。贫穷也是果洛地区长期贫困、更加贫困的又一原因。

六、反贫困可行性分析

尽管果洛地区致贫因素众多，反贫困存在许多问题和困难，但辩证的来看，果洛地区也有自己的独特优势和潜力，为脱贫致富提供了现实可能，主要表现在：

贫困人口比例虽高，但总人数并不是特别庞大，方便各项扶贫政策的贯彻落实；自然环境虽然恶劣，但太阳能、水能、风能等清洁能源资源丰富，为产业结构调整提供了现实可能；拥有阿尼玛卿雪山、黄河源头、年保玉则、高原风光等独特的自然旅游资源，以及藏传佛教宗教文化、格萨尔诗史、红军沟等得天独厚的文化旅游资源，为旅游业的快速发展提供了得天独厚的条件；除享誉全球的名贵中药材冬虫夏草外，大黄、贝母、鹿茸等中藏药材资源也较丰富，为中藏药产业开发提供了先决条件；优质新鲜牦牛肉、羊肉和牦牛奶制品资源极为丰富，且品质好，还有“零污染、零添加”的优质饮用水，为绿色食品深加工行业崛起提供了必要条件和现实可能；西部大开发、国家支持藏区发展等政策相继出台，以及游牧民定居工程、林权制度改革、草原生态补偿奖励机制等惠民工程相继实施，果洛地区近年来一直是众多优惠和扶持政策覆盖最密集的区域；中国经济最发达城市—上海市持续对口支援，从资金、技术、人才交流、干部教育等各个方面给予扶持，成为果洛地区经济快速发展、实现脱贫致富的坚强后盾。

七、对策建议探析

仅仅靠制度扶贫和资金的投入，无疑是扶贫思想上的“形而上学”，反贫困的进程需要经济发展、社会进步、生态良好三者共同推进，三者相互依赖、相互制约、相互协调，需要国家、地方、个人三个层次共同努力，也需要内生力量与外力共同作用，作为一个有机整体，共同推动反贫困进程。针对扶贫开发中存在的问题和困难，以及贫困问题产生的根源，参考国内外反贫困的相关理论，探索脱贫的对策建议。

（一）加快经济发展，为扶贫开发筑牢经济基础

经济发展是一切社会发展的基础，是每一个国家和地区追求的共同目标，只有发展经济，把“蛋糕”做大，才能为扶贫开发提供物质基础和经济保障。应继续以科学发展观为指导，贯彻落实国家和青海省的发展指导精神，结合地区实际情况，科学认识优势和不足，以加快旅游业的发展为突破口，绿色食品深加工、清洁能源开发为重点，加快农牧业生产科技投入为辅，转变经济发展方式，提升集约化水平，突出生态效应，更加注重民生，配合当前实施的游牧民定居工程、林权制度改革、扶贫开发、草原生态补偿奖励机制等惠民政策，坚定不移的走特色经济发展道路，走可持续发展之路，让包括低收入人群在内的广大群众能共享改革开放成果，为脱贫致富奠定良好的经济基础。

（二）解放思想、更新观念，弘扬苦干实干精神

精神上的贫困远比物质上的贫困可怕，精神贫困是必须考虑的方面。按照马克思哲学的观点，外力固然重要，但内生动力才是消除贫困最终决定力量，仅靠外力扶持，自身不能自立发展，是不可能真正消除贫困的。从个人层面来讲，就是要解放思想，更新观念，提高素质，振奋精神，自力更生，苦干实干，摒弃各种“等、要、靠”的惰性思维，努力用自己的双手来改变贫穷落后的现实；从民族和地方层面来讲，就是要科学认识社会意识中存在的问题和不足，积极转变发展观念，作出必要的、适应性的调整，争取主动、与时俱进，摒弃一切不利于发展的陈旧观念，改革不良习俗，改变不合时宜的生产生活方式，虚心向先进的民族和地区学习，吸收先进文化精华，改良本民族传统文化，使之适应时代的要求、发展的需要，逐步形成发展的内生力量，在外力的帮助下，实现地方经济又好又快发展。

（三）充分发挥社会保障制度和社会救济的基础保障作用

完善社会保障体系是实现收入再分配的重要途径，也是脱贫的必要条件。针对目前果洛的贫困现状，完善社会保障事业很有必要。应继续加大社会救助力度，对因疾病和遭受自然灾害的民众，进行及时救助，使其基本生计得到保证。参照社保资金和民政抚恤资金管理使用办法，建立移民低保资金、再就业基金和养老保险基金，采取民政救济、扶贫济困、以工投劳等方式，着力保障经费来源，将低收入群体广泛纳入城乡低保、医疗保险和养老保险保障体系中，提高保障标准，实现困难群众医疗和养老保险的全覆盖，让他们感受国家的温暖，为自身发展减少后顾之忧。

（四）加强基础设施建设

加强基础设施建设是实现脱贫致富重要途径。目前，始于成都贯穿果洛到新疆的“西部大通道”正在如火如荼建设中，花久高速公路带建城乡道路工程已完成一半4亿元的投资；黄河干流上玛尔挡水电站施工正稳步推进，太阳能光伏电站建设也已在果洛州属六县全面铺开，上半年，总投资25.5亿元的玛多、班玛、久治三县大电网联网工程全面开工建设；年底前，大武机场将实现校飞，成为果洛地区交通事业发展史上的重要里程碑……以这些重点工程为带动，加强农牧区乡村道路硬化和桥梁建设，形成比较便捷的交通网；以中小水电、太阳能和风能电站建设为重点，提升产电能力，力争使久治、班玛、玛多三县尽快接入国家电网，让更多的乡镇和牧委会实现供电覆盖；加大通讯设施的投入，实现通讯覆盖面更广、信号更优等等。同时，继续加强高原小城镇建设，提高城市化水平，提高城市的辐射带动作用，为地方经济发展、实现脱贫提供基础设施保障。

（五）教育优先发展，转变教学观点，提高劳动者素质

优先发展教育，在巩固“两基”成果的基础上，继续加大教育投入，不能再“坐井观天”，应更新教育理念，积极引进高素质教育人才，提升对汉语教学重要性认识，课程安排上与全国和全省同步，鼓励学生积极接触外面的多彩世界，严格落实好国家的各项就业措施，想方设法促进毕业生就业，积极引导毕业生转变就业观念，树立危机感和竞争意识，消除部分学生安于现状的消极心态，跳出害怕和回避竞争的“怪圈”，少搞一些“特殊”，在学费等方面对贫困生给予适当照顾，努力提高低收入群体在内的人民群众文化素质，提升接受新知识、新技能的能力。继续加强技能培训，使低收入群众能掌握必备的生产技能，加快闲散劳动力的转移和安置，促进贫困人口压力向人力资源转化，为增强自身“造血能力”提供文化素质准备。

（六）加快公共事业发展

除了教育外，其他公共事业发展也同样重要。针对科技、文化、卫生等社会事业发展水平滞后的问题，分项逐一攻克：在科技方面，政府要转变角色，除科技培训投入外，还要进行科学管理，科学决策，积极引导，合理开发利用资源，不断提高科技含量，制定并实施有利于科技运用和开发的倾斜政策，逐步改变当前果洛科技水平落后、产品技术含量低的现状；在医疗卫生等方面，加大投入文化室和医务室在各乡、镇和移民安置区的全覆盖，加大专业人才的引进和培养，推动基层文化卫生事业的发展；在文化方面，深入挖掘优良文化内涵，加强乡镇、牧委会、社区文化建设，通过积极地宣传，潜移默化中改变落后的思想，实

现现代文明对精神的领驭。

（七）创新扶贫制度

上世纪 90 年代以来，中国的扶贫工作发生了深刻的转变，由道义性扶贫向制度性扶贫转变，由经济性扶贫向开发性扶贫转变，由扶持贫困地区向扶持贫困人口转变，通过不断实践，已形成相对合理的扶贫机制。在保留现行扶贫制度有效做法的基础上，积极探索，适应国家大的扶贫政策的转变，结合果洛及广大藏区的实际情况，重点从扶贫的组织形式、资金投入和使用机制、年度扶贫目标考核、救济的进入和退出机制等方面入手，正确处理好扶贫与救济、扶贫与开发、区域扶持与个体扶贫等各方面关系，进行必要的反贫困创新，激励低收入阶层生产积极性，确保贫困户得到应有的帮扶，进一步提高扶贫工作的经济效益和社会效益。

（八）加强对生态移民后续产业的扶持

针对生态移民的隐性贫困问题，继续加强对后续产业的扶持。多方筹措资金，保证合理使用，延长后期扶持时间，增强扶持活力。确保资金充足是可持续发展的重要保障。除国家直接投资及上海帮扶资金外，还应按照“谁受益谁负担”原则，建议三江下游省份，每年拿出一定资金建立对口扶持基金，以弥补三江源地区移民后期扶持资金的不足。在资金的使用上，除针对移民生产生活的直接帮扶以及基础设施完善和功能配套建设外，更要明确资金的合理分配，加强资金监管，科学使用，对涉及移民后续产业、推动果洛地区经济发展的经营性项目，按可持续发展的需要和市场经济规律，实行有偿使用，可作为重点产业的贷款贴息，可作为高新技术项目的股东投资，可作为落户果洛的企业优惠，也可作为移民小额项目及移民再就业工程的补助，为移民后续产业的继续发展提供资金保障。

（九）推进依法扶贫，促进社会公平正义

“消除贫困，实现共同富裕”，是一项长期的历史任务，仅靠道义扶贫、政策扶贫是远远不够的，依法治贫、依法扶贫是党和政府领导人民治理贫困的基本方略，是实施依法治国的内在要求，是社会进步的重要标志，是发展市场经济的客观需要，是贫困群体共享发展成果的内在要求，也是缓解直至消除贫困的必要保障。健全法制，将扶贫开发提升到法制高度，推进依法扶贫，保障扶贫资金的合理使用，加强监管，依法严惩各类侵占扶贫资源的问题，将有限的资源用在刀刃上，促进社会公平正义，使扶贫工作走上健康、稳定、可持续发展道路，是扶贫开发的根本出路。

注：报告中游牧民定居工程数据由果洛州农牧局提供，保障性住房建设数据由果洛州城建局提供，扶贫开发数据果洛州扶贫局提供，社会救济数据由果洛州民政局提供，地方病数据由果洛州疾控中心提供，三江源生态保护和建设工程数据由果洛州三江源办提供，国民经济发展相关数据由果洛州统计局提供，在此表示感谢！

参考文献：

[1] 果洛藏族自治州统计局. 青海省果洛藏族自治州国民经济和社会发展统计资料汇编（2014 年），内部资料，2015 年 4 月。

[2] 果洛州扶贫办调研组. 对果洛州推进新一轮扶贫开发工作的思考［J］. 果洛论坛，2010 年。

[3] 曲木伍牛. 凉山彝族地区贫困问题研究［R］. 凉山彝族自治州以工代赈办公室，2006 年。

[4] 许飞琼. 中国贫困问题研究［J］. 经济论坛，2000 年第 1 期。

[5] 杨钢、王丽娟. 新的世纪与新的贫困—中国城市贫困问题研究［J］. 经济体制改革，2001 年第 1 期。

[6] 果洛州扶贫开发局. 2014 年工作总结和 2015 年工作要点［R］. 2014 年 12 月。

[7] 罗遐. 1980 年代中期以来中国贫困问题研究综述［J］. 学术界，2007 年第 6 期。

[8] 杜军林. 西北少数民族地区反贫困问题的"双联"时间战略研究—以天柱藏族自治县为例［J］. 西北民族大学学报，2014 年第 4 期。

[9] 陈兴涛. 果洛实施生态移民可持续发展问题研究［J］. 果洛论坛，2013 年。

[10] 百度网：百度百科"民生经济学"、"民生重要性"相关内容。

[11] 陈兴涛. 果洛居民收入分配与民生问题研究［J］. 果洛金融，2015 年第 2 期。

[12] 图登克珠、杨阿维、张建伟. 基于人力资本理论视角下西藏农牧区反贫困问题研究［J］. 西藏研究，2014 年第 6 期。

[13] 果洛州统计局、果洛州第六次人口普查领导小组办公室. 青海省果洛州 2010 年人口普查资料，内部资料，2010 年。

[14] 青海省统计局、国家统计局青海调查总队. 青海统计年鉴（2013 年）［Z］. 中国统计出版社，2013 年 4 月。

[15] 王思铁. 依法治贫 法治扶贫——学习十八届四中会决定的体会［J］. 四川扶贫与移民，2014 年第 6 期。

参考文献

[1] 蔡昉．劳动力市场变化趋势与农民工培训的迫切性[J].中国职业技术教育，2005（32）：17－20.

[2] 李实、岳希明．中国个人收入差距的最新变化[J].财经，2004（4）：25－30.

[3] 余吉祥、陶秀玲．收入结构变化与中国农村地区差距的演进[J].统计与信息论坛，2011（9）：41－47.

[4] 张衔、黄金辉、邓翔．中西部地区农户人力资本 投资行为比较分析[J].中国农村经济，2005（4）：17 － 26.

[5] 白素霞、陈井安．收入来源视角下我国城乡居民收入差距研究[J].社会科学研究，2013（1）：27－31.

[6] 蔡昉．刘易斯拐点与公共政策方向的转变[J].中国社会科学，2010（6）：125－137.

[7] 陈斌开、张鹏飞、杨汝岱．政府教育投入、人力资本投资与中国城乡居民收入差距[J].管理世界，2010（1）：36－42.

[8] 陈东琪．中国二元经济结构转换：实证分析[J].宏观经济研究，2001（12）：14－20.

[9] 陈文茹、孙大岩．改革开放以来我国城乡居民收入差距问题探析[J].理论月刊，2009（6）：27－30.

[10] 陈玉宇、邢春冰．农村工业化以及人力资本在农村劳动力市场中的角色[J].经济研究，2004（8）：105－116.

[11] 陈志刚、师文明．金融发展、人力资本和城乡居民收入差距—基于中国分省面板数据的实证研究[J].中南民族大学学报，2008（2）：144－149.

[12] 陈宗胜．关于收入差别倒U曲线及两极分化研究中的几个方法问题[J].中国社会科学，2002（5）：78－82.

[13] 都阳、朴之水．迁移与减贫——来自农户调查的经验证据．中国人口科学，2003（5）：56－62.

[14] 都阳．教育对中国贫困地区农户劳动供给的影响．中国人口科学，1999（6）：26－33.

[15] 范从来、张中锦．分项收入不平等效应与收入结构的优化[J].金融研究，2011（1）：40－51.

[16] 傅勇．城乡差距、数量悖论与政策偏向[J].经济社会体制比较，2005（4）：22－27.

[17] 高玲芬．浙江省城乡居民收入差距统计研究［D］．浙江工商大学博士学位论文，2008.

[18] 高彦彦．城市偏向、城乡居民收入差距与中国农业增长［J］中国农村观察，2005（5）：2－13.

[19] 顾海兵、王亚红．中国城乡居民收入差距的解构分析：1985—2007［J］. 经济学家，2008（6）：77－83.

[20] 郭剑雄．人力资本、生育率与城乡居民收入差距的收敛[J]. 中国社会科学，2005（3）：27－37.

[21] 郭志仪、常晔．农户人力资本投资与农民收入增长[J]. 经济科学，2007（3）：115－123.

[22] 韩其恒、李俊青．二元经济下的中国城乡居民收入差距的动态演化研究[J]. 金融研究，2011（8）：15－30.

[23] 侯风云、张凤兵．农村人力资本投资及外溢与城乡差距实证研究[J]. 财经研究，2007（8）：118－131.

[24] 黄乾．人力资本产权的概念、结构与特征．经济学家[J]. 2000（5）：38－45

[25] 黄祖辉、陆建琴、王敏．城乡居民收入差距问题研究——基于收入来源角度的分析[J]. 浙江大学学报（人文社会科学版），2005（4）：122－130.

[26] 贾小玫、周瑛．对缩小城乡居民收入分配差距的思考[J]. 财经科学，2006，（4）：76－81.

[27] 靳卫东、高波．收入差距与公共财政政策：人力资本投资差异的形成与演变[J]. 经济理论与经济管理，2007（1）：40－45.

[28] 赖文燕．基于分项收入来源的我国城乡居民收入差距实证分析[J]. 企业经济，2010（7）：137－141.

[29] 李实、岳希明．中国城乡居民收入差距世界最高［J］. 中国经济信息，2004（6）：62－64.

[30] 李实．库兹涅茨曲线不能解释的中国收入差距［N］. 文汇报，2011年5月30日.

[31] 李实．中国个人收入分配研究回顾与展望[J]. 经济学季刊，2003（1）：380－400.

[32] 李宪印、陈万明．教育人力资本与东部农业经济增长——基于中国东部农村面板数据的实证研究[J]. 商业研究，2008（12）：107－111.

[33] 李勋来、李国平、李福柱．农村人力资本陷阱：对中国农村的验证与分析[J]. 中国农村观察，2005（5）：17－22.

[34] 李勋来、李国平．我国农村人力资本形成机制的缺陷及其矫正[J]. 科技进步与对策，2005（11）：148 － 150.

[35] 厉以宁．缩小城乡居民收入差距的新路子［N］. 北京日报，2011－12－12.

[36] 林光彬．等级制度、市场经济与城乡居民收入差距[J]. 管理世界，2004（4）：30－40.

[37] 林毅夫、蔡昉、李周．中国的奇迹：发展战略与经济改革（增订本）［M］. 上海：上海人民出版社，1999.

[38] 刘国光．摒弃城市偏向、工业优先旧战略，实行城乡并重、工农并举新战略——关于收

入分配问题的一些思考[J]. 中国经贸导刊，2003（10）：4－5.

［39］刘会勇. 甘肃省城乡居民收入差距问题研究［D］. 兰州商学院硕士学位论文，2011.

［40］刘穷志. 收入不平等、政策偏向与最优财政再分配政策[J]. 经济评论，2008（5）：11－17.

［41］刘文勇. 我国城乡居民收入差距扩大的程度、原因与政策调整[J]. 农业经济问题，2004（3）：56－58.

［42］陆铭、陈钊. 城市化、城市化倾向的经济政策与城乡居民收入差距[J]. 经济研究，2004（6）：50－58.

［43］罗楚亮. 城乡居民收入差距的动态演变：1988—2002［J］. 财经研究，2006（9）：103－112.

［44］毛峙、胡晓琳. 中国农村金融发展与城乡居民收入差距的实证分析[J]. 中国市场，2010（48）：26－28.

［45］钱水土、许嘉扬. 分项收入的城乡不平等效应——基于区域差异视角的实证分析[J]. 浙江学刊，2011（6）：151－159

［46］青海省统计局. 青海统计年鉴 2013［Z］. 北京：中国统计出版社，2013.

［47］沈坤荣、张璟. 我国农村公共支出及其绩效分析—基于农民收入增长和城乡居民收入差距的经验研究[J]. 管理世界，2007（1）：30－40.

［48］唐斯. 我国城乡民居收入差距的实证研究[J]. 统计与决策，2011（16）：75－77.

［49］王德文、何宇鹏. 城乡差距的本质、多面性与政策含义[J]. 中国农村观察，2005（3）：25－37.

［50］王少国、李伟. 再分配机制对城镇居民收入差距调节作用的实证分析[J]. 经济纵横，2009（3）：78－84.

［51］王婉玲. 农民收入增长的人力资本约束及政策取向[J]. 西安工程科技学院学，2004（4）：381－385.

［52］王晓鲁、樊纲. 中国收入差距的走势和影响因素分析[J]. 经济研究，2005（10）：75－88.

［53］王艺明、蔡翔. 财政支出结构与城乡居民收入差距——基于东、中、西部地区省级面板数据的经验分析[J]. 财经科学，2010（8）：49－57.

［54］魏众. 健康对非农就业及其工资决定的影响［J］. 经济研究，2004（2）：64－74.

［55］温娇秀. 我国城乡教育不平等与收入差距扩大的动态研究[J]. 当代经济科学，2007，（5）：40－45.

［56］夏斌、刘玲莉. 我国城乡居民收入差距的影响因素的实证分析[J]. 西北大学学报（哲学社会科学版），2008（3）：96—100.

［57］杨灿明、郭慧芳. 从农民收入来源构成看农民增收[J]. 中南财经政法大学学报，2006（4）：24－28.

［58］杨翠迎. 中国社会保障制度的城乡差异与统筹改革思路[J]. 浙江大学学报（人文社科

版)，2004（3）：12－19.

[59] 杨新铭、周云波、黎涓．农村人力资本形成模式：以天津为例——基于2003年天津农村家户调查数据的实证分析[J].南开经济研究，2008（6）：111－121.

[60] 杨涛．西藏城乡差距变化的收入来源构成及对策研究[J].中国西藏，2010（3）：21－26.

[61] 杨宜勇．收入分配体制改革攻坚[M].北京：中国水利水电出版社，2005.

[62] 姚耀军．金融发展与城乡居民收入差距关系的经验分析[J].财经研究，2005（2）：49－59.

[63] 尹希果、陈刚、程世骑．中国金融发展与城乡居民收入差距关系的再检验——基于面板单位根和VAR模型的估计[J].当代经济科学，2007（1）：15－24.

[64] 余吉祥、沈坤荣．中国农村居民工资性收入的地区差距：影响因素及路径[J].世界经济，2010（1）：84－99.

[65] 喻晓平．金融资源不平衡、金融效率与程序收入差距——基于省级面板数据的实证分析[J].财务与金融，2010（6）：76－78.

[66] 袁志刚、谢栋栋．统筹城乡发展：人力资本与土地资本的协调再配置[J].经济学家，2010（8）：77－83.

[67] 张车伟．营养、健康与效率——来自中国贫困农村的证据[J].经济研究，2003（1）：3－12.

[68] 张立军、湛泳．金融发展影响城乡居民收入差距的三大效应分析及其检验[J].数量经济学，2006（12）：73－81.

[69] 张文、许林、骆振心．金融发展与收入分配不公平：回到G－Z假说[J].当代财经，2010（11）：14－25.

[70] 章奇、刘明兴、陶然．中国金融中介增长与城乡居民收入差距[J].中国金融学，2004（1）：5－15

[71] 赵海、彭代彦．农户人力资本投资与工资收入增长的实证分析[J].农业技术经济，2009（4）：53－61

[72] 赵耀辉．中国农村劳动力流动及教育在其中的作用分析[J].经济纵横，2003（3）：18－20

[73] 周端明，刘军明．二元性与中国城乡居民收入差距演进：李璐模型与计量检验[J].安徽师范大学学报（人文社会科学版），2009（5）：264－268

[74] 左义河．中国城乡居民收入差距影响因素实证分析[J].经济问题，2011（9）：40－43

[75] 李毅．嵌入性视角的产业集群发展研究——以青海藏毯产业集群为例[M].北京：经济管理出版社，2012：1－10.

[76] 黄素心、王春雷．广西城乡居民收入差距治理方略研究[M].北京：经济科学出版社，2012：60－68.

[77] 高玲芬．浙江省城乡居民收入差距及其应对策略[M].北京：科学出版社，2009：

191 - 200.

[78] 杨涛. 西藏城乡差距变化的收入来源构成及对策研究[J]. 中国藏学，2010 (1)

[79] 戴佳容. 青海省农民收入增长问题研究 [D]. 西北民族大学，2009

[80] 鲁玲. 中国城乡居民收入差距的统计学分析[J]. 统计与信息论坛，2010 (01)

[81] 旦增项杰等. 青海农枚民收入：问题与对策[J]. 青海统计，2002 (S1)

[82] 甘德霞. 钱从哪里来，人往何处去 - 西北地区启动消费、增加收入、推动就业的综合分析与对策取向[J]. 青海统计，2000 (5)

[83] 高铁梅. 计量经济分析方法与建模：EViews 应用及实例[M]. 清华大学出版社，2006

[84] 于俊年. 计量经济学[M]. 对外经济贸易大学出版社，2003

[85] 孙爱存. 我国农村居民人均消费影响因素研究[J]. 商场现代化，2009 (19)

[86] 青海省统计局. 青海统计年鉴 (2013) [M]. 中国统计出版社，2013

[87] 李实. 和谐社会与社会公平 [A]. 和谐社会：社会公正与风险管理——2005 学术前沿论坛论文集 (上卷)，2005.

[88] 陈宗胜. 库兹涅茨倒 U 理论统计检验评析[J]. 学术季刊，1991 (2)：51 - 59.

[89] 刘乐山、何炼成. 公共产品供给的差异：城乡居民收入差距扩大的一个原因解析[J]. 人文杂志，2005 (1)：129 - 133.

[90] 蔡昉、杨涛. 城乡收人差距的政治经济学[J]. 中国社会科学，2000 (4)：11 - 22.

[91] 林毅夫. 经济发展战略与公平和效率[J]. 宏观经济研究，2005 (10)：41 - 42.

[92] 张国平、邱风、丁杨鑫. 对称与协调：基于政策供给、制度安排的城乡差距分析[J]. 财经论丛，2006 (1)：56 - 63.

[93] 章奇. 推动农村金融改革的多元思考[J]. 中国农村信用合作，2005 (7)：17 - 19.

[94] 蔡昉. 为什么劳动力流动没有缩小城乡收入差距？[J]. 理论前沿，2005 (20)：18 - 20.

[95] 谷亚光. 缩小城乡收入差距关键是加大农村人力资本投资[J]. 廊坊师范学院学报，2005 (1)：82 - 85.

[96] 蔡昉. 城乡收入差距与制度变革的临界点[J]. 中国社会科学，2003 (5)：16 - 25.

[97] 曾国安、胡振国. 20 世纪 90 年代以来中国居民收入差距的变化趋势、原因、影响与调节政策 (上) [J]. 税务与经济，2003 (2)：11 - 16.

[98] 王健、马春梅. 青海民族地区收入分配差距与社会稳定问题研究[J]. 攀登，2006 (3)：64 - 67.

[99] 刘晓平. 青海省居民收人差距的测度与回归预测[J]. 青海民族研究，2007 (3)：108 - 111.

[100] 李毅. 缩小青海城乡居民收入差距的政策建议[J]. 柴达木开发研究，2013 (1)：4 - 7.

[101] 邓小平文选 (第三卷) [M]. 北京：人民出版社. 1993：373.

[102] 谭伟. 中国收入差距：增长"奇迹"背后的利益分享[M]. 北京：中国发展出版社，2009：132.

[103] 阿塔纳修斯·阿西马科普洛斯. 收入分配理论[M]. 北京：商务印书馆，1995.

[104] 林琳．基于公共支出分析中国城乡收入差距［D］．山东大学硕士学位论文，2008.
[105] 李国璋、赵桂婷．城乡收入差距与经济增长之间的倒“U”关系分析——以甘、青、宁经济区为例[J]．湖南社会科学，2012（4）：146－149.
[106] 徐绪塑．美国农业生产效率[M]．北京：农业出版社，1981：22.
[107] 赵宏．城乡收入差距问题研究：国际经验和中国案例［D］．华东理工大学，2011.
[108] 曾国安、胡晶晶．城乡居民收入差距的国际比较[J]．山东社会科学，2008（10）：47－53.
[109] 美国六项措施缩小城乡收入差距[J]．上海农村经济，2010（10）：48.
[110] 高帆．论二元经济结构的转化趋向[J]．经济研究，2005（9）：91－102.
[111] 陈东湘．国外及我国台湾地区的乡村建设评述[J]．科技经济市场，2009（11）：85－86.
[112] 孔祥利．战后日本城乡一体化治理的演进历程及启示[J]．新视野，2008（6）：94－96.
[113] 吴寄南等．新世纪日本的行政改革[M]．北京：时事出版社，2005.
[114] 蒋家明．借鉴日本“一村一品”经验加快社会主义新农村建设[J]．人力资源开发，2009（5）：88－89.
[115] 胡青．日本“一村一品”运动对我国少数民族地区文化建设的启示[J]．学术探索，2006（6）：137－140.
[116] 张红宇．平抑城乡居民收入差距的国际经验及启示[J]．世界农业，2004（4）。
[117] 袁岳驷等．韩国缩小城乡差距的经验[J]．南方农村，2010（1）：59－63.
[118] 尹保云．韩国为什么成功？朴正熙政权与韩国现代化[M]．北京：文津出版社，1993：206.
[119] 宋丙洛．韩国经济的崛起[M]．北京：商务印书馆，1994：182.
[120] 台湾省“农委会”统计室．农业统计要览 1994［M］．台北：台湾“行政院农委会”，1994：48.
[121] 葛立祥．借鉴台湾经验：缩小大陆城乡差距[J]．亚太经济，2009（2）：112－116.
[122] 黎元生．台湾工业化进程中农业结构的升级及其动因[J]．台湾研究，2002（1）：6－9.
[123] 舒萍．中小企业“质的飞跃”初论[J]．南开学报（哲学社会科学版），2000（6）：80－85.
[124] 陈文强．台湾经济快速发展时期贫富差距的控制及启示［EB/OL］．中国城市发展网 http：//www. chinacity. org. cn/csfz/csjj/58678. html，2010－01－14.
[125] 李红涛等．中国与巴西农村发展中几个问题的比较与启示[J]．世界农业，2008（9）：37－39.
[126] 乌裕尔．巴西的城乡差距和对策[J]．农村、农业、农民（B 版），2007（1）．
[127] 郑风田．巴西贫民窟被误读，中国贫富差距成世界笑谈［EB/OL］．凤凰网财经，ht-tp：//fiance. ifeng. com/opinion/fhzl/20101202/2992426. shtml，2010－12－02.
[127] 赵雪峰．拉美国家缩小收入差距的社会政策及启示[J]．中国经贸导刊，2011（5）：

45 - 47.

[128] 王兰英．对青海农牧民增收问题的几点思考[J]．攀登，2004 (1)：79 - 81.

[129] 王健、马春梅. 基于青海民族地区收入分配差距下的主观评价[J]．经济师，2006 (9)：277 - 290.

[130] 李国璋、赵桂婷、李春梅．农村人力资本水平与城乡收入差距的关系——以小西北为例[J]．财经理论与实践，2013 (1)：97 - 101.

[131] 费胜章．青海非农产业影响农牧民收入实证研究[J]．青海社会科学，2008 (3)：52 - 57.

[132] 王健、谢丽、王彦杰．青海民族地区不同民族收入分配差距的比较研究[J]．青海民族研究，2011 (4)：146 - 151.

[133] 严维青．青海省城 居民收入差距对比分析[J]．青海社会科学，2006 (1)：51 - 56.

[134] 曹生梅、李广泳、严维青．青海省金融发展与城乡收入差距关系研究[J]．攀登，2012 (4)：82 - 86.

[135] 马春梅、王健．青南地区农牧民收入差距的比较分析[J]．青海民族研究，2006 (2)：126 - 129.

[136] 杨国安、徐勇．中国西部城乡收入差距与城镇化的关系检验——以青海省为例[J]．地理科学进展，2010 (8)：961 - 967.

[137] 田卫民．省域居民收入基尼系数测算及其变动趋势分析[J]．经济科学，2012 (2)：48 - 59.

[138] 田卫民．中国基尼系数计算及其变动趋势分析[J]．人文杂志，2012 (2)：52 - 61.

[139] 张国强，陆云航．沿海五省居民收入差距比较研究：1998—2005 [J]．浙江社会科学，2007 (1)．

[140] 刘文勇．我国城乡收入差距扩大的程度、原因与政策调整[J]．农业经济问题，2004 (3)：56 - 58.

[141] 蔡昉．刘易斯拐点与公共政策方向的转变[J]．中国社会科学，2010 (6)：125 - 137.

[142] 韩其恒、李俊青．二元经济下的中国城乡收入差距的动态演化研究[J]．金融研究，2011 (8)：15 - 30.

[143] 刘晓平．青海省居民收人差距的测度与回归预测[J]．青海民族研究，2007 (3)：108 - 111.

[144] 李娟．新疆维吾尔自治区收入差距问题研究 [D]．北京：中央民族大学，2011.

[145] 董静，李子奈．修正城乡加权法及其应用[J]．数量经济技术经济研究，2004 (5)．

[146] 德拉太. 青海藏区城乡居民收入差距成因及对策研究 [D]. 西北民族大学硕士学位论文，2012 年。

[147] 魏中龙等. 北京市城乡居民收入差距问题研究 [M]. 北京：经济科学出版社，2012.

[148] 张鑫. 中国城乡居民收入差距及其成因的演化路径研究 [M]. 北京：经济管理出版社，2011 年。

[149] 黄泰岩，牛飞亮. 中国城镇居民收入差距 [M]. 北京：经济科学出版社，2007 年。

[150] 茂路. 收入分配差距研究 [D]. 财政部财政科学研究所博士学位论文，2014：35 -46.

[151] 刘利. 中国城乡居民收入差距：理论分解 · 现状评判 · 对策思考 [D]. 吉林大学博士学位论文，2010：16 -21.

[152] 高鸿业. 西方经济学 [M]. 北京：中国人民大学出版社，1995：346.

[153] 张小平，王迎春. 转型期我国收入分配问题研究 [M]. 北京：科学出版社，2008：10 -11.

[154] 高鸿祯. 论收入不平等性指标 [J]. 厦门大学学报：哲学社会科学版，1993 (4)：25 -26.

[155] Angus Deaton, 1997," Economic Growth of Developing Countries" [M]. Prentice Hall, Englewood, New Jersey, pp99 - 130.

[156] Vinod Thomas, Yan Wang and XiBo Fan, 2000, Measuring Education Inequality: Gini Coefficients of Education [R] . World Bank Policy Research Working Paper, No. WPS2525. Washington, D. C.: World Bank. PP7

[157] Sundrum, R. M., 1990," Income Distribution in Less Development Countries" [M]. London and New York: Routledge, PP50.

[158] Kuznets, S., 1955. Economic growth and income inequality [J]. American Economic Review 45, 1 - 28.

[159] Mbaku M John. Inequality in Income Distribution and Economic Development: Evidence Using Alternative Measures of Development [J]. Journal of Economic Development, 1997 (2): 57 - 67.

[160] Gabriel Kolko. Wealth and Power in America: An Analysis of Social Class and Income Distribution [M]. New York: Greenwood Press, 1962, 10 - 11.

[161] Robinson. A Note on the U Hypothesis Relating Income Inequality and Economic Development [J]. American Economic Review, 1976 (66): 437 - 440.

后　记

本书是在省级课题《青海缩小城乡居民收入差距对策研究》（编号：12020）研究报告的基础上修改完成。课题结项时被鉴定为优秀，结合评审专家意见，在出书时做了修订。在修改过程中，李毅负责设计书稿框架，课题组反复讨论，最终确定了书稿基本框架。在原课题基础上增加了3章内容，并重新撰写和修订了课题部分章节内容。

2012年7月课题申请获批后，由于课题组成员中2名研究生硕士论文开题无暇顾及课题研究，我们及时申请调整了课题组成员。在新的课题组成员共同努力下，我们顺利按时完成了课题研究。值得兴奋的是，在课题提交结项报告后，被评审为优秀，以优异成绩顺利结项！这一功劳归于新课题组全体成员，没有大家的共同努力，不可能取得如此好的成绩！

书稿由李毅全面负责框架设计和问卷调查设计、组织调研、向专家咨询、研究报告撰写和终稿统稿修改等工作。具体撰写任务如下：李毅完成前言、内容摘要、第一章、第二章、第三章、第八章和第九章，王建华负责完成了数据收集、模型构建等工作并撰写了第四章和第五章，孙爱存负责完成了模型和计量测算工作并撰写了第六章和第七章，苑莹负责文献整理工作，李锐和杨洁负责了资料收集和参与了部分章节写作任务，陈兴涛撰写了果洛地区贫困问题调查专题报告，翟岁显教授在课题完成后提出了中肯的修改建议。

在课题研究过程中，我们大量接触青海实际，并于2013年7月底至9月初对海南州、海西州和果洛州进行了重点调研，收集了大量宝贵素材、数据和资料。在此对海南州、海西州和果洛州相关领导的大力支持和无私的帮助表示衷心地感谢！

此外，要特别感谢匿名评审专家所提的中肯建议，为我们下一步的研究指明了方向。

书稿在修改过程中得到了国家统计局果洛调查队陈兴涛老师的鼎力支持和帮助，并对全文提出了系统修订意见，提出了许多中肯的建设性修改建议。在修改过程中，为了确保研究的准确性和科学性，他与孙爱存老师反复磋商第六章和第七章中的计量模型和数据的处理方法。同时，陈老师还对全文中的文字表述进行了修改，使得书稿避免了许多文字错误和表达错误。在陈老师的精心修改下，进一步提升了书稿质量，使得书稿中的计量模型和数据处理更加精准；同时进一步提升了这部著作的学术性和严谨性。在此对陈兴涛老师的辛勤付出和严谨的学术作风致以衷心感谢！

最后，衷心感谢经济日报出版社的鼎力支持，尤其是要感谢编辑马聪老师，没有她的精心安排和中肯的修改建议，本著作不可能这么顺利和快捷出版。

本研究报告参考了很多国内外的文章和著作，在此向研究报告中所列参考文献以及由于研究者疏漏未能列示的文献作者致以衷心的感谢。由于时间和水平有限，书中难免有不足之处，敬请专家和读者批评指正（hubli@163. com）。

勤能补拙，为了明天，继续努力。

作　者

2015 年 8 月 18 日修订于西宁